その花可憐に色青し

北海道亜麻物語

齊藤 俊彦 編著

共同文化社

はしがき

　私が"亜麻"という植物の名を初めて耳にしたのは、1968（昭和43）年2月にリリースされヒットしたヴィレッジ・シンガーズの「亜麻色の髪の乙女」という楽曲によるものだと思う。

　『亜麻色の長い髪を風がやさしくつつむ』という歌い出しの歌詞もよく覚えているのだが、それでいて当時は、亜麻がどんなものか、亜麻色がどんな色かさえ知らなかった。否、知ろうとしなかった。それ故奇しくもこの年から道内で出荷ベースの亜麻畑が姿を消し、80年に及んだ亜麻産業の歴史に幕が降ろされようとしていたことなど知る由もない。

　それから十数年経った84年7月、私は祖母や叔父叔母ら数名と共に道南の瀬棚郡今金町字花石という土地を訪れた。ここは明治末期に曽祖父が家族を伴って山形県から開拓移住したわが家の故地で、入植当時は瀬棚郡利別村字珍古辺番外地と呼ばれた原野（上利別原野）であった。

　訪問時、祖父は既に他界していたが、生前よく祖母に『瀬棚にいた頃は良い亜麻が取れたものだ。』と語っていたそうで、その話を私は現地で初めて祖母から聞かされたのである。

　今でこそ何事につけ疑問に思うことは気になって仕方がない杉下右京ばりの性分の私だが、この時も未だ亜麻について調べてみようという気は起きなかったらしく、それがなぜなのかは自分でもよくわからない。

＊　　＊　　＊　　＊　　＊

　転機が訪れたのは、つい最近のこと。2021（令和3）年7月、『北海道新聞』江別版に市内のイタリア料理店の付属農園で亜麻の花が見頃を迎えている様子が写真入りで紹介され、翌年7月には同江別版に当別町で亜麻まつりが3年ぶりに開催されるとの記事が掲載された。

　俄然興味をそそられた私は、さっそく翌日に旧当別町立東裏小学校で開催された「北海道亜麻まつり in 当別」に参加し、本部テントでこのまつりの"仕掛人"である㈲亜麻公社会長の橋本眞一氏と出会う。そして、同氏や居合わせた亜麻生産農家の方たちと話をしているうちに、亜麻をテーマにした本を書いてみようかな、という思いが頭をもたげたのだった。

目　次

はしがき ……………………………………………………………………… 1

第1章　亜麻ってなに？

第1節 ● 日本古来の「麻」と外来の「亜麻」……………………………… 6
第2節 ● 線という字はなぜ糸偏？ ………………………………………… 17
第3節 ● 用途の広い亜麻 …………………………………………………… 24

第2章　亜麻栽培と製麻産業の歴史

第1節 ● 開拓使と吉田健作 ………………………………………………… 28
第2節 ● 北海道製麻会社の誕生 …………………………………………… 44
第3節 ● 帝国製麻と帝国繊維 ……………………………………………… 60
第4節 ● 生産技術の歩みと最後の亜麻工場 ……………………………… 78

第3章　道内にある麻のつく地名

第1節 ● 江別市大麻 ………………………………………………………… 88
第2節 ● 名寄市麻生 ………………………………………………………… 91
第3節 ● 札幌市北区麻生町 ………………………………………………… 97
第4節 ● 富良野市麻町 ……………………………………………………… 103

第4章　文学に表れた亜麻

第1節 ● 有島武郎　小説『カインの末裔』 ……………… 108
第2節 ● 久保栄　戯曲『火山灰地』 ………………………… 115
第3節 ● 中城ふみ子　遺詠「亜麻の花」(短歌) ………… 129

第5章　現代のあまびと

第1節 ● 亜麻ルネサンスプロジェクト ……………………… 148
第2節 ● コタニアグリ ………………………………………… 185
第3節 ● OMEGA ファーマーズ …………………………… 201

参考文献 …………………………………………………………… 218
写真・図表一覧 …………………………………………………… 220
あとがき …………………………………………………………… 223

カバー　Linum usitatissimum(亜麻)
　　　　画　粂川久美子(植物画家；札幌市北区在住)

［例言］
1 年号は基本的に第二次世界大戦の終戦前は和暦、終戦後（現代）は西暦を使用し、必要に応じて括弧書きで併記した。但し、例外もある。
2 談話や引用は字下げを行った。また、必要に応じて行を空けている。
3 引用文、会話文、著作物の名称は『 』で括り、雑誌や紀要等の中の論文等の名称、その他題名等を表示する場合は「 」または〈 〉または《 》を用いた。
4 引用は原典に忠実なことが原則であるが、必要最小限で注記やルビ入れをした場合もある。
5 字句を強調する場合は、" " で括ったほか傍点を付した。
6 数字の表記は基本的に算用数字を用いたが、序数では第一次などと表記した。
7 本書執筆のために引用あるいは参考とした主な文献は末尾に記した。

第 1 章

亜麻ってなに？

第1節　日本古来の「麻」と外来の「亜麻」

　私たちが衣料品を購入する場合、その商品タグに目をやると、生地の素材名やその構成割合として、例えば、ウール75％麻25％のように、麻が使われているものも見かけることがある。
　では、「麻」とはどのようなものなのだろうか。

■麻とは何か

　麻＝アサは、狭義にはアサ科アサ属に分類される一年草の植物で、いわゆる大麻草のことである。学名はCannabis sativa L.(カンナビス・サティヴァ・エル)と表記される。

　学名の末尾にL.が付くのは、18世紀に生物種の分類学の基礎をなした『自然の大系』(Systema Naturae)を著したスウェーデンの偉大な博物学者カール・フォン・リンネ(Carl von Linne；1707-1778)による命名であることを表し、往々にしてL.が省略される場合もある。因みにCannabisはラテン語で管を意味し、sativaは同じく〈栽培する〉の意である。

写真1　アサ（野州麻）
写真提供 栃木県鹿沼市役所

　ところで、植物の系統分類は固定的なものではなく、学説により時代とともに移り変わってきている。

　大麻草にしても、日本で広く採用されてきた新エングラー体系に基づいて書かれた『牧野新日本植物図鑑』(1961年初版)や『原色牧野植物大図鑑』(続編 1983年初版)ではイラクサ目クワ科の分類であったが、アメリカのアーサー・クロンキスト(1919-1991)が1981年と88年の二度にわたり発表した学説(クロンキスト植物分類体系)では、イラクサ目の中に新設したアサ科に分類され、通用している。

　さらに98年にはDNA解析に基づく被子植物全体の分類体系を再構築するために集まった植物学者グループがAPG植物分類体系を発表し、2009年に第三版に改訂。アサ科はバラ類の中のマメ類に分類された。

麻は非常に成長が早く、一日2cmほど伸びるため、忍者が跳躍力を鍛えるために麻を植え、その上を毎日飛び越える修行を行ったという。
　次に、麻の字源を調べると、旧字の「麻」は会意文字で、广(家)と朩(乾燥した草)から成り、〈庫の中で麻の茎の皮を剥ぐ〉ことを意味する。
　平安時代中期の承平年間(931年-938年)に編纂された『和名類聚抄』は、漢語の名詞に和訓(和名)を付けて説明を施した"古代版百科事典"ともいうべき書物であるが、それには和訓が万葉仮名で《阿佐》と表記されており、遅くとも平安時代にはこの植物がアサと呼ばれていたことがわかる。
　その栽培の歴史は古く、2021年7月にスイスなどの研究チームが米国の科学誌『サイエンス・アドバンシズ』に発表した最新の研究では12000年前に現在の中国で最初に栽培されたことがゲノム解析によって突き止められ、中央アジアが栽培の起源であるとする従来の定説を覆した。
　日本でも縄文時代早期から前期に相当する10500年前〜9500年前の複数の貝塚から麻の実(種)が見つかっており、栽培されていた可能性も高いとみられるが、少なくとも食用に古くから利用されていたことは間違いない。
　この食用としての麻の実であるが、現在も割と身近に存在していることにお気づきであろうか。
　答えは七味唐辛子。七種の使用原材料は作り手によって若干異なることもあるが、基本は"二辛五香"といって、辛さに特徴あるもの二種類に、香りを重視したもの五種類を配合するのだという。
　著者が自宅で蕎麦やうどんを食べる際に愛用する「S&B七味唐からし」の場合、最も一般的な原材料である赤唐辛子、山椒(以上が二辛)、黒ごま、ちんぴ、麻の実、けしの実、青のりが使われている。因みに、麻の実を収穫するためには大麻を栽培しなければならないが、国内では大麻取締法の厳重な規制もあることから、どのように調達しているのか知りたいと思い、エスビー食品株式会社お客様相談センターに照会したところ、2023年5月現在においては、中国産の大麻の種子に熱処理業者が発芽止めの熱処理を施したものを原材料に使用しているとの回答であった。
　繊維の利用に関しては、アサ製の縄や編み籠が縄文時代の遺跡から出土しており、一時は福井県若狭町の鳥浜貝塚の縄文時代草創期(約12000年前)の堆積層から出土した縄が最古のアサ縄とされたが、素材を再検討した結果、2017年3月にアサ(大麻)と断定することはできないと報告された。

文献上では、弥生時代の3世紀の日本列島にいた民族である倭人(日本人)の習俗や地理などについて書かれている中国の歴史書『三国志』中の「魏書」第三十巻烏丸鮮卑東夷伝倭人条(いわゆる『魏志倭人伝』)に次のような記述があり、麻が織物として利用されていた様子を伝えている。

【原文】
　　作衣如単被、穿其中央、貫頭衣之。種禾稲・紵麻、蠶桑、緝績、出細紵・縑緜。

【現代語訳】
　　衣服は単衣(一重)のように作られ、その中央に孔を明け、頭を突っ込んで着ている。稲・いちび・紵麻(からむし)を植えている。桑と蚕を育て、糸を紡いで、織物を作る。

(石原道博編訳『魏志倭人伝・後漢書倭伝・宋書倭国伝・隋書倭国伝』岩波文庫)

　引用した岩波文庫版の現代語訳では原文にある「紵麻」を(からむし)と解釈しているが、実は同書に一緒に収められている『後漢書倭伝』には「土宜禾稲麻紵蠶桑　知織績為縑布」という文章があり、「紵麻」ではなく語順の入れ替わった「麻紵」となっている。
　「カラムシ」についてはこの後ですぐ述べるが、漢字二字で表記する場合は苧麻と書いて〈チョマ〉と読む。そして、ややこしいことに、「苧」「紵」の一字でも苧麻を意味するため、紵麻も麻紵も、ともにカラムシのみを表すのでなく、苧麻＝カラムシと麻＝アサ(大麻)の二つを意味すると解するのが相当と考えられているようである。
　実際、弥生時代の布は、ほとんどが苧麻(カラムシ)ではなく麻(大麻)の繊維で作られたものであり、律令制下の基本税である〈租・庸・調〉における布の納付も、そのほとんどが麻布(＊マフとも読む)であった。
　具体的にいうと、京での十日間の労役(歳役)を課す庸は、労役の代わりに物納することが一般的で、米で納める庸米と布で納める庸布があり、大宝律令(701年)では、常布(当時の布の標準サイズで、長さ1丈3尺、巾2尺4寸)の2倍の2丈6尺が正丁(21歳から60歳の男子)1人分の庸布とされた。
　また、貢物に近い性質の調は、基本的に繊維製品を納める税であったが、地方の特産品(34品目あり)での納付も認められていた。

このうち上総国(かずさのくに)(現在の千葉県中央部にあたる。)望陀郡(もうだ)で作られた麻織物である望陀布は古くから上質の特産織物として知られたが、元々、上総国を含む総国(ふさのくに)(＊捄国とも書く)という国名自体が、平安時代初期の807年に編纂された神道関係の書物である『古語拾遺(しゅうい)』によれば、良い麻の生産地という謂(いわ)れをもつものであった。

　いずれにせよ、綿の繊維で作った布である木綿が庶民の衣服として急速に全国に普及するのは戦国時代以降であり、それまでは奈良時代からずっと長い間、単に布といえば麻布を指していた。つまり、天皇や貴族など身分の高い者が使う高級品である絹を除けば、麻が主要な繊維素材として、布や衣服をはじめ、糸、縄、漁網などに用いられた。

　麻は古来、神聖な植物とされ、『古語拾遺』には、神道(しんとう)の祭祀で神への捧げ物として麻によって青和幣(あおにぎて)を、穀(かじのき)によって白和幣(しろにぎて)を作ったことが記されている。和幣(にぎて)とは、榊(さかき)の枝に掛けて神前に捧げる布のことで、ヌサ(奴佐)と呼ばれた。由来は、その布が多くの場合、麻から作られた青和幣であったことから麻の字を当てて、麻の古名である〈ヌサ〉と呼んだものである。

　これを形式化したのが、神職が修祓(しゅばつ)に用いる大麻(おおぬさ)である。大は美称で、大幣とも書く。今日一般的なものは、榊の枝又は白木の棒の先に紙垂(しで)又は麻苧(あさお＝麻の繊維で作った糸、麻糸)を取り付けたものである。麻の字源から言っても紙垂は略式で麻苧が正式であることは説明するまでもない。

　神事ついでに、平安中期の927年に完成した『延喜式(えんぎ)』(式とは律令の施行細則のことで、全50巻からなる。)のうち、神祇官(じんぎ)に関することが書かれた第一巻から第十巻までのいわゆる『神祇式』には、神様の着衣である神御衣(かんみそ)は、絹で作る和妙衣(にぎたえ)と、麻で作る荒妙衣(あらたえ)の二種類を必ず用意すべきことが規定されている。

　そして、天皇が即位した後の最初の新嘗祭(にいなめさい)である大嘗祭(だいじょうさい)は、673年の天武天皇の時に一代一度の皇位継承儀式となり、戦国時代から江戸時代前期までの約220年間にわたって中断はあったものの、1300年以上も前から続く最も重要な皇室祭祀である。この祭祀では伝統的に三河国(みかわのくに)の和妙衣(にぎたえ)と阿波国(あわのくに)の荒妙衣(あらたえ)が用いられ、2019(令和元)年11月14日夕から15日未明にかけて行われた今上天皇(きんじょう)の大嘗祭においても継承されている。

カラムシとは何か

次に、前記した『魏志倭人伝』の箇所に出てきた「苧麻」＝カラムシについて述べる。カラムシとは、イラクサ科カラムシ属の多年草で、南アジアから東アジアまで広く分布し、変異種も多い。日本本土のカラムシも亜種のナンバンカラムシの変種と位置付けられており、学名は変異種を示す略号の var.(variety の略) を付して、Boehmeria nivea var.

写真2　カラムシ（苧麻）
写真提供 福島県昭和村役場

nipononivea（ボーメリア・ニヴェア・ヴァー・ニポノニヴェア）という。nivea とはラテン語で〈雪のように白い〉を意味し、実際、葉の裏側には細かい綿毛が密生しており、白くみえる。

草丈は、麻＝アサが 2.5 m まで達するのに対し、1.0 m〜1.5 m と低く、葉の形状も前掲のアサの写真と見比べて明らかなとおり、15 cm ほどの大きさで丸みを帯び、縁に細かいギザギザがある。

分布域では 6000 年前から繊維を取るため栽培されてきただけに、文献に現われる名称にも多くの種類がある。

代表的な「苧麻」（ちょま）のほか、苧、紵の一字でも同じ意味をもつと述べたが、それ以外にも枲（からむし）、青苧（あおそ）、山紵（やまお）、真麻（まお）などの表記がみられる。

また、染織書誌学研究家の後藤捷一によれば、文字表記は別として呼称だけならば、カツホウ、シラノ、シロソ、ソロハ、シロホ、ヒウジ、コロモグサ、カラソともいう。時代的には「紵」（お）が古く、『和名類聚抄』には「苧」の和訓が《加良無之》＝（からむし）と書かれている。

古代日本のヤマト王権の時代には、朝廷の仕事分掌の体制として部民制が敷かれていたが、そのうちの職業部に、糸を作る麻績部（おみべ）、布を織る機織部（はとりべ）が置かれていた。

また、『有職植物図鑑』（平凡社 2022 年）によると、『日本書紀』の持統天皇 7 年（693 年）3 月の条には、『桑、紵、梨、栗、蕪菁などを植えて五穀の補助とせよ。』という内容の勅令（天皇の命令）を発したことが記されている。五穀の補助ということは、要するに食料の足しにすることであるから、桑は蚕に葉を食べさせるだけでなく人が実を食べ、紵（カラムシ）も繊維を取るだ

けでなく人が新芽を食べるようにしなさい、と言っているのである。

　平安時代には、高貴な女性が長旅をする時、市女笠と呼ばれる大きな笠の周囲に薄い布を縫い付けた枲垂衣（むしのたれぎぬ）という被り物を被り、顔から上半身まで覆い隠すとともに風塵や害虫避けにしたが、枲という字にはカラムシと毛虫という二つの意味があるため、〈むし〉の語源も二つの説が言われるようになった。唯、一般的にはカラムシの繊維を薄く織った布を用いているからというカラムシ説の方が有力なようである。

　中世に入ると、越後国が日本一のカラムシの産地となったため、上杉氏は青苧を織物原料として京都などに出荷して莫大な利益を上げた。古来、越後布として知られた上質な麻織物の産地でもあったが、江戸時代に小千谷縮が開発され、平織のものは越後上布と呼ばれるようになり、現在は新潟県の名産品として、1955年にともに国の重要無形文化財に指定されている。

　現在、国内で唯一産業としてカラムシを生産しているのは福島県昭和村で、小千谷縮や越後上布の原料を供給。同村では苧の一字で〈からむし〉と読ませて平仮名表記し、役場には"からむし振興係"が置かれている。

亜麻とは何か

　続いて本書の主題である「亜麻」について述べる。節の表題に"外来の"亜麻と謳っているように、麻や苧麻が遥か昔の縄文時代から栽培されてきたのに比べて、亜麻は歴史の浅い外来植物である。尤も、麻や苧麻も日本古来の植物とはいえ、原産地が日本でない限りは遥か遠い昔に大陸から種が持ち込まれて伝わったという点では同じく外来種には違いないのだが…。

写真3　開花した亜麻
写真提供 OMEGAファーマーズ（士別市）

　その原産地は中央アジアから中東にかけての広い地域とされていたが、ハーバード大学とジョージア国立博物館の研究チームが2009年にコーカサス地方（黒海とカスピ海に挟まれたコーカサス山脈とその周辺地域をいい、かつてはロシア語でカフカス地方と呼ばれた。面積は日本の国土全体よりやや大きい約44万km^2。）の南部に位置するジョージア（かつてはロシア語でグルジアと呼ばれたが、英語名に改称）国内の洞窟から約34000年前の世界最

古の繊維として亜麻繊維を発見した事実を米科学誌『サイエンス』に発表。これによりコーカサス地方起源説が有力となっている。しかも、発見された亜麻繊維の中には黒や青緑に染まってねじれた形状のものもみられたため、3万年以上も前から亜麻糸が使われていた可能性すらあるという。

図表1 中央アジア・西アジア地域図
赤枠内が中央アジア、青枠内がコーカサス、茶枠内が「肥沃な三日月地帯」、黄色がジョージア。

　世界最古の文明であるメソポタミア文明は、チグリス川とユーフラテス川に挟まれた肥沃な沖積土壌地で紀元前3500年頃からシュメール人の都市国家が続々と誕生していったのが始まりとされる。その前史は新石器時代の紀元前6000年頃にまで遡るウバイド文化である。人々は日干し煉瓦造りの集落を形成し、小規模ながら組織化された農業を行い、小麦や野菜を栽培して豊かな暮らしを営んでいたものと考えられている。このメソポタミア地域では、紀元前8000年頃にチグリス川とユーフラテス川の流域に亜麻が生えていたことが考古学者によって確認されており、人類と亜麻との関わりが1万年にも及ぶことが知られていたが、2009年の発見は、その歴史をさらに2万年以上も遡らせることとなったのである。

　南コーカサスとチグリス・ユーフラテス川源流部は、距離的にそれほど遠く離れてはおらず、メソポタミア地方への伝播は、自然な成り行きであったと考えられる。唯、亜麻を繊維作物として栽培し紡織を行ったのは、やはりシュメール人の都市国家が栄えたメソポタミア文明期のことであり、紀元前

4500年頃のウバイド文化中期に考案された灌漑(かんがい)農法を受け継いで、農作物の収穫量を飛躍的に向上させ、亜麻の生産量も高まったはずである。

さて、メソポタミア文明が登場すると、それに付随する重要な歴史地理学上の概念が"肥沃な三日月地帯"(Fertile Crescent)である。その範囲は、ペルシア湾からチグリス・ユーフラテス川を遡り、シリア、パレスチナを経て円弧状にエジプトのナイル川下流域にまで達する。そして、エジプトは、メソポタミアと並んで世界四大文明が興隆した地域であり、やはり、亜麻が栽培され、紡織が行われていたことが知られている。

即ち古代エジプト初期王朝の墳墓や後代に造営されたピラミッドの内部には亜麻を収穫する様子を描いた壁画が残されており、また、紀元前2000年頃のミイラに巻かれていた布は、亜麻布(あまふ)であった。

写真4 古代エジプトの亜麻の収穫を描いた壁画
紀元前2700年頃のエジプト第二王朝末期に王都メンフィス近郊に造られた墳墓の内部で発見されたもので、茎の抜取、結束、乾燥の一連の作業工程がよくわかるように描かれている。
(『帝国製麻株式会社三十年史』所収)

古代エジプトで亜麻布は"月光で織られた生地"(Woven Moonlight)と呼ばれて神聖視され、神官の衣服や神事に用いられたが、それは、紡織技術が発達するにつれ、月光のように純白に輝く上質な製品を作り出すことができたからであろう。実際、紀元前3世紀以降になると、エジプト製の上質な亜麻布がギリシアやローマに輸出され、貴婦人の間で重宝されたという。

ヨーロッパに伝わった亜麻布はリネンと呼ばれ、中世から近代、現代へと続く長い歴史を通じて上流社会でもてはやされた。特に18世紀から19世紀にかけてアイルランドにおいて〈アイリッシュリネン〉の名で呼ばれる最高級品を産出し、伝統と格式を尊重する西欧社会に根付いている。

第1節 日本古来の「麻」と外来の「亜麻」　13

亜麻とその仲間たち

さて、ここであらためて植物としての亜麻を振り返ろう。亜麻は、前出のAPG Ⅲ（2009年）による植物分類体系上は、キントラノオ目アマ科の一年草で、学名は Linum usitatissimum L.（リナム・ウシタティシマム・エル）である。末尾に L が付いているので、これもまたリンネの命名による。

Linum はケルト語で糸を意味し、usitatissimum はラテン語の形容詞 usitaus（最も有益な）に由来するので、いかに尊重されたかが知れよう。

草丈は約1mで、葉は長さ2～3cmの線形又は笹の葉形をしている。繊維用、採種用、観賞用の品種があり、採種用は実が多くできるため種がたくさん採れる特性があり、観賞用は草丈が短く、多年草である。

繊維用の場合、4月下旬から5月初旬頃に種を播き、成長すると一つの株に20個前後の蕾をつける。開花期間は6月下旬から7月初旬の2週間ほどがピークで、薄青紫色または白色の五弁の花が咲く。一つ一つの花は朝5時頃から咲き始め、お昼頃には殆ど散ってしまい、その寿命は実に儚い。

繊維を取る場合は7月末から8月に茎がまだ黄緑色のうちに抜き取って収穫し、種子を取る場合には、さらに1～2週間後に刈り取って収穫する。

種子は花のすぐ下の球状体の中にできる。内部は5室に仕切られ、1室につき0～2粒なので、最大でも10粒である。一つの株から繊維と種子の両方を取ることも可能だが、種子を成熟させるまで待つと繊維が硬くなるので、翌年の種取り用を残し、繊維を取る亜麻は早めに抜き取りが行われた。

写真5　亜麻の種子

その繊維であるが、太さ1.5mmほどの茎の外皮のすぐ内側にある靭皮と呼ばれる柔らかな組織から採取する。靭皮のさらに内側には木質部があり、中心部は空洞になっている。

本節の冒頭で『麻＝アサは、狭義にはアサ科アサ属に分類される一年草で、いわゆる大麻草のことである』と述べたが、広義の麻は非常に種類が多く、主なものでも20種類を数え、総数は60種類にも及ぶという。

その共通項が繊維植物である点で、亜麻のように靭皮から採取するものを靭皮繊維（または軟質繊維）といい、他に苧麻（ラミー、カラムシ）、大麻（ヘンプ）、黄麻（ジュート）、洋麻（ケナフ）、葪麻（ぼうま；インディアンマ

ロー)などがある。

　ジュートは、中学校の「地理」で習っているはずなので一度は聞いたことがあるに違いない。主にジュートの繊維を編んで作った袋は、麻袋（またい）と呼ばれ、古くから農作物や郵便物を入れる袋として利用され、"南京袋（なんきんぶくろ）"の名でも親しまれた。㈱珈房サッポロ珈琲館（江別市）の伊藤仁社長によると、現在もコーヒー豆の大半の生産国は麻袋を使用して輸出しているという。

　商麻は、ほとんどの方にとって初見だと思うが、〈いちび〉と呼ばれるインド原産のアオイ科イチビ属の一年草である。日本には、古代に中国から伝わり、繊維植物として利用され、上記した『魏志倭人伝』の現代語訳の中にも登場している。

　一方、茎ではなく葉脈組織（ようみゃく）から採れる繊維が葉脈繊維（または硬質繊維）で、マニラ麻、サイザル麻、ニュージーランド麻などが代表的である。

　意外に思われるかも知れないが、これらの麻の仲間が数多くなってきたことにより、日本古来の狭義の麻＝アサを他の麻類と区別するため大麻（おおあさ、たいま）と呼ぶようになったのだという。

　では亜麻は、なぜ亜麻と呼ばれるようになったか。『日本語源大辞典』(小学館)によると、語源は二つあり、一つは、ラテン語のamaniaを中国で阿麻と当てた〈外来語辞典＝荒川惣兵衛〉という説。もう一つは大槻文彦（おおつき）が編纂した『大言海』の《アサ(大麻)にツ(亜)グ意》という解釈である。

　日本へは、江戸幕府第五代将軍徳川綱吉の治世の元禄3(1690)年に中国経由で伝来し、江戸・小石川白山御殿内の〈小石川御薬園〉において亜麻仁油（あまにゆ）(亜麻の種子を搾（しぼ）った油)を薬用として利用する目的で亜麻を栽培した記録が残っている(『改訂増補 栽培植物の起源と伝播』P.191)。

　上記した亜麻の語源の一つが中国の阿麻とされていることからもわかるように、日本への文物の渡来は中国経由であることが多く、亜麻もその一つに数えられるということだろう。

　唯、異説もあり、植物病理学・本草学者の白井光太郎(1863-1932)は、昭和4年4月に発行された学術誌『植物研究雑誌』(第6巻第4号)の中で『亜麻仁を薬材に供する事は、阿蘭陀流瘍科（おらんだ・よう）に行なはれし事なれば、薬材として最初に渡来せる時代は、耶蘇教伝来と同時に輸入せられし西洋医術と同時なりしならん。しかれども当時は種子を輸入せしのみにて、これを栽培する事は行なはれざりしが如し』と述べている。

即ち、オランダ医学で亜麻仁が薬用に使われていることからして、日本に亜麻が渡来したのは、キリスト教伝来(1549年)とともに医術も伝えられたのと同時だったのであろうと推定し、かつ、当時は亜麻仁を輸入するだけで栽培までは行われなかったようだ、と述べている。要するに白井はキリスト教と同じく南蛮渡来説に立っていた、ということだ。

いずれにせよ、薬用として亜麻仁油を利用するために種子(亜麻仁)を輸入して栽培を試みたものの、本州では亜麻の成熟期が梅雨の時期と重なり生育環境が芳しくなかったことに加え、中国から容易に亜麻仁が輸入できたことも手伝って、ついに栽培が定着することはなかった。

しかも、当時の関心は種子及び亜麻仁油を主に薬用に利用するのみで、繊維を紡織に利用することには考えが及んでいなかったらしい。それは上述したとおり、衣服の素材として日本古来の麻(大麻)や苧麻(カラムシ)の繊維を利用してきて、さらに戦国時代以降は木綿が急速に全国各地へ普及していたことが大きく影響していると考えてよいだろう。

唯、元来、繊維用の亜麻は冷涼な気候を好み、しかも、本州のような梅雨がない気候条件を有する北海道が栽培適地として注目されるのは時間の問題であったようにも思われたが、江戸幕府が動いたのは、時代が明治に変わろうとする直前のことであった。

その歴史的経緯については節を改めて述べることとして、本節の最後に、冒頭で話題に取り上げた麻製品の素材表示に関して法令上の制約があることに触れておきたい。

その法令とは家庭用品品質表示法施行令(昭和37年政令第390号)であり、別表中、繊維製品のうちの《糸》について次のように限定した文言がある。

『その全部又は一部が綿、**麻(亜麻及び苧麻に限る。)**、毛、絹…その他これらに類する繊維であって内閣府令で定めるものに限る。』

即ち、麻糸そのもの又は麻糸で生地が織られているものを〈麻製品〉ということになるが、その麻は亜麻か苧麻のいずれかでなければ、家庭用品品質表示法上"麻"と表示してはいけない、というわけなのである。

第2節　線という字はなぜ糸偏？

　人が物の形状を概念として捉える場合に、古今東西での違いというのは、おそらくそれほど大きくないであろう。即ち、大きい、小さい、長い、短い、太い、細い、尖っている、丸い、平べったいなどの形容詞群で言い表し得る感覚的な認識は、人類にほぼ共通しているということである。

■線という漢字の成り立ち

　その一例として、〈線〉という漢字を取り上げてみることにしよう。この漢字の画数は15画とやや多いが、小学2年生で習うので割と基礎的、初歩的な漢字とも言える。

　周知のとおり、漢字は古代中国殷（いん）時代の甲骨文字に起源を持ち、物の見たままの姿を描く〈象形文字〉であった。紀元前11世紀に殷が滅んで周の時代になると、多方面で漢字が使われるようになったため文字が不足し、多くの新しい漢字が作られた。その際に用いられた造字（つくり）の工夫が〈形声（けいせい）文字〉である。即ち、発音部分の音符と意味部分の意符を組み合わせるというもので、〈線〉という字は、元は右に掲げたような字形であった。音符は旁の部分の泉（セン）で、これは、崖の上から流れ落ちる、あるいは岩の穴から湧き出る細い水の象形である。意符は偏（へん）の部分の糸で、撚（よ）り糸の象形であることから、線は細長い縫い糸を指し、やがて"糸のように細長くて連続するもの"すべてを表すようになった。

写真6　形声文字「線」

　従って、原義からいうと"太い線"というのは矛盾した言い方になるのであろう。

　高名な漢文学者で古代漢字研究の第一人者として知られた白川静（しずか）博士がライフワークで著した"字書三部作"の一つ『字統』（平凡社 1984年）を参照したところ、線の正字は綫。音符は旁の部分の戔（セン）で、"薄く重なるもの"の意があるという。また、『説文』（後漢の許慎が編纂した最古の漢字字典『説文解字（せつもんかいじ）』の略称）に《縷（る）なり》とあり、梁（りょう）（南北朝時代の南朝）の顧野王（こやおう）が編纂した『玉篇（ぎょくへん）』に《以て衣（きぬ）を縫ふべし》とあるから、縫い糸である、

との説明がなされている。

　なお、『説文』の記述に出てくる《褸》とは、綴れ(破れた部分をつぎはぎした衣服)や、ぼろの衣服(＝襤褸)をいう。戔に"薄く重なるもの"という意味があることと考え合わせるならば、古代中国人は、細長い縫い糸(＝線)と布(＝綫)を密接に関連付けて捉えていたのだろう。

英語の"ライン"の語源

　次に、〈線〉を意味する英語の"line"という単語の語源について調べてみるため、寺澤芳雄ほか編『英語語源辞典』(研究社 1997年)を参照したところ、次のように説明が書かれている。

> **line¹** n. 《OE》亜麻；リンネル． ◆ OE *līn* < Gmc *līnam* (Du. *lijn* / G *Lein* / ON *lín* / Goth. *lein*) □ L *līnum* flax, linen ← IE **līno-* flax (Gk *línon* / Ir. *lín* / Lith. *linaĩ* (pl.)) : cf. LINE², LINEN, LINSEED.
> **line²** n. **1** 《OE》ひも，綱． **2** 《lateOE》(文字の)行． **3** 《?c1225 *Horn*》釣糸． †**4** 《?a1300 *Alisaunder*》-(1611 AV) 規範． **5** 《?a1300》家系，歴代． **6** 《c1300》線；直線． **7** 《c1300》(あぜみぞ・色帯・岩の割れ目などの)線，筋，縞(しま)． **8** 《1340》(測量

　語源の異なる2つのline(右肩の1、2で区別)があり、1は《OE》で亜麻、リンネルを意味した。OEとは、Old Englishの略で古英語のこと。リンネルはフランス語［liniére］で〈亜麻を使った織物〉を指し、英語ではリネン［linen］という。これについては次節で詳しく述べる。

　著者は大学で西洋史を多少学んだが、言語学には明るくないため、知己で英語・英文学を専門とする北海学園大学人文学部教授の上野誠治氏に教えを乞うたところ、亜麻(flax)やリネン(linen)を意味するラテン語のlīnumがゲルマン語(上の引用の1行目にあるGmc)のlīnamに借入され、それが古英語(OE)のlīnへと音法則的に発達し、現在のlineになったという。

　なお、引用中でラテン文字 i の上の部分がドットではなく"‐"になっているのは、この語の i の発音が長音であることを示す〈マクロン〉と呼ばれ

る便宜的な符号である。古典期ラテン語(B.C.1世紀-A.D.2世紀のローマ帝国隆盛時に書き言葉として使われたラテン語)では母音の長短を区別したが、文字の上では区別がなかったため、研究者が母音の長短を区別するためにダイアクリティカルマーク(発音区別符号)の一つとしてマクロンを使用し、同じ理由で古英語でも用いられている。従って、本来のラテン文字にこのような文字が存在するわけではない。

右肩に2が付されたもう1つのline は、大きな算用数字の1が《OE》で"ひも、綱"を意味し、その後に幾つもの語義が列記されている。実は14まであるのを一部省略したのだが、その中で6番目に"線、直線"が出てくる。《c1300》とあるのは、その語義で使われるようになった最初が西暦1300年頃であることを示す。

そもそも語源というのは言葉の源であるから、時代が下がるにつれて意味が変化してくるのは当然のことだ。上掲の『英語語源辞典』ではこのように語義が複数ある場合は、それを用例初出の古い順に並べている。

つまり、古英語が使われていた時代(c450-c1150)の初期に line は紐や綱という意味であったが、1300年頃(英語の時代区分では中英語の時代)には上掲引用中の6、7に記載されている線、直線、筋、縞(しま)などの語義を表わすようになったということである。

特に著者が注目したのは、7に"岩の割れ目などの線"と書かれている点であり、これは古代の中国人が岩の穴から湧き出る細い水の象形を〈線〉と捉えた"ものの見方"と極めて似ている点を指摘しておきたい。

さて、この2つめの line の語源であるが、実は1つめの line と同じく、ラテン語の līnum(亜麻、リネン)なのである。唯、ややこしいことに系統が古英語と中英語(ME＝Middle English；15世紀後半頃まで)の2つあったものが1つになったという来歴を持つ。

古英語の系統は、ゲルマン語内で līnam から派生した līnjōn が古英語の līne に発達したもので、綱(rope)、線(line)、横列(row)、規範(rule)などの語義となった。もう一方の中英語の系統は、ラテン語 līnum から派生した形容詞の līneus(亜麻の、リネンの)から、さらに līnea(線)が派生し、これが古フランス語 lígne(線：現代フランス語でも綴りは同じで、発音はリーニュ)に発達し、後に中英語の lígne に借用され、líne となった。

一説によれば、古英語の līne は、1つめの line の語源であるという。

第2節 線という字はなぜ糸偏？　19

因みに古フランス語は、9世紀から14世紀にかけて現在のフランス北部を中心に話されていたガロ・ロマンス語方言連続体である。

　古英語との関係では、1066年に北フランスのノルマンディー公ギョーム2世がイングランドを征服(いわゆる「ノルマン・コンクエスト」)し、英国王ウィリアム1世となったことにより、大きな変化が生まれる。支配層の使う古フランス語の主にノルマン方言の語彙(ごい)が大量にイングランドとアイルランドに持ち込まれ、アングロ・ノルマン語として12世紀から15世紀まで文章語、後には行政語として広く用いられたからだ。

　古英語(＝アングロ・サクソン語)はノルマン・コンクエスト後も下級貴族や庶民の間で引き続き使われたが、やがて中英語に置き換わる。

　その過程で上述のlígneの例のようなアングロ・ノルマン語、即ち古フランス語からの語彙の借入が相当広く行われた影響は色濃く残り、現代英語の単語の半数はアングロ・ノルマン語に由来すると言われる。一例を挙げると、ox → oxen、foot → feetのような古英語的な名詞の複数形よりも、アングロ・ノルマン語に由来する-sや-esが複数形の主流となった。

▍時代とともに消えゆく語義

　さて、前出の『英語語源辞典』では語義が複数ある場合、それを用例の古い順に並べているが、その編纂で最も参考にしたのは、オックスフォード大学が編纂・刊行するThe Oxford English Dictionary(オックスフォード英語大辞典；略称＝OED)である。

　日本がまだ江戸時代であった1857年に聖職者で言語学者のリチャード・シェネヴィクス・トレンチがロンドン図書館で行った講演が契機となって翌年から編纂を開始。79年に三代目編集主幹に就いたジェームズ・マレーの献身的な努力により84年から未製本の分冊の形で発行が始まり、彼の没後の1928年、全10巻に製本された初の完全版が刊行された。

　後述する普通の英和大辞典では、現在よく使われる語義から並べているのに対し、OEDは、既に使われなくなった用法や語義も含めて、単語の語義を使われ始めた順に記述することで英語の歴

写真7　ジェームズ・マレー

史的発展を辿り、かつ、語形変化や語源、初出文献の明示など英語学者や学術研究者にとって有益な情報を包括的に提供する。

下に 1933 年に全 12 巻＋補遺 1 巻の形で刊行された初版本第 6 巻（北海道立図書館 所蔵）に所収の ［Line］の掲載された頁の一部を示す。

> **Line** (ləin), *sb.*¹ Now chiefly *dial.* Forms:
> 1 lín, 4-5 lynne, 4-6 lyn, 4-7 lyne, 5-7, 8-9 *dial.* lin, 6-7 linne, 3- line. ［OE. *lín* neut. = OS. *lin* (Du. *lijn* in comb.), OHG. *lín* (MHG. *lîn*, mod.G. lein- in comb.), ON. *lín* (Sw. *lin*), Goth. *lein*:—Com. Teut. type **līnoᵐ*, a. or cognate with L. *līnum* flax (whence F. *lin*), cognate with Gr. λίνον (ῑ), and perh. with λίτί dat., λῖτα accus., linen cloth. The mod. dial. form *lin* (with the antecedent *lynne, linne*) is app. a back-formation from compounds like LINCLOTH, LINSEED.]
>
> **1.** = FLAX. †a. The fibre of flax. *Obs.* exc. as in b.
>
>   In the 16-17th c. asbestos was often described as a kind of 'line' or flax (cf. LINEN B. 1 c, L. *linum indicum, linum fossile*).
>   *c*975 *Rushw. Gosp.* Matt. xii. 20 Hread þæt waxende ne to breceþ & lín smikende ne adwæscet. *c*1300 *Havelok* 539 The bondes..weren of ful strong line. *c*1400 MAUNDEV. (Roxb.) xi. 49 Pat ressayued þe messangers of Israel..and feled þam in hir hous amang towe of lyne. *c*1475 *Pict. Voc.* in Wr.-Wülcker 795/18 *Hoc asperum*, a stryke of lyne. 1548 ELYOT *Dict., Asbestinum*, a kynde of lyne which can not be burned. *Ibid., Linum*, lyne or flaxe. 1611 COTGR., *Lin*, line, flax. *Lin vif*, a Kind of Indian line, or linnen, which the fyre purifies, but consumes not. 1659 C. HOOLE tr. *Comenius' Orbis Sensual.* (1672) 121 Line and Hemp, being rated in water and dried again, are braked with a wooden Brake.
>
>   **b.** In mod. technical use, flax of a fine and long staple, which has been separated by the hackle from the tow. Occasionally applied to the similar fibre of other plants.
>   1835 URE *Philos. Manuf.* 215 The heckled flax, called *line*, when freed from the *tow*, is carried away to be sorted. 1851 *Illustr. Catal. Gt. Exhib.* 198 China grass..half-bleached and full-bleached line from this grass. *Ibid.* 278 The long fibres called line, which remains in the hand of the heckler.
>
>   **c.** The plant itself.
>   *c*1420 *Pallad. on Husb.* XII. 28 Now lyne and puls is sowe. *c*1470 HENRYSON *Mor. Fab.* VIII. (*Preach. Swallow*) xxx, The lint rypit, the carle pullit the lyne. 1548 TURNER *Names of Herbes* 49 Linum is called in englishe Flex, lyne or lynte. 1603 HOLLAND *Plutarch's Mor.* 1289 The herbe Line..furnisheth us wherewith to make a simple, plaine, and slender vestment. 1616 SURFL. & MARKH. *Country Farme* 77 In August he shall pull his Line and Flaxe. 1839 STONEHOUSE *Axholme* 28 Fields of hemp are now no longer to be seen ; but line or flax is still grown.
>
>   **2.** Flax spun or woven ; linen thread or cloth. †Also, a napkin of linen ; and in *pl.* linen vestments.
>
> *Country Farme* 508 The good hus-wife must be carefull when the line is growne, to free it from being intangled with the weed using to wind about it which of course is called *line gout. 1483 *Cath. Angl.* 217/2 A *Lyne howse, *linativum. Ibid.* 217/1 A *Lyne soke (A. *Lynstoke), *linipedium*. 1835 URE *Philos. Manuf.* 215 *Line-sorters. 1723 *Lond. Gaz.* No. 6186/10 Corbott Roman,.. *Line-Spinner. 1835 URE *Philos. Manuf.* 216 Girls, termed *line-spreaders, are employed to unite the locks of line into one sliver. 1562 TURNER *Herbal* II. 93 Pitiusa..may be called *lynespourge of the lyknes yᵗ it hath with linaria. 1483 *Cath. Angl.* 217/2 A *Lyne stryke, *linipulus*. 1851 *Illustr. Catal. Gt. Exhib.* 198 *Line stumps, or the raw flax plant with the seed..as pulled and dried. 1619 *Vestry Bks.* (Surtees) 75 One *lin tablecloth..for the communion table. 1897 *Daily News* 6 Mar. 8/6 *Line tow and jute yarns in buyers' favour. 1415 in York *Myst.* Introd. 27 *Lynweuers. *c*1483 CAXTON *Dialogues* viii. 38 Gabriel the lynwevar. 1890 *Daily News* 20 Aug. 2/7 Some stocks of *line wefts are almost nil. 1856 KANE *Arct. Expl.* II. i. 10 With a *line-wick, another Esquimaux plan, we could bake bread. 1483 *Cath. Angl.* 218/1 *Lyne warke, *linificinm*. 1659 *Cath. Angl., Ligneraye*, a *lineyard, or flax-yard. 1886 *Daily News* 4 Sept. 6/7 *Line yarns quiet.
>
> **Line** (ləin), *sb.*² Forms: 1 lîne, 3-7 lyne, 4 lin, lingne, 4-6 ligne, lygne, 5 lyn, lynye, 3- line. β. Sc. 4 lyne, 4-6 ling. [Two words, ultimately of the same etymology, have coalesced. (1) OE. *líne* wk. fem. = MDu. (mod.Du. *lijn*), OHG. *lína* (MHG. *líne* cord, line, mod.G. *leine* cord), ON. *lína* (Sw. *lina*, Da. *line*) ; either a native Teut. formation on **líno-* flax, LINE *sb.*¹, or (more probably) an early Teut. adoption of L. *línea* (see below) ; (2) ME. *ligne, line*, a. F. *ligne* = Pr. *ligna*, Pg. *linha* (Sp. and It. in learned form *linea*) :—popular L. **linja* repr. classical L. *línea* (earlier *línia*), orig. 'linen thread', a subst. use of *línea* fem. of *líneus* (**líniius*) adj., flaxen, f. *línum* flax = LINE *sb.*¹ ; the subst. use of the adj. is due to ellipsis of some fem. sb., possibly *fíbra* FIBRE.
>   In continental Teut. the popular L. **linja* was adopted as OHG. *línia* (MHG., mod. G., Du., Da. *linie*).]
>
> **I.** Cord or string (and derived senses).
> **1.** A rope, cord, string ; † a leash for dogs or for hawks. *Obs.* in gen. sense ; now chiefly *Naut.* or as short for *clothes-line*, etc. Also applied with words prefixed to particular 'makes' of rope, e.g. *cod-line, house-line, whale-line*.
> *a*1000 *Sal. & Sat.* 294 (Gr.) Yldo..ræceð wide langre linan, lisseð eall ðæt heo wile. *c*1050 *Suppl. Ælfric's Gloss.* in Wr.-Wülcker 182/24 *Spirae*, linan. [1390-1 *Earl Derby's Exped.* (Camden) 40 Pro..v lynes parvis pro les ankeres et

普通の英和辞典と同様、1 頁に縦 2 段組みとなっており、左の段の行頭に太字で単語の ［Line］の見出し表記がある。直後の "発音" の括弧書きの次に小さなイタリック体で ［*sb.* 1］とあるのは、名詞（substantive）の 1 つめという表示で、前出『英語語源辞典』で line の右肩に直接付した小さな 1 と同じ意味合いである。

そして、11 行下に最初に使われた語義として、1.＝FLAX. と書かれているのが認められ、『英語語源辞典』と同様 "亜麻" である。さらに a，b，c と細かい意味の記述が続く。a．は亜麻の繊維（fibre of flax）、b．は近代の工

業的用途でこれまで梳き櫛(hackle)で亜麻くず(tow)と選り分けてきた細くて長い毛足(fine and long staple)の亜麻繊維、c. は植物としての亜麻自体を指すという内容になっている。うち、b. の分離作業工程はムーランという機械による亜麻茎の破砕と呼ばれるもので、詳しくは第2章で述べる。

　左の段の下から3行目には、2. Flax spun or woven(糸に紡がれた又は布に織られた亜麻繊維)という意味が載っている。これは要するに亜麻糸や亜麻布(linen thread or cloth)であり、さらにはリネンのナプキンやリネンの衣服(linen vestments)という意味までも包含する。

　次に、右の段の中ほどに、[Line, *sb*. 2]の見出しがある。この語源系統は前出『英語語源辞典』の2つめのlineと同様、語義がかなり多岐にわたるため、下から10行目に大区分として、I. Cord or string(細綱または紐)が掲げられている。実にこれが『英語語源辞典』の2つめのlineの最初の語義である《ひも、綱》と照応関係になっているのだ。

　次の行に、1. A rope, cord, string とあるが、英語では、細長い縄状のものを太い順から次のように呼称する。

　　rope(縄、綱) ＞ cord(細縄、細綱) ＞ string(紐、太糸), yarn(紡ぎ糸) ＞ thread(縫い糸、細糸)

ここでもう一度、古代中国人が〈線〉という漢字(形声文字)を発想した"ものの見方"に注目していただきたい。彼らは、線という字で細長い縫い糸を指し、それがやがて"糸のように細長くて連続するもの"すべてを表すようになった。上記した縄、綱、紐、紡、縫、細という漢字の全てが糸偏であり、糸のように細長くて連続するものに関係している。

　そして、イングランドではラテン語で亜麻やリネンを意味するlīnumを語源としてlineという語彙が誕生する。正に意味深長と言うべし。

　だが、言葉の意味は時代とともに変化する。現在の英和大辞典では使用頻度の高い語義から順に並べているため、既出の『英語語源辞典』やOEDで第一義だった《亜麻》や《綱、紐》というlineの語義は廃れている。

　試みに『小学館ランダムハウス英和大辞典』(全4巻 1974年初版)に収載されている[line]を引くと、やはり名詞の系統としては2つあって、右肩に小さな1と2が付されている。このうち、2のほうは《(合板の板と板の間などの)接着剤の層》という語義が1つあるのみ。

　一方、語義が多い1の方の第一義は《(ペン・鉛筆などで物の表面に引い

た）線》、第二義は数学で用いる《線：直線および曲線；点の軌跡》、第三義は《(色・縫い目・割れ目などの)線、筋、しま》と、いずれも"線"が最上位に書かれている。

　逆に《糸(thread)；ひも，細なわ(string, cord)；綱，なわ(rope)》は全語義数 52 のうちの 41 番目、繊維用語としての《ライン：亜麻・大麻の比較的長い選別された繊維》が 50 番目となっており、《亜麻、リンネル》という直接の意味では、もはや使われていない。

　次章で亜麻工場としての意味の〈製線所〉という言葉が出てくるが、この言葉に使われている"線"が上記の 50 番目の"ライン"なのである。

　しかし、一般の人は、製鉄所、製紙工場、製糸場(世界遺産の官営富岡製糸場で一躍脚光を浴びた)は見聞きしたことがあっても、製線所は殆ど知らないであろう。実際、国語大辞典にも《製線》の語は載っていない。

　唯、鋼線、銅線などの各種線材加工メーカーが○○製線という社名を掲げている例は多数あり、それなら知っているという人はいるだろう。

　元々、亜麻茎の内部にある長い繊維という意味で〈線〉という言葉を使うこと自体が特殊であって、しかも、その最後の製線所＝亜麻工場が 1970(昭和 45)年に操業を終了し、姿を消してから優に半世紀を過ぎている。

　かつて亜麻産業が隆盛を誇っていた当時は、製線ないし製線所という言葉は割と一般にも流布していたかもしれないが、時代の変化に伴い産業として衰退していったのと歩調を合わせ、言葉自体も人々の記憶から薄れていくのは致し方のないことである。

第3節　用途の広い亜麻

　亜麻の用途は極めて広範囲に亘（わた）るが、大別すれば、①繊維系、②食品系、③産業材系に分けることができるであろう。

繊維系の用途

　初歩的なことであるが、繊維植物から繊維を取り出すことを製繊或いは製線といい、繊維から糸を紡ぐことを紡績といい、糸から布を織ることを機織（はたおり）という。紡績と機織を合わせて〈紡織（ぼうしょく）〉という場合もある。

写真8　帝国製麻広告ポスター（1937年）
（『帝国製麻株式会社三十年史』所収）

　後述するが、日本における亜麻繊維を原料とした紡織は明治期に始まる。

　亜麻繊維の特徴は、強靭性・吸湿性・吸水性に優れ、清涼感があるので夏の衣服に適している。また、蚊の多く発生する夏には麻の蚊帳（かや）が重宝されてきた。

　戦前は、軍需品として、軍隊の軍服、野営用の天幕（テント）、大砲等の兵器の覆い布、車両の幌といった用途に帆布（はんぷ）が大量に使用されたため、戦争によって需要が一気に増大する産業特性を有した。

　少し特異な分野では、消防用ホースが、亜麻糸で平織りにより製造されていた。帝国繊維㈱ホームページ所収「ホース100年ものがたり」によると、『麻は吸水性が高く、麻の繊維が水分を吸収して膨潤（ぼうじゅん）してしかも強力（ママ）が増し、織物の目を固く詰めて高水圧に耐えてホースからの漏水（ろうすい）を止めます。（中略）昭和20年代末にゴム引きホースが現れるまでの50年間は麻ホースが消防ホースの代名詞でした。』ということである。材質は替わったものの、現在でも消防用ホースは帝国繊維の主力商品となっている。

　さて、上掲のポスターには《夏は麻服》とあるが、リネン製品は夏物衣料に限らず、衣料、寝具などで四季を通じて快適さを提供してくれる。

リネンは洗濯するほどに、使い込むほどに柔らかさを増し、かつ光沢も出てくる不思議な天然素材である。ソフトな肌触りゆえにヨーロッパでは古くからインナーウエアやパジャマ、バスローブなど直接、肌に接する衣料に用いられてきている。とりわけ女性用の高級下着は、〈ランジェリー〉と呼ばれ、フランス語で亜麻を意味する［lin］がその語源である。

　ベッド周り品では、ひんやりとした涼感が心地よい眠りを誘うことから、リネンのシーツやピローケースが寝具の最高級品とされている。

　また、テーブル周り品においてもリネンのテーブルクロスやナプキンは、シミがつきにくく純白で清潔感にあふれているため、世界の一流ホテルでは当たり前に使用されているほか、日本でも宮中晩餐会で使用されるテーブルクロスは帝国繊維が供給する欧州産のリネンクロスである。

食品系の用途

　亜麻の種子を亜麻仁といい、そこから採れる油を亜麻仁油という。海外ではフラックスシードオイルと呼ばれて早くから人気のある食材であったが、国内ではあまりなじみがなく、必須脂肪酸であるα-リノレン酸を多く含むことが周知されてから、生活習慣病の予防やダイエット、肌質の改善などの効果が期待される食用油として近年、注目を浴びるようになってきた。

　ここで少しむずかしい化学の話になるが、脂肪酸とは三大栄養素の1つである脂質（脂肪）を構成する物質で、化学構造の違いによって下表のとおり、6種類に分けられる。

脂肪酸の種類			主な脂肪酸	代表的な食品
飽和脂肪酸		短鎖	酪酸	バター
		中鎖	ラウリン酸	ココナッツ油
		長鎖	パルミチン酸	動物性油脂、植物性油脂
不飽和脂肪酸	一価	ω（オメガ）9	オレイン酸	オリーブ油、菜種油
	多価	ω（オメガ）6	リノール酸	大豆油、コーン油
			γ-リノレン酸	月見草油
			アラキドン酸	卵、肉、魚類
		ω（オメガ）3	α-リノレン酸	亜麻仁油、荏胡麻油
			エイコサペンタエン酸	青魚、魚油
			ドコサヘキサエン酸	青魚、魚油

図表2　脂肪酸の分類表

飽和脂肪酸とは分子構造で炭素原子間に二重結合が全くないもの、一価不飽和脂肪酸(オメガ9)は二重結合が1つのもの、多価不飽和脂肪酸(オメガ6とオメガ3)はそれが2つ以上あるものをいう。脂質は基本的に身体のエネルギー源になるほか、ステロイドホルモンの原料や細胞膜を構成する成分となる働きがあるため、身体の成長や維持に欠かせない。

　ところが、多価不飽和脂肪酸(オメガ6とオメガ3)は人の体内で作ることができないので食品から摂取することが必須となる。それゆえこれらの脂肪酸を必須脂肪酸と呼ぶ。右の写真は、北海道当別町の有限会社亜麻公社が製造販売する45g入り亜麻仁油ボトルである。

写真9　亜麻仁油（亜麻公社 製）

　食用としては、こうしたオイルのほかシード(種)をサラダにトッピングしたり、パンやクッキーの生地に練り込んだりして摂取するのもお奨めだ。

産業材系の用途

　亜麻仁油は乾性油に分類され、空気中で乾きやすい性質を生かして以前はインクや塗料の原料として利用されてきたが、大豆油への置き換えが進行したため近年、需要が激減した。

　床材として用いられるリノリウムは、亜麻仁油の代表的な工業用途であり、1919年に東洋リノリユームとして創立した東リが老舗企業として知られる。

　繊維の工業用途としては、プラスチックに亜麻の長繊維を混ぜ込んで強度をアップした亜麻繊維強化樹脂があり、自動車のダッシュボード素材などの需要が開拓されている。自動車への繊維利用では欧州車のボンネット裏に短繊維の粗綿でできた灰褐色の綿のような緩衝材が使われた歴史がある。

　このほか、東京の建材会社がやはり短繊維の亜麻繊維を原材料にした建材の実用化を図ろうとしたことがあるが、製線工場の設備投資に見合う亜麻栽培面積の確保などの面で採算が取れず、断念したという。

第 2 章

亜麻栽培と製麻産業の歴史

第1節　開拓使と吉田健作

　亜麻は冷涼な気候を好むことから、日本では北海道が主産地となったが、そこへ至るまでにはどのような道筋を辿ったのであろうか。

▍鎖国から開国へ

　江戸時代初期の寛永16(1639)年7月、幕府は「かれうた御仕置之奉書」など4つの法令(第五次鎖国令)を発布し、南蛮(ポルトガル)船の入港を禁止した。かれうたとは南蛮船のことである。これにより日本が外国に開く門戸は、オランダに対して西九州・平戸のオランダ商館、中国に対して長崎の出島(2年後にはオランダ商館も出島に移される)を通じた交易に限定され、それから二百年余り続く〈鎖国〉が完成する。

　その太平の眠りを覚ますのが、嘉永6(1853)年6月に起きた〈黒船来航〉である。アメリカ合衆国海軍東インド艦隊のペリー提督率いる4隻の船団が相模国の浦賀沖にやって来た歴史上あまりにも有名な出来事である。この時はフィルモア米国大統領の親書を渡すのが目的であったが、翌年再びペリーが来航し、3月に日米和親条約が締結された。アメリカ船への薪水補給のため伊豆の下田と箱館の2港を開港することになり、長きに亘った鎖国政策がここに終焉する。

　当時南下政策を推し進めていたロシア帝国もこの機に乗じて開港を求め、安政元年12月21日(1855年2月7日)、下田において日露和親条約が締結され、下田・箱館・長崎の3港がロシア船に対し開港となった。

　なお、この条約で両国の国境を択捉島とウルップ島の間と定めたことに鑑み、日本政府は1981(昭和56)年から閣議了解により、条約締結日の2月7日を〈北方領土の日〉と定め、領土返還運動を啓発している。

　さて、和親条約は文字どおり平和と親善を本旨とする条約であるがゆえ、通商(貿易)に関する詳細までは定めていない。産業革命により飛躍的に生産が伸びた工業製品の輸出先を求めていた欧米諸国にとって開国をしたばかりの日本は魅力的な新規開拓市場に映り、安政5(1858)年には6月から9月にかけ、アメリカ、オランダ、ロシア、イギリス、フランスの計5か国との間で修好通商条約が締結されるに及んだ。

慶応3(1867)年7月、幕府は日露修好通商条約に基づきロシアからライ麦、大麦、蕎麦、豌豆、大麻及び小麻の種子を各1俵輸入した。ここに含まれていた"小麻"というのが、亜麻である。

　箱館港に荷揚げされると、箱館奉行所ではそれらの種子を札幌村(札幌元村)の御手作場(箱館奉行直轄農場)で開拓の指導に当たっていた蝦夷地開拓掛の幕吏・大友亀太郎へ回送し、適地適作となり得るか試作させた。

　大麻は古来、繊維作物として栽培されてきた歴史があるが、亜麻は目新しい作物であったため、添付されていたロシアにおける栽培法、雨露浸水法、製繊紡糸法、製油法等の概要説明書を翻訳して一緒に送付したという。

　ところで、上記した幕府が安政5年に欧米列強と相次いで修好通商条約を結んだ中にドイツは含まれていなかった。実は、当時のドイツは領邦国家の連邦制であり、プロイセン(英語名はプロシア)国王を皇帝に戴く統一国家としてのドイツ帝国が成立するのは、1871年1月のことである。

　プロイセン王国との間の日普修好通商条約は万延元年12月14日(1861年1月24日)に締結され、神奈川、長崎、箱館の3港が条約施行日の1863年1月1日からプロイセン人の交易のために開港している。

　いずれにせよ、こうして幕末に欧米諸国との通商が開始されたことが北海道に亜麻栽培をもたらすことにつながったのである。

ガルトネルによる七重村開墾

　そうしたプロイセンとの国際関係が結ばれていた慶応3年、プロイセンの貿易商ライノルト・ガルトネルは、貿易商でありながら北海道でヨーロッパ式農業経営を行うことを企図し、駐箱館プロイセン副領事をしていた弟コンラート・ガルトネルの協力を得て、箱館奉行杉浦誠と交渉。函館に近い七重村(現・亀田郡七飯町)に1500坪(5反歩)の開拓許可を得る。

　日普修好通商条約第3条の定めによって、箱館の港及び町は交易のためにプロイセン人に開かれ、彼らは居住のため地所を賃借し、そこに住居や倉庫を建てることが認められていた。また、箱館奉行所から十里(約40km)以内は自由に見て廻ることができた。七重村は箱館の近傍十里以内にあったのでガルトネルの眼に留まったのであろう。

　但し、開墾して農場を経営することは、通商条約の想定を越える特殊案件だったため、領事館が仲介する形で奉行所と直接交渉したのである。

しかし、その年の10月14日に江戸幕府第15代将軍徳川慶喜が大政奉還を奏上し、次いで将軍職の辞職を願い出たのを受け、12月9日に明治天皇が「王政復古の大号令」(勅令)を発出。江戸幕府は廃絶となり、三職制による明治新政府が誕生したため、ガルトネルの開墾計画は一旦白紙となる。

　翌慶応4年4月、明治新政府は箱館奉行所の機能を引き継ぐ箱館裁判所を設置し、蝦夷地開拓のための山川調査を命じた。同年閏4月21日、新政府は「政体書」(太政官布告)を発し、これにより箱館裁判所は24日に箱館府と改称。府知事に任命された清水谷公考は旧箱館奉行の杉浦から平穏に業務を引き継ぐ。ガルトネルは改めて許可権者となった箱館府と交渉し、同府は彼の計画を蝦夷地開拓に有益とみて同意したことにより、ようやく7月頃から七重村御薬園地周辺で開墾が始まった。

　ところが、戊辰戦争の最後の戦いとなる箱館戦争が始まり、旧幕臣の榎本武揚率いる旧幕府軍は明治元年(＊慶応4年9月8日改元)10月末までに五稜郭を攻略して箱館を占領。箱館府知事の清水谷が青森に退避すると、12月15日に"蝦夷共和国"と呼ばれた独立政権を樹立。榎本が入札(投票)により総裁に就任した。

写真10　榎本武揚

　榎本はかねてより旧幕臣が身の立つよう蝦夷地に入植させ、開拓と北辺の防備をさせる内容の提言を新政府に複数回行っていたが、無視されため実力行使に訴えたのである。ここでもガルトネルは榎本政権と交渉し、開墾計画の継続を認めさせて明治2年2月、七重村及び近傍の未開地約300万坪(1千町歩)を99年間"租借"(＊近年の研究では租借に該当せず。)することなどを骨子とする「蝦夷地七重村開墾条約」を締結した。

　しかし、5月11日から新政府軍による箱館総攻撃が開始され、12日からは榎本に降伏するよう勧告。敗北を悟った榎本は、副総裁の松平太郎らとともに17日に新政府軍の青森口総督府参謀黒田清隆らと会見して降伏に同意。翌18日、五稜郭を明け渡してようやく箱館戦争が終結をみる。

　戦争終結により翌19日から箱館府が正常化すると、ガルトネルは早速同府と再度交渉を行い、6月16日に今度は無期限で土地を租借する開墾条約を締結することに成功。母国から種苗、農機具等を取り寄せ、ヨーロッパ式農場経営を続けていった。

　因みに榎本ら旧幕府軍幹部7名は、東京(＊慶応4年7月に江戸を改称)へ護送

されることになり、5月21日に箱館を出発。約1か月かけて東京に到着すると旧江戸城辰ノ口にあった兵部省軍務局糾問所の牢獄に収監された。政府内では榎本らを極刑に処すべきだと主張する木戸孝允ら長州閥に対し、榎本に降伏を勧めた黒田や福沢諭吉らは榎本の才能を惜しみ助命を主張。この問題は処置未決のまま長く対立が続くこととなる。

開拓使の設置

　榎本の投獄から間もない明治2年7月8日、政府は官制改革を行い、職員令により官位を一新し、古代律令制に倣う形の二官六省を置いた。二官とは神祇官と太政官で、太政官の下に民部・大蔵・兵部・宮内・外務・刑部の六省が属した。さらに北海道開拓を所掌する機関として開拓使が置かれた。

　"使"の付く役所で読者のみなさんが真っ先に思い浮かべるのは、学校でも習う〈検非違使〉だろう。古代律令制下で非違(不法行為)を検察する天皇の使いとして独自の任務を帯びた令外官であるが、開拓使もまた"北海道を開拓する天皇の使い"という重要な任務に当たる臨時的機関である。

　元来、政府が慶応4年4月に箱館奉行所に代わる箱館裁判所を置いたのは樺太におけるロシアの南下に備えるためと蝦夷地経営に当たるのが主務であったが、箱館戦争の影響で蝦夷地開拓は遅滞を余儀なくされていた。

　だが、戦争終結により明治天皇からも蝦夷地開拓についての御下問があり、6月には松前藩主松前修広が版籍奉還したことで環境が整う。同月、『政府は議定・中納言鍋島直正(元佐賀藩主)を蝦夷開拓督務に任じ、さらに島義勇(元佐賀藩士)・松浦竹(武)四郎らを蝦夷開拓御用掛に任命した』(『新版北海道の歴史』下 P.32)のである。

　明治天皇がいかに北海道開拓に関心を抱いていたかを示す証左に『鍋島任命の勅書には「蝦夷開拓ハ皇威隆替ノ関スル所、一日モ忽ニス可ラズ」と記されて』(前掲書同頁)いたというから、推して知るべし。

　ややもすると、開拓使は始めから札幌に置かれた地方機関という理解をされがちかと思うが、六省と同格の歴とした中央官庁である。

　かつて北海道の総合開発事務を行っていた中央省庁として2001(平成13)年1月6日まで存在した北海道開発庁と同じような性格といえばわかりやすいだろう。同庁長官は国務大臣をもって充てられ、省と同格であった。

　明治2年官制においても、開拓使のトップたる長官は省のトップの卿(後

の内閣制度では大臣)と同格とされた。それだけ重責ということであり、初代開拓長官には7月13日付で鍋島が任命された。開拓次官には同月24日付で箱館府知事の清水谷が任命され、同時に箱館府は廃止となる。

なお、北海道開拓使という言い方は、明治3年2月から1年半ほど存在した樺太開拓使と特に区別する場合に用いられ、通常は単に開拓使という。

また、開拓使長官・開拓使次官という言い方よりも、開拓長官・開拓次官という言い方が一般的である。

発足時、開拓使庁は民部省内つまり東京に置かれるが、鍋島長官は蝦夷地に赴任することなく、発令から1か月余り経った8月16日、大納言に転任。後任の第二代開拓長官には同月25日、公家の東久世通禧が就いた。

この直前の8月15日、政府は蝦夷地を北海道と改称し、11か国86郡を配置している。『これは蝦夷地が日本国家の領土であり、従ってそこに居住するアイヌ民族も日本の国民であることを意味する』(『新版北海道の歴史』下 P.33)画期的な措置であった。

これにより北海道は全域が国有地に編入され、以後の開拓政策の基本は、その"国有未開地"を内地(府県)からの移民に"払い下げ"というインセンティブを与え、開墾させることによって推進するものとなった。

さて、このような中で東久世開拓長官は9月に島義勇、岩村通俊ら部下の開拓判官とともに北海道に向かい、25日に箱館裁判所(＊法令上の行政庁名としては慶応4年4月の設置以来存続していた。)入りすると、30日付開拓使布達により、同裁判所を開拓使出張所と改めた。因みに7月24日付で開拓次官に任ぜられた箱館府知事の清水谷は、変転著しいこの間の事情を確認すべく上京した後9月13日付で開拓次官を辞任したので、次官は空席となる。

なお、箱館から函館への文字変更時期は、『函館区史』(1911年)によれば、開拓使出張所が置かれた9月30日であるが、詳しくは『函館市史』通説編第2巻(1990年)第4編「箱館から近代都市函館へ」の解説を参照されたい。

こうして中央官庁の地方出先機関となった"函館"の開拓使出張所で業務開始早々問題となったのが、七重村のガルトネル農場開墾契約である。

8月15日に北海道全域を国有未開地として日本領に編入した国策と相容れない内容であることは明白で、この件は東京の本庁を通じて政府内にも伝えられた。すると外務省は、駐箱館プロイセン副領事が仲介したとは言え、日普修好通商条約で認めていない居留地外の土地を"租借地並み"に一貿易

32　第2章　亜麻栽培と製麻産業の歴史

商に貸していることを問題視。これを糸口に北海道が列強の植民地とされることを恐れ、開拓使にガルトネルとの契約を破棄するよう要請した。

この破棄交渉の担当は、当然函館の出張所である。しかし、過去に何度も交渉相手を変えながら都度承認されて資本も投下して開墾を進めてきたガルトネルにしてみれば、承服しがたい話なので、破棄交渉は難航する。

翌明治3年5月、樺太対応のため黒田清隆が開拓次官となり、7月に樺太へ渡ってロシア側との調整を図った後、北海道内を視察する。ガルトネルとの交渉は厳しいものとなったが、早期に決着をつけるため黒田は東久世長官と協議し、最終的に同年12月、ガルトネルに違約金として62500ドルを支払うことで契約解除を取り付け、土地を取り戻した。

写真11　黒田清隆

なお、この間の閏10月、開拓使本庁は函館に移り、東京が出張所となる。開拓使は、返還を受けた農場をそのまま七重開墾場(後に七重官園と呼ばれる)として経営する。それは結果的にガルトネルが日本に伝えたヨーロッパ式農業、即ち牛、馬、豚を飼養し、牛馬用の牧草を栽培し、ヘイレーキやプラウなどの洋式農具を利用し、西洋梨、西洋リンゴ、サクランボなどの果樹を栽培する農業の継承に繋がってゆく。

現在の七飯町役場公式ウェブサイトには、2017年の町制施行60年記念映像が公開されており、その中で七飯町を"日本で初めて西洋リンゴの栽培が始まった町"、"西洋式農法の発祥地"と紹介している。

開拓使による亜麻作

この一事を以てしてもガルトネルは称えられる資格が十分あると思うが、亜麻に関していえば"恩人"として感謝されるべきレベルかも知れない。

なぜなら、ガルトネルが北海道における亜麻作の創始者だからである。彼が七重村で亜麻を栽培していたからこそ、それを引き継いだ開拓使の七重開墾場では、収穫された亜麻仁を翌春播いて亜麻作を行うことができた。

黒田開拓次官は、北海道視察を終えて帰京後の明治3年10月、政府に北海道開拓に関する重要な建議書を提出している。その中で彼は、樺太経営は現状では3年しかもたないから北海道開拓に力を注ぐべきで、それには北海道と風土の似た外国から開拓の専門家を招く必要があると唱えた。

果たして黒田の意見は認められ、11月には黒田のアメリカ出張、外国人

の雇い入れ、開拓に使用する器械類のアメリカへの発注が決定する。

　もうお分かりのとおり北海道と風土の似た外国として選ばれたのは、プロイセンでも他のヨーロッパの国でもなく、アメリカ合衆国であった。その判断の根拠は実に明快だ。即ち内地府県と気候や風土の異なる北海道を江戸時代以来の日本の農業技術で開拓していこうとするのは土台無理があるので、ここは寒冷地の北海道に自然環境が似ており、フロンティア精神で西部開拓に実績のあるアメリカの技術や文化に見習おう、ということである。

　こうして黒田次官は、翌明治4年1月に日本を出発。アメリカでは駐米公使森有礼と綿密な打ち合わせを行い、日本に招く専門家の具体的な人選は現地事情に明るい森に託した。そして、森に伴われ首都ワシントンでグラント大統領に謁見し、日本政府の要請事項を伝達。アメリカ政府はこれを承認し、開拓使顧問として農務局長であったホーレス・ケプロンを推薦する。

　黒田はケプロンに面会し、開拓使顧問として来日を要請し、具体的な協議を行う。その中でケプロンは、北海道の内陸は全くの未開地であることから、その資源を有効に活用して開発を進めるには、まず地質・植物・鉱物の予備調査を行い、それを基に道路・運河の開削、村落・市街の形成、農業を始めとした産業振興などを盛り込んだ報告書の作成をすべきことを提案した。

　正論であったので、黒田はこれを了承し、顧問のケプロンには年俸1万ドル、土木・建築、地質・鉱山及び農業などの主任助手には年俸3千～4千ドルの破格の報酬（米農務局長で4千ドル）で契約を結び、6月に帰国。

　一方、ケプロンは7月にトーマス・アンチセル（地質・鉱山・化学）、A・G・ワーフィールド（測量・道路・建築）及びステュアート・エルドリッジ（書記兼医師）を伴って来日。東京府芝の増上寺を宿舎とした。

　アンチセルとワーフィールドの2人はケプロンの命を受け、着任早々北海道に渡り、約2か月間馬に乗って道内各地を巡視し、札幌附近が全道の首府を置くにふさわしい場所であることを確認したほか、豊平川への本格的な架橋や札幌・室蘭間の道路建設などを含む総合的な検分報告をまとめた。

　この道内巡視でアンチセルは七重村開墾場にも立ち寄り、亜麻が実っているのを目にしている。そのことは、明治5年6月にアンチセルが黒田開拓次官に宛てた報告書に『七重村に政府の耕作園あり、（中略）その培養せるものは米、煙草、麻、亜麻、小麦、燕麦、林檎、梨、蕪、蔬菜、葱等及びその他の野菜あり。』（『北海道開拓使と亜麻』P.6）と記されている。

34　第2章　亜麻栽培と製麻産業の歴史

写真12 開拓使顧問ケプロンその他の御雇アメリカ人たち（1871年 北海道大学附属図書館 所蔵）
左から J・クラーク、ケプロン、アンチセル、ワーフィールド、エルドリッチ

次いでアンチセルは翌7月、次のように建言している。

『彼地農業の儀は日用の食物に供すべき植物を第一とし、次に貿易に供すべき必要な植物を培養するを急務とす。先づ麻及び亜麻の類の肌糸を以て網具を作るべきものを最も良とす。右御取開きの為、農民御移し有之儀は当今の急務と存奉候。

第一条　麻（略）

第二条　亜麻は油を製し或は肌糸を製すべき物なり。もしこの地を亜麻を以て細美の糸を製するに宜しく候はば、油を製するよりは御利益可有之と存奉候。エゴマその他種々亜麻に類し、その価は亜麻より余程下廉なる油を製すべきもの有之候へば、只油の利のみにこれを培養するは格別御益有之間敷く存奉候（後略）』

（出典：『北海道開拓使と亜麻』PP.6-7）

さらに翌明治6年1月（＊これ以降は太陽暦採用）、彼は更に足踏み式砕茎器

及び製繊器を図示。これを雛型に東京で試作するよう開拓使に勧めた。

　しかし、開拓使はアンチセルが推奨した砕茎器及び製繊器を試作することはなかったようである。因みに製繊器（製線器ともいう）とは、亜麻の茎から繊維を取り出す器具のことである。

　開拓使はケプロンの建言に従い、明治4年9月に東京府青山と麻布に計3か所の大規模な試験場（東京第一乃至第三官園）を設け、北海道開発の基礎となる農業の振興を図るため、外国から輸入した農作物の種子、家畜、農具の適否を試験し、成績良好なものを北海道の試験場に移す方針をとった。

　札幌の試験場（札幌官園）は、明治4年5月に置かれた札幌開拓使庁の敷地の北側（北6条西部域）に最初3600坪の御手作場を設けたのが始まりで、40万坪にまで拡張するが、明治9年には内30万坪（100町歩）を札幌農学校の農場に移管する。後の北海道大学附属農場が広大なのはここに起源がある。

　亜麻の栽培に関しては、札幌官園では明治8年に米国産の亜麻種子を8反5畝ほどの畑に播種し、5石5斗の種子（亜麻仁）を収穫する。茎も長さ2尺5～6寸のものを収穫できたが、製繊器がないため放置した。

　七重の試験場は既述の七重開墾場で、明治6年に七重官園として開設となるが、亜麻はガルトネルが残した種子を基に播種と収穫を繰り返してきており、その後も継続して栽培した。

　開拓使は明治9年、前年の札幌官園の亜麻作の成績が良かったので札幌本庁区域内の農民にも栽培を奨励し、札幌官園では1反8畝ほど播種した。

　明治11年には従前の米国産に加え、ロシアからも輸入して2種類の亜麻種子を札幌と七重のほか、初めて根室官園でも試作し、良好な成績を収めた開拓使は、亜麻が北海道の気候風土に適する農作物であると確信する。

　さてここで、箱館戦争の責めを負い投獄されていた榎本武揚に再び登場願おう。黒田らの助命嘆願が奏功し、榎本は明治5年1月に特赦により出獄すると親類宅で謹慎の後、3月6日に放免となった。そのわずか2日後には開拓次官となっていた黒田の世話で開拓使の四等出仕に任官となり、北海道の地質や鉱山調査などを行い、翌年1月に開拓中判官に昇進する。

　その1年後の7年1月、ロシアとの樺太の国境画定交渉などを担う駐露特命全権公使に任命され、3月に横浜を出発して6月に当時のロシアの首都サンクトペテルブルクにて着任。最大の任務の領土交渉においては、1875（明治8）年5月に樺太・千島交換条約を締結する。

榎本は、明治11年7月に帰国の途に就くまで4年余りに及んだロシア滞在期間中、世界有数の亜麻生産国であるロシアの亜麻栽培の実情に触れ、その情報を盟友の黒田開拓長官（＊明治7年8月長官就任）に送っていた。
　そのことは、明治11年4月、黒田長官が東京第一官園で農業振興に関する講演を行った際に、『亜麻は帆布、帆網を製するに要用にして、アンチセル氏の建言及び、榎本氏露国に於て実験せる書類にも詳らかなればその種子を存し、後年漸次蕃殖の法を謀らざるべからず。』と述べている点から窺い知ることができる。なお、東京官園では明治9年に初めて米国産の亜麻種子を播種しているが、薬草の範疇として極少量の栽培に止まっている。
　榎本は亜麻の栽培法に関し、ロシアでは播種の際に畑に魚粕を入れていることを滞露中に伝えており、官園でその方法を実践したところ生育が格段に向上した。また、明治11年10月に帰国した際にはロシア式製麻法とともに人力製繊器を持ち帰り、開拓使に引き渡した。
　開拓使ではそれを東京府赤羽にあった工部省工作分局に持ち込み、模造品の製作を依頼。明治12（1879）年10月に国産の製繊器が完成をみる。
　一方、同年には札幌と七重の官園で亜麻の茎の浸水と乾燥を初めて試みており、これを赤羽工作分局製の製繊器を使って初めて製繊したところ、両官園とも良質な繊維を得ることに成功している。
　因みにこの製繊器は、かつてトーマス・アンチセルが図示したものと全く同じ型式であったと言われており、彼には気の毒な結果となった。
　唯、一方で開拓使がアンチセルの助言を入れて設置した施設もある。明治9年6月に石狩国札幌郡対雁村に強制移住させられた樺太アイヌの授産施設として、同村に製網所を設け、製麻・製網の方法を教えることとしたのである。
　上述のとおり当時は

写真13　旧樺太アイヌ製網所の景（札幌郡対雁村）
（北海道大学附属図書館 所蔵）

第1節　開拓使と吉田健作　37

まだ亜麻の繊維化は試験段階にあり、繊維作物としては日本古来の大麻が利用されていた。

開拓使は、明治8年に琴似屯田兵村、9年に山鼻屯田兵村を設置すると、養蚕とともに奨励したのが大麻栽培による製麻（麻繊維の束を製造すること又はその繊維から麻糸を製造すること）であった。

琴似兵村では9年から栽培を始め、『冬期間の仕事で麻に製して本州の工場へ販売、収入を得た』（『新札幌市史』第2巻通史2 P.374）ほか、一部は屯田兵の家族によって麻糸を製造し、漁網や綱を試作している。さらに11年には兵村内に製麻所を新築した。山鼻兵村でも11年から大麻栽培を始め、製麻所を建設して網類を製造販売している。

同年には対雁村の隣の江別村にも屯田兵村が設置され、やがてそこでも『大麻の耕作奨励と、その授産施設としての大麻加工所が造られて』（『江別屯田兵村史』P.425）いる。屯田兵が冬仕事で製麻した麻繊維は開拓使が買い上げ、対雁製網所での網類製造の原料供給を果たしたのである。

さて、亜麻はどうだったかというと、官園におけるのと同様、屯田兵村でも早くから試作されていたのであるが、製線にまでは至らず、その工業化が果たされる前に明治15（1882）年2月、開拓使は廃止となってしまう。

近代製麻業の父・吉田健作

既述のとおり、せっかく開拓使時代を通じて亜麻が北海道で適作物であることが立証されたにもかかわらず、如何せん需要がないため、続く三県一局時代（明治15年2月〜19年1月）も工業化は進展しなかった。

このまま推移していけば、北海道の亜麻栽培は試作で終わっていたかも知れないが、一人の志ある先駆者が現われ、その危機を救う。後に近代製麻業の父と崇められる吉田健作である。

吉田は嘉永5（1852）年4月、豊前国京都郡上田村（現・福岡県京都郡みやこ町勝山上田）に生まれた。長じて漢学塾に学んだ後、小倉県の役人となる。

しかし、明治政府の国策である殖産興業を通じて新生日本の国づくりに貢献したいとの高邁な志を持っていた彼は県を辞し明治8年3月に上京。内務省勧業寮自費農学生（農業研究生）となり、本草学者で内務五等属の田中芳男の薫陶を受け、

写真14　吉田健作

ここで亜麻の存在及び欧州では製麻業という産業が盛んであることを学ぶ。

因みに内務省は、明治6(1873)年11月、官僚の力を活用した近代化を目指していた大久保利通の肝煎(きもい)りで発足した強い行政権限を持つ官庁で、大久保自身が初代内務卿に就いた。省の下に内部部局として〈寮〉があり、現代の省庁組織で言えば本省の〈局〉または外局の〈庁〉に相当する。勧業寮は明治7年1月に太政官布告第1号により内務省の一等寮として設置され、農工商の広範な業務を総合的に管掌していた。

明治8年5月、吉田は勧業寮御雇(おやとい)(＊役人ではあるが〈官吏〉の身分ではない。)となり、翌9年9月、十五等出仕(最下等の官吏)に任官となる。

同年5月に勧業寮から商務を取り扱う勧商局が独立したことを受け、10年1月に内務省内の組織改編で勧業寮は勧農局となり、それに伴い吉田には内務九等属、勧農局事務取扱の内務省発令が下りた。〈出仕〉が政府共通の位階を指す呼称であるのに対し、〈属〉とは各省内での役目に応じて一等から十等までの等級を定めた補助文官の呼称である。

彼は10年9月、勧農局長松方正義に宛て、亜麻の耕作及び製麻法研究のためフランス留学を希望する次のような内容の上申書を提出した。

『既に本年は有益なる洋種草綿(そうめん)の種芸(しゅげい)を関西諸県に勧められ、尚又必要なる洋種亜麻の種芸を関北(かんぽく)諸県に勧めらるべしと聞けり、(中略)然(しか)り而(し)して此等(これら)植物たる産地素(もと)より外国に係り、栽培製造の容易ならざるものにして、殊に機械製造事業の如きに至(いた)っては必ず其の有名なる産地に就(つ)き栽培法を調べ、製造業を習ひ而して後に我国必適の地所に就き十全の奨励法を以てせざれば、到底浪費の跡あるのみにして、其の実効を見るは蓋(けだ)し至難と信ずるなり、(中略)三年間の実験に依(よっ)て我国種芸法に於ては粗窺(あらうかが)ひ得たる所ありと雖も、其外国種芸の方法且つ製造事業に至ては常に隔靴掻痒(かっかそうよう)の感に耐へざるを以て、此上(このうえ)外国に航し亜麻有名の産地に就き其種芸法より製造業まで深く伝習研究し、以て平素の愚衷(ぐちゅう)を我国に尽さんと欲す、伏して願くば特殊の採用を下し賜はらんことを。』

(出典：『日本製麻史』1907年 PP.37-38)

この文章の中で彼は、亜麻を以って工業化を図るには、その本場に出向いて徹底的に種芸法(＝栽培法)から製造業(機械による製品化)までを学び取る

第1節　開拓使と吉田健作　39

必要があると述べている。では、なぜ彼は殖産興業の具体的な分野として製麻業を選んだのだろうか。

その手掛かりとして『北海道亜麻事業七拾周年記念史』(北海道亜麻事業七拾周年記念会 1957 年；以下『70 周年記念史』と略す。)は、『彼が農学雑誌(津田仙編集、明治九年五月号)にのせた「亜麻の説」にその一端をうかがうことができる』(同書 P.4)として、その一部を引用している。

唯、正しい出典名は『農業雑誌』のところを『農学雑誌』と誤記しているうえ原典の記述にも忠実ではないため、本書では国立国会図書館デジタルコレクション所収の原典から引用(＊一部中略)し、下に掲載する。

『亜麻は麻の如き者にして、英語にては之を「フラックス」と云ひ、我邦にては「ヌメゴマ」と云ふ。(中略)その繊緯を以て織りたる布を「リン子ン」(即ち我邦の晒布に似たるものなり)と云ふ。我邦人の近来此布を用ふるや日に増し月に盛んにして、上王公貴人より下士庶人に至るまで之もて夏服と為すが故に其需用は弥々増し、現今之れを欧米諸国より輸入する所の高は年々数十万金に騰れりとぞ。我国金貨の海外に濫出するや実に驚歎に余りあり。(中略)如斯にして数年の星霜を送りなば其濫出の流弊は遂に防ぐに由なからん。若く金貨の「リン子ン」等の為めに濫出するの源を塞ぐの良計は亜麻を耕種するにあらん而已。』

この文章が載った『農業雑誌』とは、元幕吏(外国奉行通訳)で開拓使や民部省にも勤務経験を持つ津田仙が定期発行した農業専門誌である。彼は明治 8 年 9 月に東京府麻布にて学農社を設立すると、出版事業として翌 9 年 1 月に同誌を創刊。発行部数は 4～5 千部にも及んだ。

因みに津田は、2024 年 7 月から発行の新 5 千円札の肖像となった津田梅子の父で、開拓使勤務当時、黒田開拓次官が女子教育の必要を感じて政府派遣の岩倉使節団に初めて女子留学生を随行させると聞くや、それに応募し、当時わずか 6 歳だった娘の梅(後に梅子に改名)を明治 4 年 11 月にアメリカ留学に行かせた破天荒な人物である。

ところで、上記『70 周年記念史』は「亜麻の説」の執筆者を吉田自身としているが、『農業雑誌』には"由布御年"の筆名で掲載されている。

一方、同記念史執筆者の一人で発行時に帝国製麻㈱栗山亜麻工場長だった原松次は、後年執筆した『亜麻繊維生産事業 80 年史』(帝国繊維株式会社生

産本部 1969 年）及び『北海道における亜麻事業の歴史』（噴火湾社 1980 年）の中で、「亜麻の説」の執筆者を津田仙とし、吉田はその言説に触発された可能性を示唆している。

　この点について、著者は次の二つの理由により「亜麻の説」は吉田自身が執筆したものであると推定する。

　その一は、既に『農業雑誌』第 7 号（明治 9 年 4 月発行）には津田仙の筆名で「麻の説」が掲載されており、翌月の「亜麻の説」掲載時に限り実名を伏せる必然性がないこと。

　その二は、「亜麻の説」が掲載された明治 9 年 5 月時点での吉田の身分は勧業寮雇員であり、発行部数 4〜5 千部で斯界の御歴々も目にする可能性のある雑誌に農政官庁の若輩者が寄稿するには実名を伏せたほうが無難であること。また、ペンネームの"由布"は、吉田の出身地である九州北部地方の名峰由布岳や名勝由布川峡谷に因んだ可能性も考えられること。

　それはともかく、件の吉田の上申は認められ、11 年 1 月《仏国出張申付候事》の内務省辞令が下り、同年 5 月からパリで開催される万国博覧会に参加する日本代表団の事務官らとともに 4 月にフランスへ渡った。その後、フランス最北部の町リールの亜麻紡績工場に起居し、所期の目的である亜麻の栽培から紡織に至る亜麻産業の全工程に亘り実地に習得を重ねていった。

図表 3　フランス北部行政区分図（2016 年 imagenavi 提供）
地図の中央より少し上、ベルギーとの国境近くにこの地方の中心都市リールがある。

13年9月末、帰朝命令が下り、14年1月に帰国するや直ちに腹案をまとめる作業に入る。途中、同年4月の省庁再編で農商務省が新設され、翌5月に吉田は同省工務局へ配転となった。そして、まとめ上げた麻紡工場設立意見書並びに麻製造所設立予算書を農商務少輔（次官級）品川弥二郎へ提出し、亜麻紡績事業を政府の直営事業として行うよう建言する。

　その中で彼は、亜麻工業こそ本命であるが、原料となる亜麻を農家に栽培奨励していく必要があり、それは短期間では到底なし得ないので、まずは在来の大麻を使用する工場を設立して太物（帆布類及び蚊帳用までの麻糸）を紡いで改良を重ね、機が熟するのを待って亜麻に移るべきと主張した。

　吉田の建言は、官業方式の一点を除けば基本的に省内で受け容れられた。要するに当時の政府の産業政策は、初期に盛んだった官営工場の設立から転換し、逆に民間へ払い下げて民営化していく途上にあったため時宜を得ず、いわば"趣旨採択"のような形で、実行は見合わせとなったのである。

　このとき大蔵卿となっていた松方正義は吉田に『製麻起業の事の如き我邦に於て最も切要を感ずるところ、仮令今子の建言が採用せられずとするも早晩其旨趣は事実に於て施設せられざるべからず、子夫れ姑く之を忍びて時勢の推移に看よ、而して不倦不撓此事業の為めに努力せば志望を貫徹するの日必ず遠からざるべし』（『日本製麻史』P.67）と伝え、慰諭したという。

　松方の意を受けた品川は吉田に対し、建言の頓挫に屈せず地方を巡遊し、企業の候補地を探したり、民間の有志に麻紡績事業を奨励したりして時機が到来するまで地道な努力を積み重ねるよう説示し、吉田は承諾する。

　かくて、わが国の亜麻紡績事業は民間主導で会社を設立し、それを政府が支援する"半官半民"の形で推進されることとなった。

　無論、その最前線に立った担当者は吉田である。品川少輔の説示に基づき明治15年6月、吉田に《麻業調査トシテ北海道巡回申付候事》の工務局辞令が下り、これを皮切りにその後文字どおり北は北海道から南は九州まで全国各地を巡遊し、亜麻紡績事業創立の必要性を説いて有志を募った。

　その甲斐あって遂に滋賀県に賛同者を得、滋賀郡松本村（現・大津市）に近江麻糸紡織会社の創立をみたのは明治17(1884)年6月のことである。

　だが、創立に漕ぎつけて"めでたしめでたし"ではない。やっとスタートラインに立っただけで、ここから開業に向けてもう一汗も二汗もかかなければならなかったのだ。同月、吉田は農商務省御用掛を命じられ、工場の設計

監督に専従。8月には紡織機械の買付けと職工雇入れのため、官命により英仏2か国へ海外公務出張する。その際、助手としてフランス語に堪能（たんのう）な横田万寿之助（ますのすけ）技師も帯同した。そして、発注した機械類が船便で着くと、19年1月には機械据付のため指揮監督官として滋賀県へ出張という具合に、激務の日々を送ることとなった。

なお、明治18(1885)年12月22日、内閣制度が創設され、省のトップの職名は〈卿〉から〈大臣〉に変わり、初代農商務大臣には谷干城（たてき）が就く。

19年3月4日、従前の農商務大輔（たいふ）であった吉田清成が農商務次官に任命され、同日付で吉田は農商務省から《農商務三等技手、中級俸下賜》の辞令を受けるが、それまでの働きに対する論功行賞（ろんこうこうしょう）と言ってもよいだろう。

引き続き近江麻糸紡織会社の創業に向けた準備に専心し、工場は9月から操業に漕ぎ着け、下に掲げた吉田自筆の「申告」と題した書面にあるとおり11月21日に吉田清成次官（「申告」中の「閣下」）臨席の下で開業式を迎えるに至り、実に11年かかってようやく上京時の初志を貫徹した。

すると、一息つく間もなく、次なる使命が吉田を待ち受けていた。

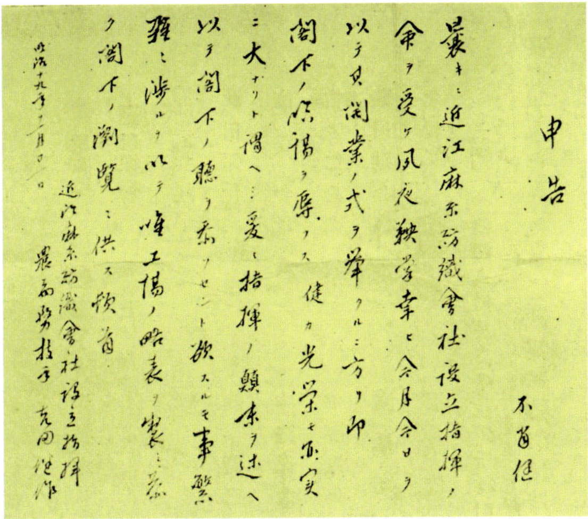

写真15　吉田健作自筆の申告書面
（『帝国製麻株式会社三十年史』所収）

第2節　北海道製麻会社の誕生

　明治20（1887）年5月、吉田健作は内閣から奏任官五等に叙せられ、農商務省五等技師の身分で北海道庁への出張を命ぜられる。

北海道の都・札幌本府

　北海道庁は、開拓使廃止後の三県一局体制を経て、開拓を一層促進するため、明治19年1月に設置された地方行政"官庁"である。

　初代長官の岩村通俊は、明治2年9月に東久世第二代開拓長官らとともに渡道した元開拓大判官であった。当初は長官付で函館出張所在勤だったが、札幌本府の建設を担当した島義勇開拓判官が政府に出頭を求められて離道したのを受け、同3年2月から島に代わって札幌担当となった。

　札幌本府とは、札幌に置かれることが既定方針であった北海道開拓の司令塔となる行政府をはじめ官営工場や商工業者が集中する"道都"をいう。

　財政難や本府建設をめぐる順序で一時建設中止の曲折はあったものの、同年10月の黒田次官の建議で札幌本府建設が再開されることとなり、岩村は

写真16　開拓使札幌本庁舎（1873年10月29日　北海道大学附属図書館 所蔵）
落成記念に撮影された写真で、庁舎の周りに20人ほどの人が集まっているのがみえる。

44　第2章　亜麻栽培と製麻産業の歴史

小樽仮役所に本拠を置いて札幌詰の十文字龍助大主典ら部下を指揮。4年4月に現在の北4条東1丁目に仮庁舎が完成すると、函館にいた東久世長官を呼び寄せて自らも仮庁舎に転勤し、翌5月そこを札幌開拓使庁とし、長官不在となった函館の旧本庁は函館出張開拓使庁と改称する。

さらに、5年7月から創成川西方の本府敷地に本庁舎の建設が着工すると同年9月、札幌開拓使庁は開拓使札幌本庁と改称し、函館、根室、宗谷、浦河、樺太にそれぞれ支庁を置く体制が整った。

そして、明治6(1873)年10月に前頁下の写真にある洋風の2階建に展望塔の付いた立派な本庁舎が竣工する。建設位置は下に掲げた地図に〈本廳〉と表記のある縦長の矩形で、正面は東向き。現在の西4丁目通から西8丁目通までと北1条通から北6条通までの約31町歩の広大な敷地のほぼ中央にあり、現在の旧北海道庁赤レンガ庁舎の約50m北に位置する。

なお、岩村はこの本庁舎の落成を見届ける前に同年7月、佐賀県権令(県の首長)に任命されて札幌を離れていた。この年には開拓使本庁舎のほか『邏卒屯所(警察署)・病院・洋風官舎・西洋町長屋などが完成、その後も官

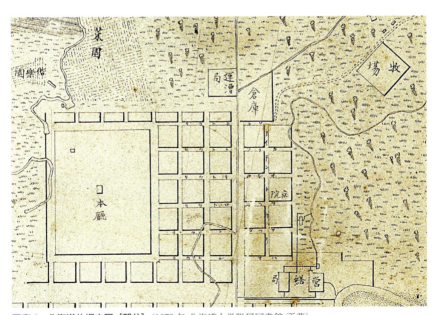

図表4　北海道札幌之図［部分］（1873年 北海道大学附属図書館 所蔵）
開拓使測量課が明治6年に作製した地図の札幌本府付近部分図。中央を南北に創成川が流れ、本廳、営繕局、病院、倉庫、運漕局、牧場の記載がみえる。左上の「菜園」が札幌官園である。

舎・学校(札幌農学校・第一小学校)・官営工場・測候所・豊平館・博物場などが次々と姿を現し』(『新版・北海道の歴史』下 PP.37-38)、札幌の市街風景は大きく変貌を遂げていくのである。

ところで、こうした建物の建築資材はもとより移民や開拓使の官吏たちの食糧や生活物資・生産資材の大部分は、工業が未発達のため道外から運び込むことにより賄っていた。

初めに札幌本府建設を担った『島判官は、銭函から札幌への物資輸送を考えて銭函道の整備を行った。その後石狩が兵部省から開拓使の管轄下に入ったことから、佐々木貫三の新川開削などの整備により、石狩から水運による物資輸送が主要路となった。八年には札幌行きの物資は、輸送船で本州より小樽港へ運ばれ、御用船弘明丸、豊平丸に積み換えて石狩へ、さらに石狩川を遡って篠路へ、そこから引き船で伏古川、大友堀、琴似川、創成川などを通って札幌まで運ばれた』(『新札幌市史』第2巻 PP.133-134)のである。

前頁明治6年作製の地図の中央やや上に〈倉庫〉があり、その向かいの〈運漕局〉との間から下に伸びている二重線が慶応2年に幕吏大友亀太郎によって掘削された"大友堀"である。この堀は、倉庫の上端からさらに右斜めに進み、元々は大友が開いた御手作場まで水を引く農業用水路であった。

さらに、明治3年に上記の《佐々木貫三の新川開削》により、運漕局から上に伸びている水路が琴似川との合流点まで開かれ、明治7年に上流の大友堀を含めて〈創成川〉と命名される。大友堀に輸送路としての機能が加わったことで、倉庫から斜め方向に進み伏古川につながる水路も開拓使によって大幅に拡幅された。唯、この斜め水路は、埋め立てられて現存していない。

実はこの大友堀の曲がり角の〈倉庫〉こそが、札幌本府の物資保管倉庫の役目を果たす〈御蔵地〉と呼ばれるものである。向かいの〈運漕局〉では目の前の船着き場で荷揚げされた物資の荷捌きや出納の事務を行った。

▌北海道製麻会社の設立

では、この倉庫及び運漕局はその後どうなったであろうか。答えは次頁所載の明治26(1893)年の地図をご覧いただくと一目瞭然。倉庫の場所は〈製麻會社〉に変わり、運漕局の場所は〈陸軍屯田監獄署〉となっている。

然らば、この製麻会社はどのようにして設立に至ったのか──。

開拓使は既に屯田兵村並に各農村に在来大麻の栽培を勧め、麻苧(麻から

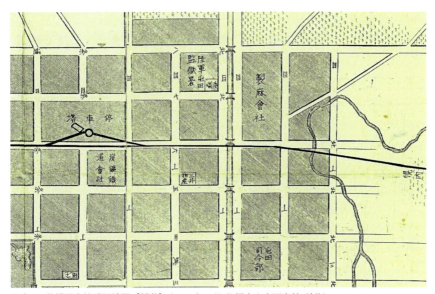

図表 5 札幌区実地明細絵図［部分］（1893 年 2 月 札幌市中央図書館 所蔵）
中央を横切る太線は幌内鉄道線。左の「停車場」は札幌駅、その下には「炭鑛鐵道会社」とある。

取り出した繊維）を製造させ、この販売を補助することで農民に現金収入を得させ保護してきたが、生産の増大につれ販路が次第に問題化してきた。

　司法大輔（司法省次官級）時代に北海道開拓の停滞を憂い、政府に北海道庁設置を働きかけて実現し、その行き掛かりで初代長官を拝命した岩村は、いわば北海道庁の"生みの親"であった。

　岩村は、従前の移民政策のままでは北海道が貧民だらけとなってしまうことを恐れ、『自今以往ハ貧民ヲ植エズシテ富民ヲ植エン。是ヲ極言スレバ、人民ノ移住ヲ求メズシテ、資本ノ移住ヲ是レ求メント欲ス』（『新撰北海道史』第六巻所収「岩村長官施政方針演説書」）と方針転換を宣言。労力招致型の直接保護政策から資本招致型の間接保護政策へと舵を切ったのである。

　この資本招致の考え方は、当然に殖産興業の基本方針ともなり、その一環で大麻を原料とした民間資本による麻紡織産業の起業を企図する。その際に岩村長官の片腕となって動いたのが、開拓使勤務や民間での実業経験があり、北海道庁が設置されると理事官（次官級）に就任した堀基である。

　岩村と堀は、明治 19（1886）年 9 月に操業してまだ日の浅い近江麻糸紡織会社を視察。その業績見通しが明るいことに好感触を得ると、北海道にも同

様の紡織会社を誘致する意欲を強くする。そこで堀は同年10月20日、上京して農商務省工務局に吉田健作を訪ねるが、滋賀県に出張中で不在だったため、吉田宛に調査依頼の書簡を置いて帰った。

　その書簡の中で堀は、『麻は北海道農産物中最も将来に見込有之者に付、厚く奨励を加へ漸次該業の旺盛を希図致候際、貴官御著述之麻事改良説を読み頗る同感に付、今回出京親しく御説話相承り度と存候』と述べているが、生憎吉田が不在だったため、以下の6項目への回答書及び近江紡織工場関係書類を北海道庁の自分宛てに送付するよう依頼している。

1. 麻事改良説に記載の麻類剥皮器械の略図並びに説明
2. 同上紡織器械の略図並びに説明
3. 同上農夫が麻を収穫して剥皮所に持ち込む迄に要する手数・順序
4. 同上起業費は明治15年時点のため現在の実費見込み
5. 剥皮器械据付及び使用伝習のために西洋人の雇用は不要か
6. 最新のやや簡便で精良な器械の有無、その代価、麻需要高など

ここにでてくる「麻事改良説」とは、吉田が明治15(1882)年3月27日に農商務少輔品川弥二郎に対し麻類剥製法の改良を建言したもので、翌4月11日に経費概算書を添えて追加提出した剥皮所試設意見書とともに同年6月、工務局によって印刷され、関係の要路者に頒布された。

　その趣意は、前年7月に同じく品川少輔に提出した麻紡工場設立意見書並びに麻製造所設立予算書の主張をより具体的に機械技術論で補強したものということができる。さわりの部分を以下に若干引用してみよう。

『然らば則ち我国在来の麻類剥皮術、即ち人手指頭の迂法に換るに便機剥皮法を以てせば必ず其価格も廉に、且其産出も多量なるを得べし。(中略)爰に其新法より産出すべき麻皮類の試用所を探索せしに先づ横須賀造船所の用品と成し得べき目途を索め得たれば、右改良法を試設するも前途障碍あるを覚えず、漸次当路の奨励に因ては実に一大国益の成るに到るべし。』(『日本製麻史』PP.84-85)

要するに西欧では熟練の職工が機械を使って大量生産しているから廉価を実現できているのであり、日本もそれに倣うべきだと説いたのである。

　堀からの依頼案件を冬の間にまとめ上げ、明治20年2月20日に工務局に

提出すると、その書類は工務局から北海道庁の堀宛に送付された。

堀とともにそれに目を通した岩村長官は、予定どおり北海道に製麻業を起業することを決断し、農商務省に改めて協力を要請し、打ち合わせに入る。工務局ではその担当者として吉田のほかに同局技師の横田万寿之助を指名。先行した近江の例に倣い、京都、滋賀、東京及び北海道の有力者に北海道製麻会社設立の趣意を説いて株主となってもらう方針を確認する。

やがて創立委員として小室信夫（東京）、渋沢喜作（東京：渋沢栄一の従兄）、田中源太郎（京都）らが決まると、岩村長官は上京し、芝の料亭に彼らのほか吉田技師も招き、詰めの相談会を催す。その席には松方大蔵大臣も同席し、『予は能く吉田氏の此の業に尽瘁するを知る。氏にして之れが計画に従事せば、予輙ち之を賛成す。』と述べ、この"鶴の一声"で円満に相談会は決了したのであった。

かくて、小室や田中ら計8名の発起人の連名により明治20年4月9日付で北海道庁長官岩村通俊宛に「北海道製麻会社創立願」が提出される。

添付した定款の第3条で『当会社の営業は麻苧亜麻を以て糸布を紡織し之を販売するものとす』と謳う麻糸紡織の株式会社であり、資本金の額は第8条で80万円と定め、1株百円で8千株を内国人民より募集することとした。

因みに当時の80万円は現在の価値でざっと50億円に相当する。

固より北海道庁が発願したような事業であるから右に掲げた許可書のとおり5月23日付ですんなりと許可が下り、ここに会社創立となった。

但書で『株金利益保証等ノ義ハ逐テ何分ノ指令ニ及ブベシ』とあるのは、

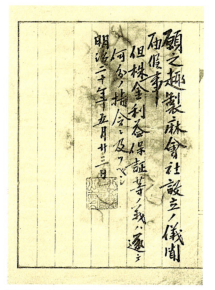

写真17　北海道製麻会社設立許可書
（『帝国製麻株式会社三十年史』所収）

創立願の中で、この事業が未だ創始の業のようなもので最初から利益を上げるのは至難であるため株金募集の時から満7年間年6朱に当たる利益の保証を要望したことを受けた文言である。朱は分に同じで6朱は6％を指す。

果たして道庁は、6月29日付の命令書でやや査定を加え、向こう6年間年5朱の利益保証を行う特典を付与したのであった。

▍操業開始までの道程

唯、近江麻糸紡織会社の場合と同様、会社設立は単なるスタートラインに過ぎず、ここから機械の買入れや工場の建設などが一苦労である。

その任務に当たるため、本節冒頭に書いたとおり吉田に対し農商務省から北海道庁への出張命令が発せられ、明治20年5月17日に北海道庁で岩村長官と面会する。このとき岩村から『今般本道に設立せんとする製麻会社は前途大に本道殖民上に関係を有するものと信ずる故、道庁に於ても成る可く保護を与ふる積り、就ては該会社から出願の旨もあれば右設立指揮を貴官に依嘱致したい。』との要請を受け、本省大臣の命に従うと返答している。

出張中に吉田は、一つには道庁との協議による工場建設地の選定を行い、さらには原料の大麻及び亜麻の円滑な供給のため生産地たる屯田兵村の中隊長ら将校との交渉を行い、能吏ぶりを遺憾なく発揮する。これに呼応して道庁からも工場所要原料の耕作を屯田司令部へ指示した。

かくて本社所在地が札幌区北7条東1丁目、工場の敷地(構内)が北6条乃至7条東1丁目の約4800坪(南北89間×東西54間)と定まり、会社設立認可が下りたのを見届けて、吉田は5月25日に札幌を発ち、30日に帰京、復命している。

その後、農商務省は8月16日付で吉田に北海道庁五等技師を奏任官発令し、横田万寿之助技師とともに道庁へ出向させる人事を行う。当時、道庁の事務組織は第一部から第四部に分かれており、吉田らは9月8日、農商務を所管する第二部へ配属となる。そして、両技師に対し、国から11月8日付で欧州3か国(フランス・ドイツ・ベルギー)への公務出張命令が下りる。

ちょうど同月に設立となった下野麻紡織会社(栃木県鹿沼)の分と併せて、機械類の購入及び据付技術者の雇用確保が主なる任務であった。近江麻糸紡織会社の機械買付けの時以来となる吉田・横田コンビの海外出張は、諸準備を整えて12月に日本を発つ日程で取り進められ、この間、北海道庁からは彼地での亜麻種子の購入と亜麻耕作指導者の雇用業務も依嘱された。

両技師は出張先で最新鋭の改良された機械を物色して回り、結果フランスのリール府にあるワルケル商会へ特別仕様で発注するに至る。

全重量は1951.5トンにも及んだため、3回に分け、ベルギーのアントワープ港より小樽港まで直航する日本政府特別許可の輸送船で送出した。
　一方、それらの機械を据え付けることとなる工場の建設は、吉田が留守の間どのように進められたのであろうか。
　北海道製麻会社では、吉田が企図したフランス風の紡織工場を建築するため欧州で調製した設計図面により帝国大学工科大学の辰野金吾教授に参考意見を求め、建築技師杉山輯吉を札幌へ呼び寄せて実地の調査を託した。
　設計書では、建物は堅牢を旨とし、石材、煉化石、鉄柱、鉄梁を使用することとなっていたため、明治20年7月から着手された工事は、先ず煉化石の製造、石材の切出しから行われた。次いで北6条東1丁目の建設予定地内の旧官舎に繋げて幅15間、長さ40〜50間の普請小屋を建設し、資材の貯蔵などに充てた。殊に北海道の石質は軟脆であったため、軟線機用の大石材その他枢要部分に使用する石材は、香川県の小豆島に社員を派遣して堅硬な花崗石を切り出すという非常に手間と時間のかかるものとなった。
　また、屋根瓦も通常のものでは寒冷な北海道に不向きであったため、製造工程に独特の磨きと燻しを入れる京都産の京瓦を仕入れた。
　こうして建築部材のうち欧州から運んでくる鉄柱を除いて粗方手配が済むと、北海道製麻は明治20年11月16日付の依頼書にて近江麻糸紡織の高谷光雄社長に対し同社社員宮村朔三を建築担当の臨時社員として札幌に派遣することを懇請し、承諾を得た。
　これからほぼ半年は積雪寒冷のため工事が中断となり、翌21年は7月から地形（地面を均し、基礎石を突き固めること）などの作業を行う。
　明治22年1月末に吉田と横田が帰国し、『機械と技術者は二十二年二月北海道に到着した』（『70周年記念史』P.7）とされる。その技術者は、ボイラー及びエンジン、紡績機械、晒白機械、製織機械の4つの機械ごとに各1人の据付担当がいた。
　同年5月7日付で北海道庁は、吉田技師に北海道製麻会社事業監督を、横田技師にその補助を命じた。それは同月、鉄柱等が欧州から到着し、いよいよ工場建設が本格化するからであった。まず建物上屋の建築工事が始まり、上屋が完成した7月からは機械部品を搬入して組立据付する作業も外国人技術者の指図の下で順次進行し、同年12月にはその過半を終了する。
　唯、再び厳冬期を迎えたので作業は中断し、完工は翌23（1890）年6月と

なったものの、遂に7月から試験操業開始に漕ぎ着けることができた。

写真18　北海道製麻会社札幌製品工場
手前は創成川と北8条橋（北海道大学附属図書館 所蔵）

尚、本格操業なら男女合わせ約700人の職工を要するところ原料調達の都合もあり、開業当初は半運転状態での操業とせざるを得なかったのである。

それでも約400人の職工を必要とし、明治22年7月から翌年7月までの1年余りの間に札幌の182人を筆頭に、福島54人、東京28人、滋賀24人、京都31人、鹿児島80人の計399人の工場従業員を集めたというから、凄いリクルートだ。

　会社はこれら職工のため賄い付きの寄宿舎も工場近くに4棟建て、構内には日用雑貨を原価提供する購買所も設けて生活上の便宜を図った。

　同工場は火力自家発電設備を付設しており、『明治二十三年十月に電燈がついたが、これは北海道で最初の電燈であって、夕暮ともなれば、電燈見物の人々が工場付近に群をなした』（『70周年記念史』P.7）という。

日本初の亜麻工場＝雁来製線所

　さて、北海道製麻会社の事業目的である麻糸紡織・販売のための製品工場として札幌工場が操業を開始したが、そこに必要不可欠なのが剝皮所（場）、即ち麻類の外皮を取り除いて繊維を採取する機械を備えた工場である。

　北海道製麻では、先ずは大麻から始めて徐々に亜麻を増やしていき、近い将来には亜麻のみに転換することを基本方針としていたため、北海道庁は、大麻の作付け奨励の一方で、亜麻の作付け奨励にも力を入れた。

　そして、将来を見据えて特に亜麻の栽培から製織までの技術に長けた指導者を本場の欧州から招聘する必要を認め、既述のとおり吉田らの官命による海外出張の際に道庁からの特命事項としてその適任者を雇用して来るよう託していたのである。

　明治21年に吉田と横田はリールから北東に25kmほど離れたベルギーの

クートレイ町でウェベルゲン出身の亜麻繊維製造業者コンスタン=オイブレヒトなる人物と出会い、彼を道庁御雇い教師として日本へ招聘する話で合意を取り付け、22年3月に彼は38歳で来道した。

亜麻の栽培法について、彼は各農村へ出向いて自ら播種を行い、更に生育が進むにつれて除草、収穫、収納法の手ほどきを懇切丁寧に行った。

製織に必要な剝皮場は、道庁が別の事業として民間業者に起業させる算段であったが、頓挫してしまう。

結局は北海道製麻の事業場として設置運営することとなり、事業監督の吉田が札幌郡雁来村の『豊平川縁で当時道庁鉄道部の砂利取敷地であった』(『北海道における亜麻事業の歴史』P.20)場所を建設地と定め、会社が北海道庁から無償で借用した。同上書の中で著者の原松次氏は、その現在位置について『苗穂の国鉄鉄橋と東橋の中間』と述べており、敷地面積は、『日本製麻史』P.293に『雁来村の地所三千二百坪余を以て製線所設置の地と定め、』とあるので10600m²ほどに相当する。

写真19 オイブレヒト

下に掲げたのは明治15(1882)年の「豊平河畔沙利採場之図」で、赤線で示した砂利採取場用地が約1万坪あり、うち3200坪強を借りたということであるが、輸送の便宜を考えると、工場は鉄道引込線近くに立地したほうが有利なので、敷地全体も赤線内の右(東)寄りであったと考えられる。

昭和32(1957)年刊の『70周年記念史』は工場の位置を『現在の札幌市雁

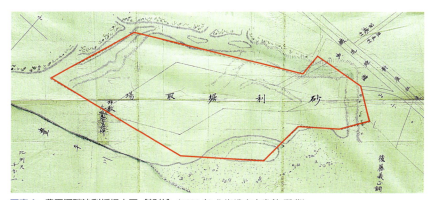

図表6 豊平河畔沙利採場之図［部分］(1882年 北海道立文書館 所蔵)
中央に「砂利堀取場」、左側に「坪数 凡壱万坪」と表記されている。赤い線（著者加筆）の内側が砂利堀取場の範囲。東端は「小山禮武」の民地と接しており、そこへ鉄道の引込線がきている。

第2節 北海道製麻会社の誕生 53

来町二番地』(P.69)と記載しており、昭和39年2月1日施行の町名地番改正直前における雁来町二番地の枝地番区域は下の図の黄色部分である。

　縮尺は異なるものの、図表7の赤丸内の二番地ノ二が工場の底地と周縁部に相当し、図表8の赤丸内の建物が工場ではないか、と著者は推定する。

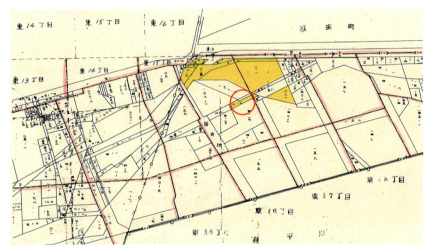

図表7　雁来町の一部町名地番改正図（原図は札幌市スマートシティ推進部住民情報課 提供）
赤丸内を除く黄色部分と前頁図中にある「小山禮武」の民地の形状が酷似していることに注意。

図表8　雁来製線所推定位置図（原図は陸地測量部発行1/50000旧版地図「札幌」M29年）
手宮鉄道の「宮」の字から下に伸びる道の先端の建物だと、「国鉄鉄橋と東橋の中間」ではない。

工場の敷地が現在の地図上でどこになるのか、赤色楕円で概略表示したのが下掲の図表9である。上記した昭和39年の町名地番改正により工場建物の所在地は中央区北1条東16丁目となり、"雁来"ではなくなった。
　しかし、前頁図表8と下の図表9をよく見比べると、豊平川の流路や鉄道線路、幹線道路が今でも明治時代とほぼ同じであることに驚きを感ずる。

図表9　雁来製線所敷地跡推定位置図（原図は国土地理院の電子地形図「地理院タイル」）

　次に剝皮場の建設時期（期間）について前出の『北海道における亜麻事業の歴史』は、『お雇教師コンスタン　オイブレヒト監督の下、明治22年8月雑木の伐採を手初めに工場を建設、年内に試運転を開始し』と記述しているが、『日本製麻史』（1907年）は、『明治二十二年六月札幌郡雁来村に工事を起し、全年十月竣功せり』（P.304）としており見解が割れている。一般論として、後発書は先行書を読んだうえで記述していると考えれば、原氏の言う8月着工説のほうに分があるのだろう。
　いずれにせよ、日本で最初の亜麻工場である〈雁来麻剝皮場〉は、亜麻用の繊維製造機（ムーラン）30台と大麻用の繊維製造機（砕茎機）6台を備えて明治22年秋に完成し、年内に製織作業を開始したということだ。これらの操作法やその前工程である原茎の〈浸水〉という処理もオイブレヒトが直々に指導、伝授した。彼の浸水法は、リス川法と呼ばれる小枠法で、茎を木枠の中に立てて詰め込み、それを丸ごと川の中に沈めて縄で固定し、十分に水を

第2節　北海道製麻会社の誕生　55

浸み込ませてから引き揚げ、茎を川原に広げて乾燥させる。

　因みにリス川（＊リスはフランス語名で、オランダ語名はレイエ）は北フランスに源を発しベルギーのヘントでスヘルデ川に合流する全長 202 km の川で、オイブレヒトの故郷のウェベルゲン村からクートレイ町までの沿線一帯はベルギーの製麻業の中心地であった。従って、吉田が北フランスのリールで学んだ浸水法も恐らくこのリス川法であったと思われ、豊平川に近い場所を麻剝皮場の建設場所に選んだのも、その故なのであろう。

　ところが、現在は穏やかな流れの豊平川もかつては暴れ川で、大雨が降ると氾濫し、東橋を押し流して架橋位置を変えさせた"前科者"でもある。

　明治22年もリス川法を始めて間もない9月に大雨で増水した豊平川は、川中の小枠を川原に干してあった茎もろとも押し流してしまい、オイブレヒトを茫然自失とさせている。これに懲りて彼はリス川法をやめ、地面に穴を掘り川水を引いて貯水した人工池で浸水する〈池浸水法〉に切り替えた。

　こうしたアクシデントを乗り越え、初年度の生産高は年度末時点で大麻繊維2万1千ポンド（注：1ポンドは453.6 g）、亜麻繊維1万2千ポンドという成績を収めるに至った。

　そして、一通り亜麻栽培や製繊技法を伝授し終えたオイブレヒトは、23年7月を以って北海道庁を御役御免となり、ベルギーへ帰国する。

　尚、雁来麻剝皮場は明治23年に雁来製線所と改称されたが、〈製線所〉という名称を創案したのは吉田である。しばらく製麻業界内で通用していたが、昭和15（1941）年以降になると〈亜麻工場〉という名称に変わっていく。

▍大麻から亜麻への転換

　オイブレヒトの退任は、北海道製麻会社の生産体制として、明治22年初冬には雁来麻剝皮場が稼働して原料繊維の供給を開始し、23年7月から製品工場である札幌工場が稼働することになったのを潮時とした措置である。

　製麻会社の設立と北海道庁の積極的奨励により次頁のグラフのとおり、大麻及び亜麻の作付面積は一気に伸張する。明治20年度まで全道で約100町歩前後だった大麻は、21年度に500町歩を突破し、5倍に急増をみた。

　一方の亜麻は、21年度に道庁が手持ちの在来種と京都から購入した種子を札幌近傍の農家に配り作付けさせたが、面積は不詳につきグラフには反映していない。翌22年に道庁はフランスとロシアから41石余の種子を輸入

し、札幌、石狩、空知、室蘭の各郡村に下付し、作付面積は計39町歩となった。この輸入には、滞欧中の吉田らが関与していたものと思われる。

次いで、札幌工場の稼働に伴い本格的に栽培開始となった23年度は道産及び輸入種子を用い、石狩を中心に胆振、後志、渡島管内等で計338町歩と、前年の8倍強の作付面積となった。

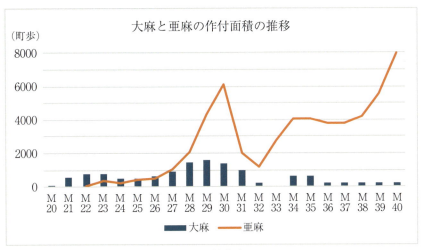

図表10　北海道における大麻と亜麻の作付面積の推移グラフ
出典は『70周年記念史』。大麻の33年は不明。36年以降は2〜3百町歩程度につき、250町歩とした。

唯、創業当初においては、雁来製線所で処理した大麻及び亜麻の繊維だけでは札幌工場の需要を賄うには程遠かったため、内地産の大麻のほかベルギーから亜麻、イタリアから大麻、更にインドから黄麻（ジュート）まで輸入して製品づくりを行っていたというのが内情であった。

しかし、明治24年8月に札幌郡琴似村、27年6月に石狩郡当別村で北海道製麻の2番目、3番目となる製線所が操業を開始するに及んで、28年度の大麻と亜麻の合計作付面積が約3500町歩（大麻1433町歩、亜麻2037町歩）にまで達し、道内産の原料だけで自給可能となった。

そして、明治27年から28年にかけての日清戦争による帝国陸海軍からの需要増により30年にはグラフのとおり、亜麻だけで一気に6000町歩の作付面積となる。農家にとって最初は新奇な作物だった亜麻だが、収穫期が8月のお盆前のいわゆる"夏枯れ"時期に貴重な現金収入をもたらし、且つ反当収益が高かったため人気を集めたことも要因だった。

第2節　北海道製麻会社の誕生　57

グラフからもわかるように明治27年から亜麻の作付けが大麻を上回り、日清戦争の終結により軍需がなくなった反動で作付減をみたものの、34年以降はほぼ4000町歩で推移する。元々、亜麻紡織産業を興すことが目標であり、ここに至ってもう亜麻だけで十分となったことから北海道庁並びに北海道製麻は明治36年度を以って大麻の作付奨励を終結した。

　尚、これより前、雁来製線所は明治28年、火災からの復旧に際しムーランを2倍の60台に増設する一方、大麻用の砕茎機は廃止している。

　そして、明治42(1909)年、北海道製麻の原料供給部門でリードオフマンの役目を果たした雁来製線所は閉鎖となり、姿を消していった。ある意味でそれは、業界再編の波の中に消えていったという言い方もされよう。

吉田と横田のその後

　ところで、北海道製麻会社の設立を経て操業開始となった後、吉田健作と横田万寿之助の二人はどういう道を辿ったのだろうか。

　同社の定款では会社役員について、第12条で委員長1名、委員3名以上、支配人1名、技術長1名などを置くと規定し、第19条で委員長は当会社を統轄し其営業一切の責に任ずべしと規定していた。つまり、委員は株式会社の取締役に相当し、委員長は代表取締役に相当する役職である、と言って差し支えなかろう。

写真20　横田万寿之助

　しかしながら、創立時に小室信夫、渋沢喜作、田中源太郎、濱岡光哲、永山盛繁の5名の委員が選ばれ、相談役に渋沢栄一、梅浦精一、城多薫三の3名が就任したものの、第14条の規定に基づき委員の互選によって推選することとなっていた委員長は、選ばれることがなかった。

　第18条の規定により委員長及び委員の衆議により選任することとなっていた技術長もまた然り。一体どういうことなのか。

　それは、前述のとおり農商務省から北海道庁に出向していた吉田に対して北海道庁が明治22年5月、北海道製麻会社の事業監督を命じ、横田には吉田の補助を命じたことを受け、会社委員らはそれ以後『吉田監督技師に委員長の資格を、横田同技師に技術長の資格を嘱託』(『日本製麻史』P.293)していたからに他ならない。

この資格嘱託とは、農商務省技師兼北海道庁技師の身分のまま官命により委員長及び技術長の職務を実質的に代行する形となっていたことを指すものと思われるが、会社委員らの意向としては、いっそのこと技師の職務を離れ（罷免(ひめん)）、会社業務に専心してくれるよう願った。

　その後、濱岡光哲委員が退任することになり、他の4名の委員らはその補欠に吉田を充てて委員長に推すことを決め、説得にかかる。吉田は何度も固辞したが、最後には折れて申し出を受諾。これにより明治23年9月22日付を以って北海道庁から《非職を命ず》の辞令が出る。

　非職とは、官吏が、地位はそのままで職務だけを免ぜられることをいう。つまり、現在の国家公務員法に照らすならば、営利企業等従事許可を得て、公務員身分を保持したまま休職発令されたものと解される。

　かくて10月15日、吉田は北海道製麻会社委員長となり、同様にして横田もまた非職となったうえで同社の技術長に選任されたのである。

　そして、同年6月から琴似村で着工していた新たな製線所が11月に竣工(しゅんこう)すると、吉田が初代工場長を兼務し、翌24年8月から操業を開始する。

　自ら北海道は亜麻の適作地と判断し、100％亜麻を原料とした製麻事業を興し、ヨーロッパからリネンを輸入せずとも国内で自給できるようにする夢を吉田は実現した。しかも、経営者として陣頭に立って…。

　だが、それからわずか半年後の明治25(1892)年2月5日、吉田は肺病で逝去する。惜しみて余りある享年41での若すぎる死であった。

　吉田の片腕であった技術長の横田は、東京の西本願寺別院で7日に行われた葬儀で、『君が生前の事蹟を語るや感涙を催さざる者なく、殊に氏は欧州に在りし時より苦楽を同じうし寝食を倶(とも)にし以て大業を成したる人なれば、君の霊に対する恰(あたか)も現世の人を慰むる如く其友情の厚き観るものをして一層の感涙を倍さしめたり』と、死が信じられない思いを滲(にじ)ませ、悼んだ。

　吉田とは8歳下で、京都府の士族の家に嫡男(ちゃくなん)として生まれた横田は、会社の残務整理をして官を辞し、京都に帰って翌26年8月、家督を相続する。

　そして語学力を生かして明治34年、弟の永之助とともに横田兄弟商会を設立して直輸貿易商を始め、西陣撚糸(ねんし)や絹糸(けんし)紡績などの糸物を扱う。

　また、初期の映画興行に関わったことでも知られるが、昭和3(1928)年、享年69で逝去した。

第3節　帝国製麻と帝国繊維

　近代日本が最初に迎えた対外戦争である日清戦争(1894-1895)は、製麻業界に特需をもたらしたが、戦後は大不況となって企業合併を生む。
　向後(こうご)、斯界(しかい)は軍需産業の宿命で戦争の度に好不況の波に翻弄(ほんろう)されてゆく。

▎合併企業・日本製麻㈱の誕生

　ここまでみてきたとおり、わが国の亜麻紡織産業は、吉田健作の提言及び献身的な働きにより、民間会社とはいえ国の手厚い援助の下で滋賀県、北海道、栃木県に相次いで近代的機械完備の製麻会社が設立されて始まった。

　整理すると、滋賀県では明治17(1884)年6月に近江麻糸紡織株式会社が大津に創立し、19年9月から大麻(江州麻(ごうしゅう))を原料に操業を開始。

　北海道では明治20(1887)年5月に北海道製麻会社が札幌に創立し、23年7月から大麻や輸入亜麻などを原料に操業を開始。

　栃木県では明治20年11月に下野(しもつけ)麻紡織会社が鹿沼に創立し、23年4月から大麻(野州麻(やしゅう))や苧麻(ちょま)を原料に操業を開始、という経過である。

　国の援助又は保護が必要だったのは、わが国においてはヨーロッパのように亜麻工業に永い歴史を有していないため、手探り状態から始めなければならなかったからであるが、別な言い方をすれば、近代資本主義経済が未成熟であったことにも起因している。

　即ちヨーロッパでは、農家が栽培して収穫した亜麻を製繊業者が買い取り、それを市場流通に委ねると、あとは勝手に紡績会社が購入して麻糸製品とし、さらに織物業者がリネン製品に仕上げる仕組みができており、しかも各部門が独立して存在しているから、自由競争で"良い原料"や"良い製品"には高値が付くだけのことで、買い取りの義務や価格の保証などはない。

　北海道庁は北海道製麻会社の操業開始に際し、このようなヨーロッパ型の亜麻工業形態の導入を画策し、手始めに独立した製繊業者を育成しようとしたが果たせず、結局は同社直営の麻剥離場を造らざるを得なくなり、その後、開設した第二、第三の製線所においても同様であった。

　こうしてわが国における製麻会社は、原料の大麻及び亜麻を奨励作物として農家と栽培契約を結んで全量を買い取り、自社工場で紡糸紡織し、更には

製品の販売に至るまで全部門を包括した一貫経営で行うこととなったのであるが、これは世界に類を見ない日本独特の経営形態であった。

ところで、該3社の設立には東京、京都、滋賀、栃木の有力者が出資しているが、明治29(1896)年1月、大阪資本により第四の製麻会社として日本繊糸(せんし)株式会社が大阪府西成郡伝法村(にしなりでんぽう)(現・大阪市此花区(このはな))に創立した。

この会社は、機械の買い入れも自前で欧州に出かけている点と、繊維原料にラミー(苧麻、カラムシ)を含んでいる点が特筆される。31年2月に操業を開始し、35年7月に大阪麻糸株式会社と改称した。

因みにここら辺りでひとつ注記しておかなくてはならないことは、会社形態の株式会社である。株式会社の特質は、①出資者による所有、②法人格の具備、③出資者の有限責任、④出資者と業務執行者の分離、⑤出資持分の譲渡性にあるとされている(神田秀樹『会社法』第6版 2005年 P.13)。

日本で最初の株式会社は、慶応3(1867)年4月に小栗上野介忠順(こうずけのすけただまさ)が設立した兵庫商会だと記述する書籍も多いが、③の有限責任制が導入されておらず、近代的な株式会社とは言い難い。有限責任制は、米国を模範にして政府が明治5(1872)年11月に制定した「国立銀行条例」(太政官布告第349号)において明記され、同条例に基づいて翌6年6月、渋沢栄一の勧奨により三井組と小野組が100万円ずつ出資した第一国立銀行が創立。これが日本初の株式会社誕生となったのである。

近江麻糸紡織会社は資本金20万円で設立された株式会社であるが、『帝国製麻株式会社三十年史』など多くの書籍で社名に《株式会社》の文字が入っていない。そこで本書では、次頁の変遷図で参考にした公益財団法人渋沢栄一記念財団作成の「渋沢栄一関連会社名・団体名変遷図」の社名表記に準拠して記述することとした。

それによると、近江麻糸紡織会社は設立時から近江麻糸紡織株式会社が正しく、明治26(1893)年に北海道製麻会社は北海道製麻株式会社に、下野麻紡織会社は同年7月に下野製麻株式会社に改称している。

製麻4社は日清戦争後の大不況に遭い、近江麻糸の重役大倉喜八郎と下野製麻の大株主安田善次郎の二人は4社合併を提唱したが、北海道製麻の相談役ながら主権重役であった渋沢栄一が海外旅行中であったため止むなく同社を除く3社合併で明治36(1903)年7月、日本製麻株式会社を創立した。

資本金は200万円。本店を東京市日本橋区品川町裏河岸(うらがし)3番地に置く。

日本における製麻会社の変遷図

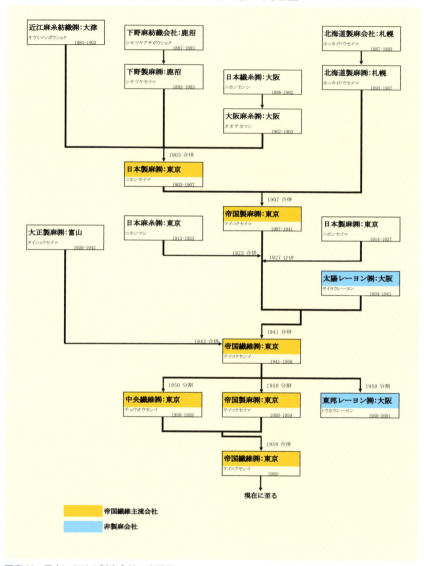

図表11　日本における製麻会社の変遷図
公益財団法人渋沢栄一記念財団作成「渋沢栄一関連会社名・団体名変遷図」及び山際秀紀作成「北海道における亜麻会社・工場の推移」（『北海道博物館研究紀要』第4号 P.17所収）を参考にした。

日露戦争と帝国製麻㈱の創立

　日清戦争の開戦から10年後の明治37(1904)年2月、日本は大国ロシアに宣戦布告し、再び帝国陸海軍からの需要によって日本製麻及び北海道製麻とも軍服や帆布等の軍需品の製造に大わらわとなる。

　唯、日清戦争後には需要減の反動があったが、日露戦争後は日本の国力の基礎となる経済力が充実していた。これには日清戦争期に欧米との不平等条約の象徴である治外法権が外相陸奥宗光の努力により撤廃されていたことや日清戦争の賠償金で官営製鉄所(後の八幡製鉄所)が建設され、欧米資本主義と対等に競争し得る環境を整えつつあったことが影響している。

　そこへロシアに勝利したことで欧米列強からアジアの列強、文明国としてみなされるようになり、国際的地位が格段に高まったことが大きい。

　日本と列強との間で交換される外交官もそれまでの公使から大使に格上げされ、不平等条約のもう一つの克服課題であった関税自主権の回復交渉にも大きなアドバンテージを与えることとなる。

　さらに戦争の賠償で南満州の長春・旅順間にロシアが敷設した鉄道の譲渡を受けたことが大きな足掛かりとなり、日本はその後、中国本土に対して積極的に進出し、南満州をも日本の勢力圏乃至経済圏としていく大陸国家の野望を抱き、新興帝国主義国家としての歩みを加速させていく。

　こうして日本の国力が漲る中で、製麻業界もその恩恵を受けて社業は安定を維持したので、ここにおいて宿題となっていた日本製麻と北海道製麻の合併話が再浮上。安田、大倉、渋沢の三巨頭による協議が円滑に進み、ついに明治40(1907)年7月、製麻業界の一社統合という形で帝国製麻株式会社が誕生をみる。資本金の額は640万円。本店は旧日本製麻に置き、初代社長に旧日本製麻社長の安田善三郎が就任した。このほか宇野保太郎が札幌在勤の常務取締役となり、相談役に渋沢栄一と安田善次郎の両名が推薦されて承認を得ている。

写真21　安田善三郎

　社長の安田善三郎は、安田財閥総帥・初代安田善次郎の女婿で帝国大学法科大学(現・東大法学部)卒のエリートであった。善次郎には長男善之助をはじめ男子が何人もいたにも関わらず、安田製釘所社員だった伊臣貞太郎を二女てるの婿とし、同時に養嗣子とした。つまり、安田財閥の二代目として後継指名したのである。貞太郎は安田本家の家督相続を

第3節　帝国製麻と帝国繊維　　63

機に善次郎の"善"の一字をもらい、善三郎と改名した。

　因みに英国のロックバンド・ビートルズの元メンバー、ジョン・レノンの妻オノ・ヨーコ(本名：小野洋子)は、この安田善三郎の孫である。

　さて、創立時の帝国製麻の支店及び工場の体制は次のとおりであった。

【支店】
　　　大阪支店(旧日本製麻＜大阪麻糸)大阪市西区
　　　札幌支店(旧北海道製麻)札幌区北7条東1丁目1番地

【製品工場】
　　　日光工場(旧日本製麻＜下野製麻)栃木県上都賀郡日光町
　　　鹿沼工場(旧日本製麻＜下野製麻)栃木県上都賀郡鹿沼町
　　　大津工場(旧日本製麻＜近江麻糸)滋賀県大津市
　　　大阪工場(旧日本製麻＜大阪麻糸)大阪府西成郡伝法町
　　　札幌工場(旧北海道製麻)札幌区北6条～7条東1丁目

写真22　帝国製麻株式会社札幌製品工場（1916年頃 北海道葉書倶楽部発行の絵葉書）
麦酒醸造所と同様に赤煉瓦造であることがよくわかる。左下は創成川。(札幌市公文書館 所蔵)

【原料工場＝製線所】
　〈旧日本製麻〉
　　　清真布(現・岩見沢市栗沢町、＜下野製麻)、旭川(＜下野製麻)、紋鼈(現・伊達市、＜大阪麻糸)、虻田(現・洞爺湖町、＜近江麻糸)、倶知安、帯広、士別、真狩(＊次頁注参照)

〈旧北海道製麻〉
雁来(現・札幌市中央区)、琴似、当別、新十津川、樺戸(現・月形町)、栗山、富良野、北竜、狩太(現・ニセコ町)、幕別
 ＊注：『帝国製麻株式会社三十年史』P.33 で「真狩」を旧北海道製麻に含めているのは誤記で、旧日本製麻が正しい。
☞『70 周年記念史』P.85 の(5)旧日本製麻の項参照。

ここから帝国製麻株式会社は、その社名に冠した《帝国》の名に恥じない斯界のガリバー企業として、大日本帝国陸海軍と運命を共にする。

尤も、創業期の数年間は社内体制の整備充実のために費やされたと言ってよく、さまざまな改革が行われた。それらを列挙すると次のとおり。

ⅰ）事務組織の効率化
　・札幌に製線本部を新設し、製線工場の経理を旧日本製麻式に統一
　・製品工場の経理を旧北海道製麻式に統一
　・営業規則を制定し、事務の大綱を明文化
　・支配人制度を廃止し、営業・庶務・監査の３部長合議制に更改
ⅱ）製造体制の合理化
　・亜麻製品は札幌工場、苧麻製品は鹿沼工場という具合に適品適機の方針で製造を集約化
　・適品適機方針に基づく技術者の配転及び機械の移転
ⅲ）原料調節と滞貨の整理
　・時機を逸した亜麻耕作面積の急増を買入価格の引下げ及び作付制限により適正面積に調節
　・道産亜麻繊維の滞貨分をベルギーに輸出して適正在庫に調節

この中で特筆すべきは、ⅱ）の製造体制の合理化である。既述のとおり、近江麻糸は大麻、下野麻紡織は大麻や苧麻、日本繊糸はラミーや大麻、北海道製麻は大麻を原料に出発し、それぞれ北海道に亜麻栽培が広がりを見せる中で原料に亜麻を取り入れていった。

道外企業である旧日本製麻系では前頁下段に記載したように近江麻糸は胆振の虻田にあった個人経営の製線所を買収して直営工場とした。他に紋鼈にも新設したが、日本繊糸も工場を持っていたので日本製麻に統合となった際

に閉鎖している。下野麻紡織（下野製麻）は地元栃木県那須ヶ原での亜麻耕作が失敗したので、北海道亜麻製線株式会社と亜麻繊維の供給契約を結び、同社は清真布（空知郡栗沢）と旭川に工場を新設するが、下野製麻は後にこれを買収して直営工場とした。そして、旧北海道製麻は明治37（1904）年度以降は大麻の栽培奨励を打ち切っていたので、40年に帝国製麻に統合となった当時は全10工場を擁して亜麻原料のみで製線を行ったのである。

結果、本州の旧日本製麻系各社が北海道の製線所で製造した亜麻繊維を自社製品工場に送って紡織した亜麻製品よりも旧北海道製麻札幌工場で生産したそれのほうが断然優良品であるとの評価が市場では大勢を占めた。

そこで上記のように"餅は餅屋"の論理で各製品工場が得意分野を生かし、集約・合理化を断行したのであり、これがほどなく功を奏す。

大戦景気と亜麻工場の簇出（そうしゅつ）

即ち、日露戦争の開戦から10年後の大正3（1914）年7月、サラエボ事件を契機に第一次世界大戦が勃発し、空前の特需を生んだのである。

日清・日露の両戦役は、日本が当事国の二国間戦争であったのに対し、この戦争は欧州大戦とも呼ばれるようにヨーロッパを主戦場にしたことから、亜麻生産国のほとんどが戦乱に巻き込まれ、亜麻繊維やリネン製品の供給がストップする事態を惹（ひ）き起こした。たまたま同年同月、帝国製麻が英国のマンチェスターに亜麻製品の見本を送ったところ、すぐに引き合いが来て帆布（はんぷ）1500反（たん）の商談が成立する。これは欧州へ亜麻製品を輸出した最初であり、かつて吉田健作が目指したゴールでもあったので、極めて画期的な出来事である。

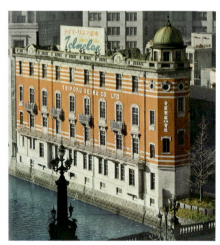

写真23　帝国製麻本社社屋（東京市日本橋区）

この大戦特需の最中、帝国製麻は純和風の土蔵造りで狭隘であった本社社屋を改築することを決め、辰野金吾博士の設計になる洋風赤煉瓦造の瀟洒（しょうしゃ）な新社屋を同じ日本橋区品川町裏河岸に建設し、大正4年8月に移転した。

その後も海外からの注文が続々と舞い込み、同年度に輸出した帆布類麻糸類の売上高は100万円を超えるまでに急増をみたのである。唯、あまりにも海外需要が膨らんだため製品の供給が追い付かず、原料繊維のまま輸出する形がとられるに至った。

　この空前の好景気に際会し、帝国製麻は既設工場の設備拡張と工場新設による事業規模の拡大を行ったことは言うまでもなく、そのため大正6年6月に資本金を1280万円に倍額増資している。

　唯、製麻業界でガリバー企業の帝国製麻だけが甘い汁を吸うのを資本家が黙って指を咥えているはずもなく、同業他社の設立が相次ぐ。

　そのことを如実に物語るのが、大戦勃発前の大正2年9月に栃木県鹿沼町に創立した日本麻糸株式会社の創立趣意書の文言である。曰く『本邦製麻業は帝国製麻一社の独占であって覇者の勢を以て斯業に臨み其運命を制しつつあるのであるが、これは業界の向上発展を阻害する事甚しい。（後略）』

　同社の取締役7人の中には元下野製麻の重役が2人、かつて北海道で亜麻製線事業を経営した経験を持つ者が2人いて、最初は苧麻製蚊帳糸を滋賀県及び福井県の蚊帳業者に供給するための製品工場を栃木県鹿沼町に建設するのであるが、何とその立地は帝国製麻の工場と川を挟んで真向かいの場所であった。この一事を以てしても剥き出しの対抗意識が伝わってくる。

　無論、大戦勃発後は亜麻特需に便乗し、同社は北海道に9つの亜麻工場（うち2つは操業開始には至らず）を設立した。

　また、3年2月に日本製麻株式会社が東京府岩淵町に創立する。その発起人代表は旧日本製麻及び帝国製麻で前年まで支配人を務めて退職した宮内二朔という安田銀行出身の人物で、やはり創立趣意書において『製麻業独占の可否に就ては既に世評の存する所なり。』と述べて帝国製麻の独占を批判している。宮内は専務取締役に就任し、他にも旧下野製麻の取締役だった者が2名、新会社の取締役に名を連ねた。

　同社の場合、何と言っても合併で一旦名前の消えた社名を復活させた点に合併したことへの痛烈な批判が込められている、とみるべきであろう。

　製品工場は、当初東京府岩淵町赤羽に1か所設置された後、大正9(1920)年6月に埼玉県北足立郡浦和町に更に1か所増設した。北海道内における亜麻工場は当初は2工場にすぎなかったが、徐々に増えて大正9年には19工場に達し、同年7月に資本金は帝国製麻を凌ぐ1500万円に増資するなど、

同社と斯界を二分する大会社に急成長をみせている。

　そして、3番手でやや出遅れ感のある9年4月に至ってから富山市に創立したのが大正製麻株式会社で、創立当初から亜麻紡績のため富山市近郊の上新川郡奥田村に製品工場を建設し、北海道に留辺蘂亜麻工場を始め8つの工場を設立していく。

　帝国製麻を含む以上4社が紡績工場を有する会社であり、このほか亜麻繊維だけを製造販売する目的でこの当時設立された会社に、東洋製線㈱、東洋製麻㈱、函館船網船具㈱、後志亜麻繊維㈱、北海道亜麻繊維㈱があった。

　これらの会社が北海道内に保有する亜麻工場は、大正11年には60工場を数えたので、激しい原料争奪戦が起きた。勢いそれは亜麻茎の買上価格に跳ね返ることになり、それがインセンティブとなって、さらに亜麻作付面積の増加を招いていったのである。

　下のグラフのとおり、帝国製麻創立の明治40(1907)年には1万町歩にも満たなかったのが、大戦景気で大正9年には約4万2千町歩にも達した。

　なお、北海道における亜麻工場の盛衰を記述する刊本等をみると、『全道に建設された亜麻工場は実に85工場の多きに達し』(『北海道における亜麻事業の歴史』P.1)とある一方、『大正10年時には亜麻工場は全道85カ所にも達していました』(『スロウ』第53号 P.38)という記述もみられる。

図表12　北海道における亜麻作付面積の推移グラフ①（M40年〜S2年）
データ出典『70周年記念史』

後者の出典は『70周年記念史』(P.22)に『明治四十五年十四の工場に過ぎなかった製線所が、第一次世界大戦の好況の波に乗って、大正十年には実に八十五工場に達し』とあるのを引いたと思われるが、同書P.23所載の表八に明らかなように、この数には亜麻共同製線組合聯合会の設置に係る18か所の自家製線所を含んでいる。さらに帝国製麻の工場数の内数には道外の3か所(青森県の三本木、岩手県の盛岡及び軽米)の工場を含んでいるので、地の文で記述する場合には、誤解を避けるため注釈を付すべきであろう。

　因みに製麻会社が道内に設置した"累計で85"に及んだ亜麻工場の時代別内訳でも、やはり大正時代の設立が最も多く53工場。次いで明治時代の18工場、昭和時代の14工場の順となっている。

　だが、ヒートアップした大戦景気も大正7年11月に第一次世界大戦が休戦となったことにより、国内では大正9年から戦後不況に陥り、企業や銀行は多額の不良債権を抱えることになる。同年3月15日には株式大暴落が起こり、経済の大反動と呼ばれた。商品相場も一斉に下落し、製麻商品(麻糸・麻布類)も例外ではなかった。

　製麻業界の場合、本場欧州の生産体制が復活してくると、さらに状況は悲観的なものとなった。有力な輸出先であるアジアの商圏を欧州に奪還されるのも時間の問題だったからである。

　かくて、帝国製麻に反旗を翻した新興製麻2社が白旗を上げる。即ち大正12(1923)年8月に日本麻糸が帝国製麻に合併され、鹿沼の製品工場は存続したが、亜麻工場は昭和2(1927)年までに全て閉鎖となった。次に同じく昭和2年6月、日本製麻が帝国製麻に合併され、赤羽と浦和の両製品工場及び道内の亜麻工場の殆どが閉鎖された。昭和2年という年は、3月に国会での蔵相の失言がきっかけで金融不安が表面化し、銀行の取り付け騒ぎが起こった金融恐慌の年である。

　規模拡大のための合併と違い、不況下での合併は規模縮小が目的となるから、帝国製麻がライバル会社の工場を殆ど潰したことは、外形的には妥当な経営戦略なのだろうが、著者には帝国製麻首脳の内面に籠る怨念と言おうか、反旗を翻した者たちへの報復的な措置を若干感ぜずにはおれない。

　自家製線組合も、元々道庁が亜麻生産農家の副業として自家製線所の設立を勧奨していたところ、農家側と製麻会社側との間で生茎買入価格をめぐる対立が生じたため、組合結成に至ったものである。組合は繊維を一切会社に

は売らず直接海外に輸出する腹積もりであったが、繊維市況の暴落であえなく挫折。大正11年に道庁に仲介してもらい、再び帝国製麻等に元通り生茎を納入する交渉を行い、間もなく組合は解散した。これなども帝国製麻からみれば、"小癪な真似事"であったから、留飲を下げたに違いない。

このほか東洋製線㈱等の小規模会社も不況の波に洗われ、閉鎖や解散の道を辿り、結局、帝国製麻とともに生き延びたのは大正製麻のみであった。

帝国製麻から帝国繊維へ

両社とも減量経営に努め、帝国製麻は昭和3年に資本金を半額減資したのを機に支配人制を復活し、本店の事務分掌を6課に整理縮小する。

5年3月には近代的製麻工場の嚆矢となった由緒ある大津工場を閉鎖。同年12月には札幌支店の職掌を大幅に拡大し、従前の製線本部、札幌工場、道内各地の原料工場の全てを網羅するよう改めた。旧来の札幌支店は製線本部若しくは札幌工場の付随的存在で販売部門を担当するに過ぎなかったが、この組織

写真24　帝国製麻札幌支店事務所（S12年頃）
（『帝国製麻株式会社三十年史』所収）

機構の大幅改編に伴い、昭和11年に創成川通りに面した敷地中央部に支店事務所を新築した。

また、大正製麻においても市況を睨みながら亜麻工場の新設や廃止による生産調節を行っている。

こうして不況を凌いでいると、軍需が再来した。昭和6（1931）年9月に日本の関東軍が南満州鉄道の線路を爆破した柳条湖事件に端を発し、満州事変が勃発。ここから日中戦争、太平洋戦争へと戦火を拡大していったため、昭和20年8月15日に終戦を迎えるまで約15年の長きに亘り戦争状態が続くこととなり、哲学者の鶴見俊輔は1956年にこれを〈十五年戦争〉と呼んだ。

しかしながら、この戦争による特需は第一次世界大戦の時とはかなり様相を異にし、戦争遂行上、国家統制の網が農業生産から企業生産にまで及んだことが特色である。即ち、あらゆる人的物的資源を戦争遂行のために総動員

ならしめる「国家総動員法」が昭和13(1938)年4月に公布され、これにより同年から亜麻工場は陸海軍の共同監理工場に指定され、亜麻製品は全て帝国陸海軍の指定生産を優先して大増産が要求されたのである。

特に、太平洋戦争開戦直後の昭和16年12月27日に公布された農業生産統制令は、重要農産物の生産に関して統制を行い、軍需作物である亜麻は国家が半強制的に農家に生産割当を行い、必要な繊維原料を確保した。

今これを下のグラフにみると、監理工場指定のあった昭和13年から亜麻の作付面積が急増し、戦後は急減していったのがわかる。

図表13 北海道における亜麻作付面積の推移グラフ② (S3年〜S30年)
データ出典『70周年記念史』

これより前の16年8月、帝国製麻㈱は太陽レーヨン㈱と合併し、帝国繊維㈱として新発足する。レーヨンとは『セルロースを溶解してコロイド溶液にし、これを細孔から凝固液中に引き出して乾燥・精製して得る繊維』（三省堂『大辞林』）で、かつて人絹(人造絹糸の略)とも呼ばれていた。因みに企業名の〈帝人〉は帝国人絹、〈東レ〉は東洋レーヨンの略が由来である。

また、昭和17年5月公布の企業整備令により中小企業の整理統合と下請企業化が推し進められ、同年10月、大正製麻が帝国繊維に合併される。

次いで昭和20年7月には、道東の中標津にあった山木繊維工業㈱の亜麻工場(昭和8年設立)を合併する話が仮調印まで進んでいたが、8月15日に

終戦を迎えて正式合併は御破算となった。

　この結果、終戦時における北海道内の亜麻工場数は、帝国繊維㈱が24工場、山木繊維工業㈱が1工場の計25工場であった。

▌戦後のあゆみ

　戦後になると亜麻産業は、軍需主体の生産から民需主体の生産へ切り替えが行われたほか、極度の食糧難に対応するため亜麻のような特用作物の畑は麦や馬鈴薯や南瓜などの食料作物の畑に転用されていった。これにより製麻会社では原料が十分に調達できなくなったため不足分をベルギーから輸入しているが、それでもなお生産量は落とさざるを得なかった。

　日本の戦後改革は、GHQの指示の下で農地改革などさまざまな民主化が断行されたが、その一つに〈財閥解体〉があった。この目的のために作らせた法律が「過度経済力集中排除法」であり、1947(昭和22)年12月に公布された。同法により持株会社整理委員会が巨大独占企業として分割の対象とした企業は当初325社にも上り、その後の方針転換で11社に大幅縮小されるが、この中に帝国繊維も含まれていた。同整理委員会が認定した理由は、『日本の亜麻工業において、競争を制限し、他のものが単独にこれに従事する機会を妨げうる能力をもっており、特に、亜麻繊維の生産地である北海道地区における原料支配により独占的能力をもっている』からであった。

　終戦時に24あった亜麻工場は、48年11月に北見地区にあった4工場を日本繊維工業㈱に譲渡したので20社となっていた。譲渡理由は、同社が満州の亜麻原料に依存していたため終戦により原料供給源を絶たれて困窮していたので、その救済を図ったものである。

　1949年7月、同整理委員会は、①札幌、鹿沼、鹿沼第二の亜麻製品工場と12の製線工場、②大津など3つの亜麻製品工場と玉島絹紡工場と8つの亜麻製線工場、③徳島スフ工場などに3分割する指令案を示す。聴聞会も開かれたが、結局は翌50年1月に決定指令が出され、同年8月、帝国製麻㈱、中央繊維㈱、東邦レーヨン㈱の3社分割で再出発する。帝国製麻に属した札幌工場は主にズック類及び亜麻糸、鹿沼工場は加工度の高い織物を生産した。

　尚、中標津に唯一の亜麻工場を持っていた山木繊維工業は49年1月に同工場を焼失したため、翌年9月、新生帝国製麻に亜麻耕作区域その他の利権を引き継ぎ、北海道から撤退している。

これにより北海道における亜麻工場は、帝国製麻＝12工場（琴似、月形、栗山、伊達、虻田、留寿都、美瑛、富良野、名寄、羽幌、新得、大樹）、中央繊維＝8工場（芽室、帯広、音更、幕別、止若、池田、本別、標茶）、日本繊維工業＝4工場（美幌、留辺蘂、湧別、斜里）の計24工場となる。因みに止若は〈ヤムワッカ〉と読み、現在の幕別市街に相当する地域である。

　上記工場の分布を北海道の旧14支庁別でみると、最多は十勝の9工場で、次いで網走の4工場、上川の3工場の順となっている。

　実は、亜麻の作付面積と工場数には深い相関があり、亜麻工場が操業を開始した当初は、工場が雁来、琴似、当別と、いずれも石狩にあったことから作付けも自ずと石狩を中心にしていた。大まかに言えば、明治時代は石狩・空知・胆振が作付面積の上位を占め、大正時代に入って十勝・網走・上川の大規模畑作地帯が顔を出すようになり、昭和時代になると完全に十勝・網走・上川が上位を占めるようになり、上述の工場数の順位と一致してくる。

　今これをグラフにして時代別に示すと下の図のようになり、その変遷が極めて明瞭である。尚、明治時代は明治33(1900)年～同37年まで、大正時代は大正9(1920)年～同13年まで、昭和時代は昭和25(1950)年～同29年までの各5か年平均の数値による。

　明治時代の主産地に胆振が含まれているが、初期の亜麻産業発達に果たし

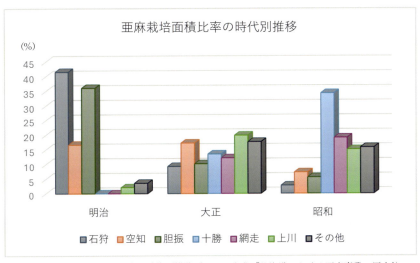

図表14　亜麻作付面積地域割合の時代別推移（データ出典『北海道における亜麻事業の歴史』）
6つの各支庁及びその他の支庁の亜麻作付面積を全道総作付面積に対する百分率で表わした。

た役割は大きい。吉田健作が北海道を視察した折、胆振の室蘭屯田において亜麻が健全に生育しているのを見て、将来的に北海道が亜麻の主産地になると確信したと言われている。また、近江麻糸紡織が胆振の虻田に亜麻原料を求めて進出したのは明治26(1893)年であり、胆振が北海道の亜麻産業草創期における先進地であったことは、銘記されて然るべきだろう。

とまれ戦後の道内亜麻工場は最盛期の4割ほどの数に減ったものの、復興の歩みを始めるかに見えた。しかし、繊維業界では、廉価で短時間に大量生産できる化学合成繊維(化繊)が市場を拡大しつつあった。

かつて"戦後強くなったのは女性と靴下"という言葉が一世を風靡したことがある。ここでいう靴下は女性用のストッキングのことで、戦前は木綿、麻、絹、羊毛などの天然繊維で作られていたが、摩耗しやすい欠点があった。

しかし、アメリカで発明された化学繊維のナイロンで作ったストッキングが戦後、日本にも登場すると、絹のような光沢があり薄くて摩耗しにくい強度をもったこの商品は、瞬く間に市場を席巻する。

前出のレーヨン(人絹)や同じ原材料で繊維の短いもので織ったスフ(ステープル・ファイバーの略)を凌ぐ"夢の合成繊維"と謳われたナイロンにいち早く注目した東洋レーヨン(東レ)は、レーヨンからこれにシフトすべく海外から技術導入を図った。さらにその後、アメリカで石油由来物質であるポリエステルの繊維工業化が始まると、ナイロンよりも汎用性が高く衣料用の繊維素材として有望であることにこれまた熱い視線が注がれる。

わが国では帝人と東レが英国の企業と技術導入契約を結び、1958年からテトロンの商品名で販売を開始。同業他社もこれに追随する。

こうして化学繊維が繊維業界に確固たる地位を築いてゆくにつれて、製麻会社は大きな試練を迎えたと言ってよい。

帝国製麻では既に1955(昭和30)年から札幌工場の潤紡部門(潤紡とは、湿式紡績のことで、温湯漕の中を通して紡出する。)を休止し、57年10月には道内2番目の製線所として67年の歴史をもつ琴似亜麻工場を閉鎖。次いで59年11月には中央繊維と合併し、"第二次"帝国繊維が誕生する。明治以来長きに亘る離合集散の歴史もここで終止符が打たれ、現在に至る。

そして、1963(昭和38)年2月、帝国繊維は北海道唯一の製品工場として道都札幌に高い煙突と赤レンガの威容を誇った歴史ある札幌工場の閉鎖を発表し、大きな転換点を迎える。

当時、十勝・網走・上川にはまだ亜麻工場があったため、亜麻繊維は道外の製品工場送りとなり、その統轄業務等も含め札幌支店は当面存続する。
　一方で2年前から空いた工場建物を貸し倉庫や貸しガレージとして活用を図ってきたが、工場の全面閉鎖を受けて本格的に倉庫業を営むため、帝繊興業㈱を設立。それから9年後の1972（昭和47）年2月、北7条東1丁目の札幌工場跡地にボウリング場・サッポロテイセンボウルが開業する。
　中山律子ら人気と実力を兼ね備えた女子プロボウラーの活躍により全国的なボウリングブームが巻き起こっていた中での倉庫業からの"転身"で、当時全国には約3700か所、道内にも約300か所のボウリング場があった。
　施設名のテイセンは、帝国繊維の略称の"帝繊"に由来する。鉄筋コンクリート造平屋建て約4800 m²の施設内に60レーンを備えた。
　その後一部改修し、82年の年明けから1200人収容の多目的ホール・テイセンホールをオープンさせたため、レーン数は34に減少。

写真25 サッポロテイセンボウル（2015年）
ボウリングのピンが人目を引いた。（北海道新聞社 提供）

　やがてブームも去り、確実に施設は老朽化していった。それでも経営母体の帝国繊維㈱北海道営業所（札幌）は、部分改修をしながら営業を継続していたが、2014（平成26）年に事態が大きく動く。『9月下旬に強風で屋根が壊れ、本格的な対処が必要となったことを機に閉館を決めた』（2014.12.20付『北海道新聞』夕刊）のだ。
　プロレス興行が数多く行われていた併設のテイセンホールも運命を共にし、ボウリング愛好者やプロレスファンから惜しまれつつ、翌2015年6月を以って両施設は閉鎖となった。
　北7条東1丁目は札幌駅から至近距離にあるため、その立地を生かした再開発が盛んに行われるようになり、かつてそこに製麻工場があったことはおろか、ボウリング場や多目的イベントホールがあった痕跡すらも今は残されていない。その一方で、由緒ある亜麻の記憶を今に甦らせ、製麻工場北辺の北8条通りを亜麻の花などで飾るフラワーロード構想が生まれた。

AMA サポーターズ倶楽部

　正式には「アマとホップのフラワーロード」構想といい、札幌麦酒醸造所や帝国製麻の工場があった歴史を街づくりに生かそうという趣旨。そのきっかけを作った方は、フラワーデザイナーの走川貴美さんであった。

　1945(昭和20)年に東京で生まれたが、10歳の時に父親が実家のある札幌市苗穂町に帰郷したことに伴い、以来約60年間を札幌市(東区)で過ごす。

　フラワーデザインとの出会いは27歳の時。プロカメラマンの御主人と結婚し、フラワー教室で花を習い始めた。

写真26　走川貴美

　やがて貴美さんは先生に認められて助手になり、さらには教室を主宰するフラワーデザイン学校(東京)の本部講師から『人に教えなさい。』との助言を受ける。そこで、33歳の時に教室仲間2人と共同でフラワーデザイン教室を始める。場所は仲間の1人が開いていた花奈フラワーというショップの一隅。教室は繁盛し、1989(平成元)年8月、南1条西5丁目に㈲サッポロフローラルクリエイションスクール(SFC)を設立する。

　昔から行動を起こすのが早く、自らを評し『思い立ったらやる！という性格なの。』と笑う。スクールの生徒は最盛期には百数十人を数え、函館や旭川のサテライト教室にも出張講義に出かけて多忙だったという。

　より高みを目指す向学心も旺盛で、54歳となった1999(平成11)年にガーデニングの本場・イギリスに渡る。ロンドンにある The English Gardening School で2か月半学んで帰国すると、翌年、東区のコミュニティFM運営会社「さっぽろ村ラジオ」の社屋内に、その名もイングリッシュ・ガーデニング・スクールという生徒20名ほどの個人教室を立ち上げた。結局、SFCとの掛け持ちでガーデニング講師を60歳まで続け、一区切りをつける。

　その間、花やガーデニングの専門家として『花新聞ほっかいどう』等への記事執筆のほか「ひがしく花トピアコンクール」の審査員も務めた。

　同コンクールは札幌市東区が1995(平成7)年から始め、建物や庭先などを花で飾り、潤いのある美しいまちづくりに取り組んでいる個人や学校、企業等を表彰するもの。その審査のため、区の職員とともに応募のあった区内各所を見て廻った走川さんは、街路桝の草が伸び放題となっているのが気になり度々区役所に申し入れたが、整備は等閑にされていた。

偶々2003年の東区夏まつりの会場で顔見知りの区の土木部長に会ったので改めて訴えたところ、逆に『走川さんがやってくれるならありがたいんだけど…』と言われてしまう。市の仕事だと思っていた走川さんは面食らうが、『ホントにやっていいの？』と念を押し、当時の東区長からもお願いされたので、『じゃあ、やろうか。』と腹を決める。

　早速、東区の土木部や地域振興課の若い職員と打ち合わせ、フラワー教室の生徒ら10名ほどに呼びかけて賛同を得ると、手始めに東区役所の花壇への植栽を実施。同年10月、AMAサポーターズ倶楽部を結成して自ら代表に就任し、2015年に長沼町に転居した今も引き続き代表を務めている。

　活動の中心となる北8条通りの植栽は、2004年から東区が延長105m、幅1mの植樹帯を整備してくれることになったため、手が足りずボランティアを募集しなければならなくなる。偶々北海道新聞の取材を受けて正月早々に紹介記事が出たおかげで大きな反響を呼び、3月に行った説明会には100名もの人が集まったそうだ。

　植栽する亜麻は草丈の短い宿根草にしたので、先ずは種から苗に育てる役目の"育ての親"として協力してもらったが、10年ほどで必要がなくなる。

　2005年6月には同倶楽部のほか、北区のふらっくす倶楽部、東区の亜麻公社、空知管内栗山町の植物育種研究所の4団体により北海道亜麻協会が発足。亜麻を活かした街づくりを連携して進めていくこととなった。

写真27
AMAサポーターズ倶楽部の活動風景
手前が亜麻（2019.7.6 走川正裕氏 撮影）

　現在、AMAサポーターズ倶楽部は、5月の第2土曜日にフラワーロードの苗植え会を行い、6月から11月まで毎月第1土曜日に「お手入れ会」と称してメンテナンスを行うのが主な活動内容となっている。

　活動日には近くの商業施設アリオから職員が差し入れの飲み物を持ってきてくれるなど地域ぐるみの美化活動が定着している。

　アマとホップのフラワーロードということだが、植樹帯の草花が途切れぬようカラフルに別の草花も植栽し、彩を添えているのだという。

第3節　帝国製麻と帝国繊維

第4節　生産技術の歩みと最後の亜麻工場

　本節の前段では、村井信仁(のぶひと)氏が2017年に月刊『農業経営者』誌上に連載した「亜麻物語 北海道における栽培と亜麻工場の盛衰」を主に参考にさせていただき、亜麻の栽培から製繊に至るまでの技術的な改良の変遷について述べる。そして後段では、それにも関わらず化学繊維の台頭により廃業を余儀なくされた本道製麻業における亜麻工場の終焉(しゅうえん)を描く。

▍品種の変遷

　明治初年に開拓使は、フランスとロシアから亜麻種子を輸入して官園での試作を行い、北海道の気候が亜麻栽培に適することを確認している。当時の品種の呼び方は産地に「種(しゅ)」を付けて〈○○種〉と呼ばれていたようであり、フランスから輸入した種子の実際の産地は隣国のベルギーだったので、ベルギー種と呼ばれた。大正期にはアメリカからワシントン種、次いでサギノー種が入り、後者は全道に普及した。一方、北海道農業試験場はロシア種の淘汰(とうた)から国産純系種の育種に取り組んでベルノー種を誕生させ、昭和7 (1932)年頃から約20年間、中心的品種の地位を占めることとなる。

　その後も北海道農業試験場は品種改良に努め、同10年に優良品種となったサギノー1号は主に戦前の10年間、同12年に優良品種となったサギノー2号は主に戦後の10年間、広く作付けされた。その後継種はオランダから輸入された優良品種のウイラー種で、昭和32年以降の主要品種となる。

　片や国産品種でも、同30年に亜麻農林1号として優良品種登録された〈あおやぎ＝青柳〉が登場し、茎収量・繊維歩留・品質とも高いうえに立枯(たちがれ)病等への耐性も強かったので、これも亜麻栽培の終焉まで作付けされた。後年、名寄市立大学が研究に用いたのもあおやぎで、独法)医薬基盤研究所薬用植物資源研究センター北海道研究部(名寄)から譲り受けている。

▍播種法の工夫

　さて、亜麻の種子はどのように畑に播(ま)いたのであろうか。開拓使時代の七重官園では、輸入したカフーン式(名称は米国の考案者名による)と呼ばれる人力の播種器を明治12年頃に使用した記録があるが、定着には至らなかっ

たようである。北海道庁時代に入った明治20年に北海道製麻会社が設立されると、本場ベルギーから篤農家コンスタン・オイブレヒトを招いて札幌近郊の農家に耕種法の伝授を行ったが、播種は手播きの散播であった。

　欧米で考案された人力播種器には幾つかの種類があるが、いずれも散播であることに変わりなく、手播きに比べてより遠くへ均一に播くことができる点がメリットとして挙げられよう。

　このうち上記のカフーン式は、ハンドルを手廻しして縦回転の羽根で種子を遠く飛ばすタイプ。サイクローン式（名称は"大暴風雨"の意から）は、ハンドルを手廻しするのは同じだが、横回転の羽根で飛ばすタイプ。

　そして、サイクローン式と同構造でバイオリンのように弓を左右に動かすことによって播種するタイプをバイオリン式という。

　北海道博物館の山際秀紀学芸主査は、これら人力播種器に関する先行研究で明瞭に分類し切れていなかったその構造とバリエーションを解明するため、北海道内の博物館施設150館に収蔵されている亜麻播種器を悉皆調査。「北海道における亜麻生産とバイオリン播種器」（『北海道博物館研究紀要』第4号 2019年 PP.11-19 所収）と題する論文にまとめる。

写真28　バイオリン播種器（弓歯車型）
下部の横棒が、弓である。（北海道博物館 所蔵）

　結果、69点のバイオリン播種器の動力伝達装置の構造分析から4つの型（弓弦型、弓歯車型、弦型、把手滑車型）に分類。『北海道内の博物館等に収蔵されているバイオリン播種器は、製麻会社によって模倣・製造されて広まり、全道各地で製造されたものと考えられる』（同紀要 P.13）と述べた。

　事実、明治40年に帝国製麻の鈴木鈴馬がベルギー出張の折にバイオリン播種器1台を購入して帰国。会社が模造品を造って各工場に配布し、農家に利用を奨励したという。著者は2024年9月、上掲写真のバイオリン播種器を山際主査立会いの下で実見し、羽根の回転の仕組みを確認している。

　ところで、種子を散播した場合は、芝ハローなどで表土を掻いた後に丸太を曳いて転圧するのが普通であるが、地表に種子が浮き上がってしまうこと

第4節　生産技術の歩みと最後の亜麻工場

もあるため、発芽の歩留りが7割を切ることも往々にして見受けられた。

この難点を解決すべく、帝国製麻はヨーロッパから小型の条播機を輸入して、日本の圃場条件に合うよう種子を一粒ずつ播種できる帝麻式畜力亜麻点条播機を開発する。しかし、期待どおりの播種間隔とならなかったことや機体があまりにも小さすぎたことなどから、あまり普及しなかった。

この他にみられた播種法の工夫としては、クローバーの種子を亜麻の種子に混ぜて播種する〈クローバー混播〉が昭和初期から導入された。亜麻は連作を嫌う作物なので、6～7年で輪作をする必要がある。その際に亜麻の後作のことを考えて緑肥効果のあるクローバーを混播すると亜麻の茎と子実の収量は落ちるものの、後作に春播き小麦を作付けすると大幅増収となり、トータルでは亜麻の減収分を補って余りある経済性を発揮する。

勿論、前作でも麦類、豆類（豌豆を除く）、甜菜、馬鈴薯など北海道で広く栽培されている農作物が適応可能である。基本的に10a当たり窒素4kg、燐酸2kg、加里5kg、石灰3kgを元肥として施用し、十分に細かく砕土して均平に整地してから播種する。尚、前作の残効を勘案して施肥の分量を加減することも、初期肥培技術としては重要なポイントとされた。

除草等の肥培管理

第二次世界大戦後、わが国に除草剤がもたらされたが、それまでの農作業において最も労力を要したのは、除草であった。

亜麻に関しても、上述した人力播種器による散播、あるいは小型の畜力条播機による畝幅9cmの条播が昭和30年代まで普通に行われたが、これではカルチベーターによる〈中耕〉除草ができなかったため、"手間替え"と呼ばれる協働方式の人海戦術に頼らざるを得なかった。

中耕とは作物の生育期間中に畝の間や株の間の土の表面を浅く軽く耕す作業のこと。土の通気性と排水性を改善し、根の生育を促進するので、収穫物の品質向上と収量の増加につながるうえに、雑草の除去にもなる。

また、手間替えとは、農村などで労力を貸し合うことで、"ゆい"とも呼ばれる。これは、互いに助け合うことにより効率的に作業を進めようとする知恵であり、特に機械化が進む前の農村では一般的な慣行であった。

申すまでもなく、雑草は作物に吸収されるべき養分や水分を奪う"厄介者"であり、雨が降って何日か晴天が続くと、あっという間に繁茂するので

油断できない。あまりに大きくなってしまうと取り除くのに時間がかかるため、"雑草はできるだけ小さいうちに摘み取るべし。"と相成る。

そこで、亜麻工場では、戦後いち早く契約栽培農家に除草剤の導入を奨め、省力化に取り組んだのである。

さらにもう一つ、肥培管理上の重要な対策として病害虫防除が行われた。亜麻の病害で恐れられたのは立枯病で、これに罹ると茎は褐変し、枯れて死んでしまう。防除法としては種子消毒のほか、土中に残存した病原菌の影響がなくなるよう少なくとも6～7年の長期輪作を行うことが推奨された。

害虫では、開拓期の昔から飛蝗（バッタ）や夜盗虫（ヨトウムシ）の大発生による農作物の食害が道内各地の地域史誌に残されているが、亜麻も例外ではなく、夜盗虫の幼虫が亜麻の未成熟部分に食害を与えることがあった。

しかし、戦後は殺虫剤（農薬）散布による病害虫防除が一般に普及し、大幅な労力軽減となったのである。

重労働の亜麻抜き

多くの農作物は9月以降の秋に収穫期を迎えるため、農家にはそれまで現金収入がなく、"夏枯れ"と称して手元不如意が普通だった。

しかし、亜麻は概ね盆前に茎の収穫が行われ、農家に貴重な現金収入をもたらしてくれる換金作物だった。唯、その代償として真夏の炎天下で亜麻作の全労働投下量の半分以上を占める"亜麻抜き"と呼ばれる過重な収穫作業を行わなくてはならなかった。

昭和10（1935）年に空知郡幌向村（現・南幌町）の畑作農家に生まれた著者の母も『子供の頃はウチの畑の亜麻抜きの仕事をよく手伝ったものだ。』と述懐している。

その抜き取り作業の要領は、『両足を広げ体を傾け両手で茎の上方を抱えこむように握り引抜き、根を足に打ちつけ土を落とし根本を揃え圃場に整然と横たえ並べる』（『北海道における亜麻事業の歴史』P.115）というものであった。

写真29　亜麻抜き
（『帝国製麻株式会社三十年史』所収）

因みに、繊維を取るための亜麻をこのように根元から引き抜くのは、稲などと同じく鎌で刈り取ってしまうと、茎の切断面から水分や雑菌が入り込み、繊維部分の品質を低下させてしまうからである。

ところで、亜麻抜きの作業が重労働であればこそ、当然のことながら一刻も早い機械化が望まれた。本場ベルギーでは1935年頃から小型亜麻抜取機の開発が始まり、1945年には実用段階に入る。

戦後、農村の労働力不足に直面していたわが国の製麻業界にこの情報がもたらされると、1952年に帝国製麻・中央繊維・日本繊維工業の3社は共同でベルギーから3台の馬牽引用小型抜取機を輸入し、圃場試験を行った。

しかし、一応の抜き取りはできたものの、雑草も一緒に抜いてしまい、茎の根株も不揃いであったため実用機としては合格しなかった。その後、帝国製麻はこれをさらに小型化した改良機の試作を重ね、各亜麻工場に配備して実用試験を60年まで継続するが、不首尾に終わり中止する。

その間ベルギーでは大型抜取機の実用化に成功しており、帝国繊維（1954年に社名変更）は翌61年、北海道の生産改善機械化助成制度発足を追い風にベルギーから3台の大型機（道貸与1台、自社購入2台）を輸入した。

この時の機械はレターメ社製57年型でトラクター牽引用。抜き取りエレメントを4つ備え、全幅300cmに対し抜取幅は150cm。作業速度は時速8km程度で、右の写真のように抜取機の上に作業員を1人張り付け、抜き取った茎を次々に横から排出し、圃場の上に並べた。

写真30 大型亜麻抜取機による収穫作業
（『北海道農業機械化の歴史 第5巻 産業化物語』所収）

作業能率は1日約6 haを実現したので帝国繊維は道の助言で国の農業近代化資金融資を活用して1962年から63年にかけてベルギーから計61台の大型抜取機を追加輸入し、生産農家に賃貸した。これでようやく亜麻抜きの重労働から解放されたのも束の間、わずか数年後に道内から亜麻作が消えたのは、何とも皮肉なことであった。

浸水法と製織機の進化

　亜麻茎の構造は、表面の靱皮と木質部の間にある繊維がペクチン等のガム質によって融着されている。亜麻工場における〈浸水〉は、水中微生物（バクテリア）による発酵作用を利用してこのガム質を溶融し、繊維を分離しやすくする役割がある。その浸水法は、明治から大正初期にかけては自然水の小枠法や大枠法が主流であったが、大正後期から人工温水による温湯法が普及し始める。さらに昭和6（1931）年から改良温湯法が登場し、同13年以降は全てこの方法に切り替わった。

　浸水を終えた濡れ茎は工場内の広い干場で天日干し乾燥を行ったが、この乾燥法だけは道内亜麻事業80年間を通じて変わらぬ伝統手法であった。

　こうして十分に乾燥させた茎を干茎といい、吹き抜けの通気性の良い倉庫に貯蔵される。そして、工場の作業計画に沿って、順次倉庫から干茎を運んできて繊維を取り出す作業、即ち製織作業を行ったのである。

　製織工程では、まず干茎の繊維束と木質部の分離をより容易にするために茎をローラーで砕く〈砕茎〉作業を行う。次に、ムーランと呼ばれる機械に砕かれた茎を少しずつ差し込み、回転する羽根で脆くなった木質部を叩き落とし、繊維のみを取り出すというしくみである。

 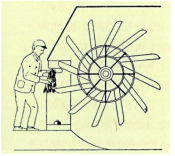

写真31　ムーランによる製織作業　　　　　図表15　ムーランの構造図解
（左は『70周年記念史』、右は『北海道における亜麻事業の歴史』所収）

　ムーラン［moulin］とはフランス語で風車を意味し、上の図解のとおり12枚の羽根車が動力によって1分間に180回転する。明治時代の製麻業草創期から使われてきたムーランであったが、昭和30（1955）年以降はベルギーから輸入したタービンと呼ばれる自動製織機に移行していった。

最後の亜麻工場

　以上述べてきたように北海道亜麻事業の長い歴史の中で耕種法から製繊法に至るまで様々な生産技術の改良進歩があった。戦後は化学繊維の躍進に押されて苦境に立たされもしたが、1960年代に入って大型亜麻抜取機の導入により重労働からの解放を果たし、光明が見えたかに思われた。

　しかし、ついに北海道亜麻事業は80年間でその歴史を閉じることになり、十勝の帝国繊維㈱音更(おとふけ)工場が最後の亜麻工場となったのである。

　同工場が帝国製麻㈱音更製線所として操業を開始したのは1939(昭和14)年1月のことである。背景としては、37年7月の盧溝橋(ろこうきょう)事件を機に本格化した日中戦争が思いのほか長引き、軍需作物としての亜麻の作付けが主産地の十勝地方で急増したためである。

写真32　帝国製麻株式会社音更製線所上棟式　(1938.7.25)
式台の上には神主の姿もみえる。（北海道大学附属図書館 所蔵）

　1940年12月には製線所を亜麻工場と改称し、41年8月には太陽レーヨン㈱との合併による社名変更に伴い帝国繊維㈱音更亜麻工場となった。42年9月の火災による工場焼失に続き、終戦間際の45年7月には北海道空襲で再び工場を焼失する災禍(さいか)に見舞われてしまう。

　戦後の混乱の中、あらゆる物資が不足する悪条件下にも関わらず同年12月には復旧工事を竣工(しゅんこう)し操業再開に漕(こ)ぎつけたのは、驚異的である。

　50年7月、過度経済力集中排除法により帝国繊維㈱は帝国製麻㈱、中央繊維㈱、東邦レーヨン㈱に分割され、音更亜麻工場は中央繊維所属となった。51年には10〜11月にかけて工場の動力源が従前の蒸気機関から電力に切り替わる。その後、55年5月でムーランは廃止となり、8月からはタービンが導入された。さらに57年6月には浸水工程で使用する木製温湯槽がコンクリート製に改装されるなど、衰えぬ設備投資意欲の高さが見て取れる。

実際、1959（昭和34）年11月に中央繊維㈱と帝国製麻㈱が合併して再び帝国繊維㈱が誕生し、帝国繊維㈱音更亜麻工場の旧名に復した頃が同工場の全盛期であり、約35 haの敷地内に工場建物が60棟も建ち並んでいた。

　しかし、その後格安な化学繊維が市場を席巻するようになり、亜麻製品の需要が落ち込んだため、帝国繊維は会社の業務を縮小していき、遂に1970（昭和45）年2月、最後の亜麻工場だった音更工場は閉鎖となった。

　当時の新聞は、その間の事情を次のように伝える。

　『帝国繊維が最後までかんばっていたものの、四十二年にはついに"合理化"を断行。この年限りで農家のアマ栽培を中止させ、残務処理の数工場を残して、あとは全部閉鎖してしまった。昨年十月、上川管内美瑛工場が残務整理を終え、操業をやめてからは、この音更工場が全国ただ一か所のアマ工場。十勝地方千二百ヘクタールで栽培された原料アマ茎のうち、残された四千五百六十トンがここに集められ、昨年と今年で、その残務処理を終えるわけだが、（中略）乾燥されたアマ茎はこのあと屋内の工場に運ばれ、来年二月までに全部繊維に加工される。工場はそこで完全に閉鎖されるが、屋外での作業はこの十五日まで。工場の跡地には近代産業を代表するようなコンクリート工場が建つという。』（1969.10.6付『北海道新聞』）

　昭和42年の合理化とは、同社が同年8月20日付で"関係者各位"に発出した「亜麻の耕作奨励打切について」と題する文書を指す。曰く、『最近繊維界の激変と共に北海道で生産される亜麻繊維の原価格は弊社にとって限界に達しましたので、亜麻の耕作契約は本年をもって打切ることとし、今後紡績に必要とする原料は全量輸入に依存せざるを得なくなりました。』

　かくて、翌1968（昭和43）年から契約栽培による亜麻作はなくなり、北海道から亜麻畑が消滅する。また、帝国繊維は工場跡地の有効利用と従業員の雇用確保のため、67年に100％子会社のコンクリート製造会社を設立。70年から社名を㈱帝繊北海道と改め、JIS規格の許可工場として操業を開始した。

　同工場は95（平成7）年に閉鎖となるが、現在も国道241号（音更大通）の道路脇には右の写真のとおり看板が残っている。

　中にはこれを旧亜麻工場の看板だと勘違

写真33　帝繊北海道の看板（2023.7.8）

いしてウェブサイトに掲載している方も見受けられる。この方は、前頁に掲げた著者撮影写真とほぼ同じ構図のものを掲載し、『写真は北海道で最後の工場があった十勝の音更工場。1968年(昭和43年)、ここの閉鎖をもって日本から製麻業が消滅しました』と記述している(2024.8.27 視認現在)。

音更亜麻工場の記憶を後世に

苧麻による製麻業までも抹殺してしまう、これほど酷(ひど)い誤解でなくとも、亜麻に関する著作物において、"昭和43年で亜麻工場は全て姿を消した"といった類の記述は多く見かける。著者が参考にさせていただいた村井氏の著作でも『残念ながら亜麻工場は昭和43年(1968)で消滅してしまった』(『農業経営者』2017年9月号 P.58)と、正に"残念ながら"誤記している。

やはり、歴史は正しく後世に継承していくことが大切だと思う。

音更亜麻工場の閉鎖から53年の時を経た2023(令和5)年1月、音更町生涯学習センターで《カムカムオトフケ音更亜麻工場編》と銘打ったミニ写真展が開かれた。同展は、帝国繊維㈱や同社関係者から提供を受けた約30点の写真で亜麻の栽培や収穫、亜麻工場での操業の様子を紹介。亜麻茎や亜麻繊維で織られたシャツなども併せて展示された。

町民の中には亜麻栽培や工場建物の記憶が鮮明な方もまだ多数おり、そうした人たちには"懐かしい思い出"の写真展となったことであろう。

期間中の1月25日には写真等の資料提供に協力した帝国繊維㈱の香山学(かやままなぶ)特別顧問も会場に姿を見せ、見学後は音更町役場で小野信次町長と懇談し、常設展示を要望した。

香山氏によると、町内には旧工場の広大な社有地があり、関係資料も豊富に持っているので、資料館を設置するのであれば会社としても協力は惜しまないそうだ。

理想的な形で"最後の亜麻工場"の"正しい歴史"が継承されることを著者も願っている。

写真34 音更亜麻工場ミニ写真展 (2023.1.25)
右端が香山氏 (北海道新聞社 提供)

第 **3** 章

道内にある麻のつく地名

第1節　江別市大麻

　大麻の字面だけみれば普通は〈タイマ〉と読むため、インターネット上には『初めてみたらびっくりしてしまうような地名ですね。』とのコメントも掲載されている（「日本の地名と大麻」【大麻とは何か】2024.7.31 視認）。

▎大曲と麻畑

　著者の住む江別市の市街地は、飛び地の豊幌地区を除けば東西に細長く連坦し、大きく分けて、江別、野幌、大麻・文京台の3地区が存在する。

　うち大麻（オオアサ）は、昭和10（1935）年4月25日に施行された江別町字名町名地番改正の際に、大曲（オオマガリ）の"大"と麻畑（アサハタ）の"麻"を一字ずつ採って名付けたのが由来である。

図表16　大正5年頃の大曲・麻畑付近図（原図は国土地理院 1/25000 旧版地図「札幌」・「江別」）
大略的にピンクが麻畑、黄緑が樹林地、黄色が大曲。赤丸の2か所で道路が大きく曲がっている。

　当該地域誌によると『昔、大麻は、麻畑、大曲、樹林地と称し三つの部落に分かれていた。大曲は、明治二十一年札幌から白石を経て江別に通ずる旧国道が完成し、四番通りに接続する手前で大きく二カ所で湾曲していたために大曲と称された。麻畑は、明治二十二年野幌屯田兵の授産農事の内、あさ

「大麻」栽培が奨励され、もっとも好適地で多く耕作されたので、麻地または麻畑とも呼ばれ、麻畑と称された。樹林地は、明治三十四年野幌屯田兵村の公有財産となり薪炭建築用材地であったが明治三十八年小作制度により小部落ができ樹林地と称すようになった』(『大麻開基八十年誌』P.1)。

　この文章からもわかるとおり、字名には役所が行政上用いる〈行政字〉と地域住民らが自主的な部落名として慣用化した〈通称字〉とがあり、道内各地で開拓期以来さまざまな分野で使用されていた。しかし、複雑に入り組んでいて分かりづらいなど色々と不都合な点も見られたため、昭和10年前後に北海道庁では全道的な字名町名改正を推進していたのであった。

　大曲、麻畑、樹林地の3地名も全て通称字名であり、行政字名は〈野幌〉である。即ち土地の所在は、札幌郡江別村大字江別村字野幌となる。

　かつ、概ね兵村10丁目以西は野幌屯田兵村の追給地または公有地となっていたので、一般入植する者は、同兵村が地主たる公有地に小作人として入る外(ほか)なかった。ここで、追給地と公有地について説明しておこう。

　明治23(1890)年9月に公布された屯田兵土地給与規則により、屯田兵の〈給与地〉が一戸当たり1万5千坪とされ、それ以前に給与された土地がこの面積に満たない者にも不足分が給与され、これを〈追給地〉という。

　さらに、屯田兵村に対しても公有財産として一戸当たり1万5千坪の割で土地給与が行われ、この土地を屯田〈公有地〉という。

▍屯田兵村と麻作

　上述したように野幌屯田兵村においては明治22年、麻畑で屯田授産農事として大麻栽培が始められており、授産事業という性格上、栽培圃場には屯田公有地が充てられ、一戸当たり2反歩の通い作を行ったものである。

　野幌屯田兵村の戸数は225戸なので、単純計算では45町歩の作付けが行われたことになり、かなりの大面積と言える。また、逆に言えば、それだけの面積で"辺(あた)り一面の麻畑"という景観を現出したからこそ、部落名や通称字になり得たのだろう。

　ところで、開拓使や北海道庁が屯田授産の一つとして大麻の作付けを奨励したことは既に何度も述べたが、実はこれには前段がある。

　北海道庁は明治20(1887)年、屯田兵第一大隊第一中隊(琴似屯田・発寒(はっさむ)屯田)に33町6反、同第二中隊(山鼻屯田)に11町8反の大麻の試作をさせる

一方、第二大隊第一中隊（和田屯田＝根室）に4町8反、第三大隊第一中隊（江別屯田・篠津屯田）に18町、同第二中隊（野幌屯田）に6町9反の苧麻の試作をさせている（『北海道庁勧業年報 第1回』PP.121-122）。

　北海道製麻会社の操業方針として、将来的には亜麻繊維を原料とするも、最初は大麻から始めて徐々に亜麻を原料に切り替えていくのが吉田健作の考えであったが、大麻だけでなく、同じく日本古来の繊維植物である苧麻の北海道における栽培適否を実証実験していたのだ。

　結果、北海道では大麻のほうが苧麻よりも成績が良かったので栽培奨励に至ったというわけである。

　麻畑における大麻栽培では、野州麻で知られる栃木県産の種子が使われ、第二中隊本部から配給となった。『しかし、この大麻も数年後には、野幌、江別、篠津の各屯田兵村以外に、道内の兵村間に栽培が盛んになり、また需要地が海岸地域などであったため、取引上の不振や当時すでに亜麻の耕作栽培が北海道庁の補助対象作物となったことなどの影響もあって、逐年衰退し、この大麻畑も次第に荒れ、他の作物に変ったのである』（『野幌屯田兵村史』P.582）。この"他の作物"の中に亜麻があったことは言うまでもない。

　即ち、麻畑の"麻"は最初の大麻から途中で亜麻に切り替わるのである。

　昭和10年4月に新字名の大麻となってからも同地区は農村地帯であったが、戦後になると道内の趨勢として既にみたとおり、当地の亜麻栽培も途絶えることとなる。

　さらに昭和39年4月に北海道営大麻住宅団地開発事業が着工し、一気に都市化する。

　それに伴い、"大麻"を冠した新しい町名が続々と誕生し、現在では右図のとおり道路の"大曲"さえも失われてしまった。

図表17 江別市大麻地区中心部 （原図は「地理院地図」）

第2節　名寄市麻生

麻生と書いて〈アザブ〉と読む。苗字では〈アソウ〉とも読むが、急に読め！と言われたらなかなか難しいのではないだろうか。さて、その由来は…。

▍亜麻工場の進出

第一次世界大戦が勃発する前年の大正2(1913)年2月に旧帝国製麻（第一次）が亜麻工場を設置すべく、現在の名寄市西4条〜8条の南10丁目〜12丁目までの約30町歩の土地を買収し、同4年4月に竣工、10月から操業を開始した。広大な敷地内には事務所、工場、倉庫、社宅、浸水設備など計29もの建物や施設設備が配置されていた。

この当時の名寄は、上川郡上名寄村が一級町村制を施行したのを機に名寄町と改称した矢先であり、町勢は前途洋々であった。その後大戦景気により上川北部から天塩地方にかけての天北原野（平野）では製麻各社の製線所が十指に余るほど乱立し、農家も競って亜麻を作付けしたのである。

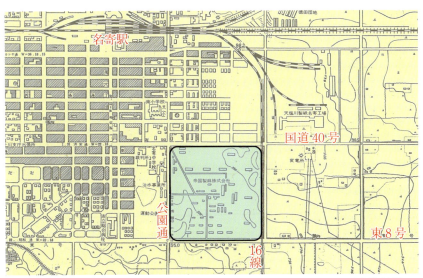

図表18　帝国製麻名寄製線工場敷地図（原図は1965年頃名寄市作成。名寄市北国博物館 提供）
左方向が北。中央下の網掛け部分が工場敷地。かすかに「帝国製麻株式会社」の文字がみえる。

記録によると、大正 7 (1918) 年の名寄町の亜麻作付面積は 350 ha にも及び、同 9 年に下名寄村（現・美深町）から分村した智恵文村でも翌 10 年に 213 ha もの作付けがなされている（データは後掲「三島論文 2008」）。

　しかし、第 2 章第 3 節で述べたとおり、全道的にこの頃をピークとして、遅れてやって来た大戦後の不況により亜麻作付面積は減少する。昭和恐慌の頃になると、名寄町と智恵文村を合わせても、その面積は 100 ha 前後というレベルにまで落ち込んだ。

　しかし、昭和十五年戦争の始まりでまたしても軍需が発生し、亜麻栽培は上昇カーブを描き始める。特に昭和 12 (1937) 年 7 月に中国で起きた盧溝橋事件を機に日中戦争が本格化すると、これに国の総力を挙げて対処するため翌 13 年 4 月に「国家総動員法」を公布したことで万事が軍事優先となり、軍需作物の亜麻も大増産の号令がかかるようになったのである。

　そして、欧州で第二次世界大戦が勃発した 14 年 3 月、名寄町では字名改正が行われ、行政字名として亜麻工場の敷地を含む一帯が"麻生町"と改称された。勿論、亜麻工場の存在が字名の由来となっている。

　亜麻作付面積は 19 年に名寄町と智恵文村を合わせて約 300 ha にまで復活するが、前章で既にみたように戦後は軍需がなくなり、栽培面積は減少する。そればかりか化学繊維の台頭により、製麻業は不況産業となり、1950 年代後半（昭和 30 年代）に入ると全道的に亜麻工場の閉鎖が進み、それに伴って亜麻栽培も急減していった。

　1954（昭和 29）年 8 月に智恵文村との新設合併により"新"名寄町となった後、56 年 4 月に市制を施行して名寄市となった当地域も例外ではなく、亜麻作付面積は昭和恐慌時と変わらぬ 100 ha 前後に逆戻りする。

　終焉は確実に迫っていた。最後は 1965 年の 68 ha という記録を残し、同年、帝国繊維株式会社名寄亜麻工場が閉鎖したことにより当地域の半世紀に及ぶ亜麻産業は静かに幕を下ろしたのである。

　その後、跡地には職業安定所・統計事務所 (72 年)、法務局・検察庁合同庁舎・市営南プール (73 年)、市スポーツセンターアリーナ (75 年)、食糧事務所名寄支所 (78 年)、麻生福祉センター (79 年) など公共施設が集積。80 年頃には世帯数が 300 を超える住宅地となったこともあり、1982（昭和 57）年 11 月に麻生町から条丁目表示への町名改正が施行された。

　麻生地区という通称は残ったものの亜麻工場の痕跡は今どこにもない。

写真35　帝国製麻名寄製線工場（S30年代 名寄市北国博物館 所蔵）
＊撮影がS34年以降なら帝国繊維。手前は板で覆われた浸水池。左下に亜麻茎がみえている。

名寄リネン織り同好会

　だが、半世紀もの長きに亘って地元に亜麻産業が根付いていたとなれば、人々の記憶からは簡単に消えたりしない。いわば"亜麻文化"のような郷愁にも似た感慨をもって往時を懐かしむ人々も少なくなかっただろう。

　例えば、亜麻工場閉鎖から20年後の1985年に名寄産業開発研究所は亜麻繊維を束ねて三つ編みにしたものを縛って人の形に整えた高さ15cmほど

の亜麻人形を製作。地元の名産品としたところ、1993(平成5)年3月に第33回全国推奨観光土産品審査会で日本観光協会長賞を受賞する。

唯、作り手はほぼ無償に近いボランティアで発足当時に定年退職した人たちが主体だったため、高齢化により事業の継続が困難となった。

すると名寄市は、亜麻繊維の製造が盛んだった歴史に因む市民講座「リネン織り講座」を市民文化センターで開講した。

しかし、これも参加者が少なかったため2年目(第2回)で終了の憂き目に遭う。第2回講座に参加し、往時の亜麻工場の姿を知る主婦の懸尾千代子さんは、『弟が商工会議所にいたので亜麻人形作りが途絶えたことを聞いていました。リネン織り講座もなくなり、このままでは名寄の亜麻の歴史を伝えるものが何も無くなってしまう』と思い、心配になったそうだ。

そこで彼女はたった一人でリネン織りを続ける一方、第1回・第2回講座受講者に呼び掛けて「名寄リネン織り同好会」を結成し、代表に就く。サークル活動の場である名寄市民文化センターの市民工芸室には市が講座用に用意した10台の織り機があったが、逆に言うと、会員数も10名を限度としなければならず、新規会員の募集を停止していた時期もあったという。

しかし、近年は会員の高齢化に伴い第1回講座の参加メンバーは誰もいなくなり、新会員を募っても来ないため、現会員数は5名にまで減る。

今夏(2024年8月)、著者は懸尾さんに電話し、このページに掲載する同好会員の集合写真を提供願ったが、会員が諸事情で例会に参加できないため休会状態にあり、意に沿えなくなったとの返事をいただいた。

これまでは毎週木曜日午前中、市民文化センターで定例活動を行って意見交換し、11月の市民文化祭に作品を展示してきたほか、3月には同会発足の端緒となった市民講座「リネン織り教室」に講師を派遣して"恩返し"するなど、伝統ある名寄の亜麻文化の継承に尽力していただけに残念である。

▍製麻業復活の可能性研究

さて、ここで話題を変えよう。名寄市には公立の名寄市立大学があり、同大道北地域研究所では、亜麻を活用した道北におけるアグリビジネス復活の可能性などを探った研究を行い、2008(平成20)年以降続々とその成果が同研究所の年報に発表されている。うち、同年報第26号(2008年)では三島徳三教授が「いま、なぜ亜麻なのか―製麻業復活への期待―」を発表した。

同氏は農業経済学を専門とする北海道大学名誉教授で農学博士。名寄市立大学には北大を定年退官後の2006年に移籍し、同論文中で氏は『亜麻は必ず復活する、また復活させなければならない、という思いを私は名寄に赴任して以来、抱き続けている。』と述べた。

写真36　三島徳三

　それは、長期的かつグローバルな視点で考えた場合、数十年後に『石油がなくなれば、生物由来での繊維であり持続的生産が可能な養蚕、綿作、牧羊、そして亜麻栽培を復活させなくては、衣料資源の確保ができなくなる』からである。特に亜麻に関しては気候適応性が高いので現在の主産地であるフランス北部・ベルギー・ロシア・東欧・中国以外の多くの地域に栽培を広げていくことは十分可能である。また、氏は日本国内に限って短期的にみた場合でも『亜麻復活の可能性が高まっているのである。』と続ける。

　外国では高級ホテルで提供されるリネンのテーブルクロスやナプキン、バスローブ、ベッドシーツ、ナイトウエアなどを日常生活にも取り入れることがトレンドとなっている。『そうした世界的趨勢に歩調を合わせ、"リネンのある生活"を実現させる製品需要が、日本でも予想以上に早いテンポで増大している。』と氏は指摘した上で、論文の核心部分を次のように述べた。

　　『現状ではリネン製品の先進産地であるヨーロッパから（中略）割高な製品輸入になっているのが現実であり、リネン業界の国内生産に対する期待は日々高まっているのである。紡織も縫製も日本の技術は卓越している。問題は亜麻繊維を国内でいかに安定的に確保するかである。日本のリネン業界は、いま国内の亜麻に熱い視線を送っているのだ。』

　この論文とほぼ時を同じくして、同氏は㈶北海道開発協会の研究助成を受けたリポート「人口減少・過疎化地域における新産業起業化のシステム開発―名寄市における製麻業およびもち米加工業を対象に―」を同協会発行の月刊広報誌『開発こうほう』2009年4月号に発表している。

　製麻業に関しての論旨は、ほぼ上記のとおりだが、寒冷地を好む亜麻は北海道の気候に適した作物なのだから、長い間栽培が途絶えたことを勿体ない（もったい）と思っていたのであろう。より踏み込んで、製麻業は『国や地方自治体がそ

の気になれば、十分に可能である。』と指摘した。

　さらに、『その担い手もかつてのように製麻会社や農業者に限定する必要はない。公共事業の削減によって仕事を失っている土建業者も十分参入し得る。要は長期的な見通しに立った戦略が立てられるかどうかである。』と述べ、重ねて国内リネン需要の高まりや金融・穀物・原油市場の変動などを踏まえた高付加価値を持つ一次産業への脱皮、つまり六次産業化に言及。

　産業振興を図る必要性はますます高まっているとして、三島氏はリポートの最後を『製麻業が北海道の主要産業として復活する日は意外に早いかもしれない。』と締めくくった。

　"亜麻は必ず復活する、また復活させなければならない"という強い思いを持っていたので、若干、希望的観測も含んでの言葉だったのだろうか。

　この六次産業化への戦略に関して、名寄市立大学道北地域研究所の木村洋司(北海道から出向の研究員)らは同研究所年報第29号(2011)に「亜麻栽培を通じた地域ブランド価値の向上メカニズム―新規作物導入による「6次産業化」戦略の検討―」と題する研究報告を発表。その中で、具体的な戦略として、『繊維による工芸品や亜麻仁(種子)・亜麻仁油による食品を開発した後、それらを組み合わせた観光、そして教育による亜麻の普及啓発をおこなう』ことを提言した。

　現実的に三島教授が望んだ製麻業の復活は、技術面においても採算面においてもハードルが高すぎて、事業化にまでは至らなかった。

　代わりに木村氏らが言及した亜麻仁油に着目した起業が道内で数例行われており、その状況については、第5章で詳述する。

第3節　札幌市北区麻生町

　ここの"麻生"は、〈アサブ〉と読む。しかも、〈アザブ〉と誤読されることを避け、〈アサブ〉が正しいことを強調しているようである。

北海道で2番目の製線所

　明治23(1890)年6月、札幌郡琴似村新琴似番外地で北海道製麻琴似製線所の建設が着工し、翌24年8月に竣工して操業が開始された。これは同社雁来製線所に次いで北海道で2番目にできた製線所であり、初代工場長には、かの吉田健作が就任している。

　工場の敷地面積は約28ha。操業当初、30台の採繊用ムーラン、5台の大麻破砕機、4面の亜麻茎浸水槽を備えていた。

写真37　帝国製麻琴似製線所の中心部（『麻生のあゆみ』所収）
左手前の小屋は、作業監視所。その手前の広場には亜麻茎浸水槽がみえる。

　これらのほか敷地内には製品庫などの工場附属倉庫が多数あり、加えて工場従業員やその家族が住む五軒長屋あるいは十軒長屋の従業員住宅が建ち並び、その生活を支援するため日用品の売店、浴場、保育所、休憩所のほか神

社(マコト神社)まであった。もはやそこは一つのまとまった集落であり、実際、周辺の人々は、北海道製麻㈱が明治40年に日本製麻㈱と合併し帝国製麻㈱となって以降は〈帝麻部落〉〈亜麻工場〉と呼び慣わしたという。

その後、42年に雁来製線所が廃止となって以降は、ここに札幌区(＊大正11年8月に市制施行)近郊の亜麻が集積され、一大拠点となる。

そこから北7条東1丁目の札幌製品工場へ繊維を輸送するための交通手段として明治44年6月、石狩街道に馬車鉄道が登場し大いに繁盛する。

しかし、昭和9年11月、国鉄の札沼南線が開通したことにより、貨物と乗客の大半を失うこととなったため、鉄道省から補償を受けて廃業する。

一方、この頃になると軍需で製麻業は最後のピークを迎えることとなる。昭和15年、工場法の適用改革により、従前〈製線所〉と呼ばれてきた事業所は〈亜麻工場〉と改称され、帝国製麻琴似亜麻工場は最盛期を迎える。

当時の『従業員数は二百五十人、社宅数は二百一戸に達し、買茎、浸水(滲水)、製線などの業務が活発に進められた』(『麻生のあゆみ』P.198)。

図表19　帝国製麻琴似亜麻工場配置図
(1950年頃『亜麻のまち麻生』所収)

写真38　帝国製麻琴似亜麻工場付近空中写真
(1948年米軍撮影 国土地理院空中写真)

唯、盛況は長続きせず、戦後は軍需を失ったばかりでなく、化学繊維に次第に販路を奪われ苦境に立たされていく。特に戦後しばらくの間は食料事情が逼迫していたため、亜麻のような特用作物よりも食用農作物の栽培が優先された。辛うじて長年の付き合いで契約栽培に協力してくれる農家のおかげで原料確保はできたものの、価格の高騰は致し方ないことであった。

加えて、亜麻栽培の中心地が十勝や網走地方に移っていたこともあって、琴似亜麻工場は1957(昭和32)年10月末を以って、遂に閉鎖となる。

麻生町の誕生

当時、帝国製麻㈱は、経営状態が芳しくなかったため8万5千坪ある工場敷地の大半を売却する方針をとった。その土地を北海道田園都市㈱が一括買収して、2万坪は自社で一般分譲することとしたが、残り6万5千坪は北海道住宅公社（＊1965年に北海道住宅供給公社と改称）に転売した。

同公社は1950(昭和25)年11月、戦後の住宅難の解消と道民の生活の安定を図ることを目的に北海道が出資する財団法人北海道住宅建設公社として発足し、その後56年に改称していた。公社は取得した広大な工場跡地のうち、4万8千坪を住宅団地用に充てて早速57年度から宅地造成する一方、残りは公営住宅建設用に北海道と札幌市にそれぞれ転売した。

公社による住宅建設は58年度の28戸を皮切りに61年度までの4か年で計419戸が施工され、同公社にとって初の本格的な住宅団地造成実績となった。その間に他に2階連続建等の利便施設17戸や道営・市営住宅団地も建設され、さらに北海道田園都市㈱による一般分譲地にも戸建て住宅が陸続と建ち並び、かつての亜麻工場の跡地はわずか数年で一大住宅地へと変貌。麻生住宅団地と呼ばれるようになる。

この〈麻生〉という名称は、1959(昭和34)年4月1日付で琴似町新琴似の一部に新たな区域を画し、新町名《麻生町》として施行された。

では、どのようにしてこの名称は決まったのか。そこには琴似亜麻工場の最後の工場長だった黒川修策氏の並々ならぬ思いが関与していた。

彼は50年7月に琴似工場長に赴任してきたが、工場は生産縮小の方向にあり、54年に大規模な希望退職募集をかけていることからもわかるように工場閉鎖は既定路線であった。

それゆえ自分が最後の工場長となることを自覚していた彼は、その頃から

亜麻の"麻"の一字を採った〈麻生〉という地名を付けることで亜麻工場があった歴史を残せると考えるようになり、妻や同僚らにも思いを口にしていたという。地名に麻生を選んだのは、芽室や名寄に亜麻工場に因んだ先例があるのを知っていたので、それに倣おうとしたからであろう。唯、この時は地名の範囲を工場敷地だけでなく新琴似兵村地区にまで及ぼそうと考えたため新琴似側の抵抗に遭い、お流れとなった。

　その後、実際に工場の閉鎖を迎え、跡地が住宅団地となることが決まると地域住民の間からも新住宅団地にふさわしい地名を望む声が上がり、帝国製麻を退職し地域のリーダー的存在となっていた黒川の許に新地名の相談が舞い込む。すかさず彼は『麻生町にしてほしい。』と要望し、ここから議会への請願署名活動がスタートする。

　署名は920筆集まり、58年8月に札幌市議会に字名改正を要望する請願書を提出。翌9月の市議会で請願はすんなり採択となり、上述のとおり59年4月1日に札幌市麻生町が誕生した。

　ところで、すっかり亜麻工場の痕跡がなくなったかと思いきや、かつて工場長宅前に植えられていたアカマツの大きな木が今でも麻生町3丁目の道路の真ん中で、当時から場所を変えずに風情ある佇まいをみせている。

　ご覧のとおり、狭い路地の片側を"通せんぼ"する形で聳えているので、通行

写真39　亜麻工場長宅前にあったアカマツ

に邪魔だという理由で伐採されそうになった危機もあったというが、『町の人たちで話し合い、この地域の歴史を伝える遺産として未来に残していこうということになった』（『亜麻のまち麻生』P.2）のだ。

　麻生町は札幌市が1972（昭和47）年4月1日に政令指定都市に移行したことに伴う行政区制で北区に属した。同区では区内にある歴史文化遺産を後世に伝えていくため、2003（平成15）年4月に〈北区歴史と文化の八十八選〉を選定。その44番目に《帝国製麻琴似亜麻工場跡》が入っている。そして実は、その説明板が置かれているのが、このアカマツの根元なのである。

あさぶ亜麻保存会

　北区役所が歴史文化遺産を後世に伝えていこうとしたのと同じく、麻生町でも亜麻をまちづくりに活用する民間での取り組みが早くから行われた。

　まず1973(昭和48)年12月、まちづくりへの貢献を命題に掲げ、89店が加盟して麻生商店街振興組合が設立をみる。同組合は81年7月から地域コミュニティー紙『5叉路』の発行を開始し、発刊以来その編集担当を長年務めたのが商店街で電器店ミサワ洋電を経営していた永倉吉裕さん(1945年生)である。

写真40　永倉吉裕

　彼を取り巻く関係者の誰もが〈ナガクラ〉と呼ぶが、本名は実は〈エイクラ〉である。『いちいち訂正するのも面倒なので社交上はずっと〈ナガクラ〉で通している』とのこと。

　それは兎も角、商店街によるまちづくりに何か役立てるモノを探し求めていた彼は、かつて麻生に亜麻工場があったことに思い至る。その由緒にあやかり、亜麻を商店街の中で植えて花を咲かせれば、街の魅力の一つになるのではないかと考え、商店街の仲間に話したのがそもそもの始まりだという。

　幸いにも82年に商店街の事業として採択が得られたので、早速亜麻の種子を手に入れようとするが、どこにも売っていなかった。たまたま名寄で亜麻人形を作っているという情報を耳にし、名寄商工会議所の中山正泰会頭にお願いして入手できたものの、極めて稀少なものだけに頒けてもらえたのは僅か32粒。それでも亜麻栽培の目途がついたので、商店街で一緒に取り組んできた有志で83年に〈ふらっくす倶楽部〉を結成、自ら代表に就いた。

　初仕事は種播き。北大農学部の指導を仰ぎ、同年6月、種子を植木鉢の土に埋めて栽培を開始したところ25粒から発芽し、秋に初採種に成功する。

　その貴重な種子を翌年は江別市内の農家の畑や倶楽部メンバーの所有する土地で露地栽培することにし、メンバーが協力して播種や除草、収穫作業を行った。収穫した種子の余裕分は希望する人に袋に入れて配布もした。

　その後、1995(平成7)年からは亜麻の繊維で和紙作りにも挑戦し、ポストカードや名刺用紙として販売も行う。さらに2004(平成16)年9月には麻生で栽培した亜麻の種子を練り込んだ蕎麦等を提供する〈あさぶ亜麻そば祭り〉が、ふらっくす倶楽部と麻生商店街振興組合でつくる実行委主催により麻生総合センター(北39条西5丁目)で初開催された。

商店街で蕎麦店「そば膳」を経営し倶楽部メンバーでもある木村弘さんが実行委員長を務め、参加料700円で亜麻そばの他、幌加内産の新そばも参加者にふるまって好評を博し、以後毎年9月の地域恒例イベントとなる。

こうして亜麻栽培から約30年が経った2011(平成23)年2月、ふらっくす倶楽部の永倉代表は、仲間が高齢化してきたことから亜麻を通じたまちづくり活動を今後も持続させていくため、麻生のまちづくり協議会のメンバーと話し合い、より大きな協力組織を立ち上げることで合意。連合町内会、商店街振興組合、高齢者クラブ、企業、地元ボランティアらが集結し、同年6月、北区役所の支援も得た中で〈あさぶ亜麻保存会〉が結成され現在に至る。

会長には麻生連合町内会の宮崎正晴会長、副会長には永倉さんが就任し、プランターに亜麻の花を植えて街路を飾る北区の事業〈麻生の花・亜麻のフラワーロード〉の花の管理を行ったり、小学校へ亜麻の出前授業に出かけたりと、従前のふらっくす倶楽部の活動にさらに厚みを持たせた多種多様な活動を展開している。

会の名称を平仮名にした理由を宮崎会長は、『住民の中には麻生の名前の由来を知らない人がいます。「あさぶ」という読み方すら知らない人もいるほどです。私たちは「麻の町」から「あさぶ」と名付けられたことを知ってもらうため、あえて団体名を平仮名に』したと説明。同様に麻生商店街振興組合もホームページでは《あさぶ商店街》と平仮名にしている。

尚、宮崎・永倉両氏とも現在は保存会の役員を降り、現会長は、麻生商店街振興組合理事長で、かつて亜麻そばを提供した木村弘氏が務めている。

写真41
麻生緑地の亜麻花壇
麻生総合センターの西隣にある麻生緑地内に、あさぶ亜麻保存会が管理する亜麻の花壇がある。
＊この写真は2023年11月6日に著者が撮影したもので、亜麻の花は咲いていない。

第4節　富良野市麻町

　昭和43年まであった亜麻工場跡地に麻町住宅団地が造成されることになり、翌年11月、東麻町、西麻町、南麻町、北麻町の新町名が誕生した。

▍富良野製線工場の設立

　富良野(ふらの)原野の開拓が進み人口が増えていくと、広大な石狩国空知郡富良野村の村域は明治36(1903)年7月に上富良野村と下富良野村に分割され、独立設置となる。この下富良野村が現在の富良野市の母体である。

　『下富良野村郷土誌』(1913年)によると、同村における『亜麻耕作ノ沿革ハ明治三十六年日本製麻株式会社上川製線工場ヨリ種子ノ配布ヲ為シ、佐々木農場ノ一部ニ試作セシニ濫觴シ、爾来之レガ耕作方ヲ奨励シタル結果地方農作物ノ一トナレリ（中略）品質ハ本道中最モ優良ノ中ニ数ヘラレ極メテ細美ノ繊維ニ製セラレ、特産地ノ声価ヲ博スルニ至レル』とある。

　明治41年に富良野での亜麻の作付面積は130町歩と記録されており（『富良野市史』第2巻P.268)、大正3(1914)年に欧州で世界大戦が勃発(ほっぱつ)すると亜麻需要は一気に高まり、既述した大正前期における空前の活況を生む。

図表20　帝国製麻富良野製線工場敷地図
水色の網掛け部分が工場敷地。（原図は国土地理院発行1/25000旧版地図「富良野」S33年）

これより少し前の明治39年、帝国製麻㈱の前身の北海道製麻㈱が官有林払下げにより下富良野駅の東側に広がる南大沼地域の号線道路(零号、北1号、東4線、東5線)で囲まれた30町歩の1区画を確保していた。
　この土地は当面、同社新十津川亜麻工場が所管することとなった。一方、下富良野村では兜谷徳平を会長として大正4年に富良野開発期成同盟会が結成され、富良野原野の開発、銀行の開設、登記所の開設と並んで亜麻工場の誘致を掲げて活動していた。就中、亜麻工場の誘致は従業員雇用による経済効果が大きいため、地域振興の一大事業として力が注がれた。
　かくて大正6(1917)年の春から工場建設が始まり、工場のほか附属設備、倉庫、社宅等が竣工後の同年10月28日、盛大に開業式が挙行された。

写真42　帝国製麻富良野製線工場（絵葉書 富良野市博物館 所蔵）
大正末か昭和初期発行。右の門柱看板には「帝国製麻株式会社富良野製線工場」と書かれている。

　上の写真は工場の正門前から構内を撮影した写真を用いた絵葉書である。『右手に種子庫、中央奥に工場、その左奥に浸水詰所、左手に切れているが事務所が見える』(『富良野市博物館報告』第1号 P.17)構図となっている。
　操業開始は開業式の翌月の大正6年11月。設備としてムーラン40台が配置された。その後の状況は既述のとおりであり、下富良野村は大正8年4月に北海道二級町制を施行して富良野町となり、農会始め各農業団体も有利な

特用作物として製麻会社に協力したので、原料供給は安定を保つ。

しかし、製麻業は軍需に翻弄され、戦後は化学繊維の技術革新により亜麻製品の販路が狭まっていく趨勢の中、1959（昭和34）年11月、帝国製麻㈱と中央繊維㈱の合併で帝国繊維㈱が誕生する。同社富良野亜麻工場は長く存続し、65年においても富良野町の亜麻作付面積は233町歩余りあった。

翌1966（昭和41）年5月、富良野町は隣接する空知郡山部町と合併して市制を施行し富良野市となるが、さらにその翌67年度を以って帝国繊維㈱は農家との亜麻契約栽培を終了し、工場も68年3月末で閉鎖となる。

麻町ニュータウンの誕生

亜麻工場の閉鎖を受けて跡地の利用計画が市政上の大きな課題ともなる。それは同地が富良野駅東側の市街中心部に存在する約30 haの広大な一等地だったからに他ならない。

富良野市は当初、亜麻工場に代わる新たな工場の誘致を構想していたが、公害や交通の問題を勘案し断念。1969（昭和44）年に㈱富良野振興公社が2億円で工場跡地を取得し、同年からの5か年計画で大規模な宅地造成事業を行う方向に舵を切る。ニュータウンは、亜麻工場跡に因んで〈麻町〉と名付けられ、同年11月15日付の町名地番改正で下図のとおり跡地をほぼ4等分する形で東麻町、西麻町、南麻町、北麻町の4つの新しい町が誕生する。

北麻町で69年から市営住宅の建設工事が着工したのを皮切りに、翌年には道立富良野職業訓練校が西扇山から西麻町に移転改築。同校はその後の組織改編により、現在は富良野地域人材開発センターとして機能している。

図表21　富良野市麻町付近図（原図は国土地理院「地理院タイル」）黄色の網掛け内の赤線（著者が加筆）が4つの麻町の境界線である。

さらに72年からは東麻町でも市営住宅の建設が始まり、人口増に伴って

子供の数も激増したことから、73年に市立麻町保育所及び市立東小学校が新設され、79年には市立麻町児童センターも開設をみる。

▌工場の跡地に咲く亜麻

　こうしてすっかり住宅団地に変貌した街並みからは、もはやそこにかつての亜麻工場の痕跡を見出すことがほとんど困難な状況となっていった。

　しかし、"このまま亜麻の歴史を埋もれさせてはいけない。後世にきちんと伝えていかなくては"と考える地元の有志が現われる。

　2018(平成30)年、一般社団法人富良野デザイン会議・暮しステーションが〈麻・まち・アート 白い服プロジェクト〉において東山地区の亜麻農家の協力を得て亜麻繊維を原料にした服作りに取り組んだほか、富良野市博物館は同プロジェクトとの協働でプロジェクト参加者に亜麻工場跡地の案内や解説を複数回行った。その跡地の象徴ともいえるのが西麻町1番1号所在の富良野地域人材開発センターの広い構内であり、一角にミニ畑がある。

　その畑では、富良野市博物館の澤田健館長の助言により2020(令和2)年から毎年、所長の原正明さんが一年草の亜麻を播種栽培し、秋には収穫、乾燥して採種を行い、センターを訪れる市民に亜麻の歴史を伝えている。

写真43　富良野地域人材開発センター敷地内の亜麻（2024.8.3）
建物右手前の約30m²のミニ亜麻畑で淡い青紫色の亜麻の花が咲いていた。

第4章

文学に表れた亜麻

第1節 有島武郎 小説『カインの末裔』

亜麻が文学作品に取り上げられた例はどのくらいあるのか、著者の知るところではないが、それほど多くはなかろう。

その中の一つに、北海道ゆかりの作家・有島武郎(1878-1923)の代表作で出世作とも言える『カインの末裔』がある。

有島武郎のこと

そこへ触れる前に、まずは有島の略歴と作品のあらすじを紹介しておきたい。有島は明治11(1878)年、東京市・小石川で大蔵官僚の父・武の長男として生まれた。

昨年(2023年)で没後100年を迎えてなお、その名は不朽であり、毎年、名前を冠した青少年文芸賞(主催：北海道新聞社)や青少年公募絵画展(主催：ニセコ町／北海道新聞社)が行われている。逆に、こうしたイベントが有島の名を不朽のものとすることに寄与しているとも言えるだろう。

写真44　有島武郎
(ニセコ・有島記念館提供)

裕福な家に生まれ、且つ父の教育方針もあって武郎は幼少期から英語に親しみ、横浜英和学校に学んで学習院中等科を卒業すると、明治29年に農学者を志して札幌農学校予科に編入学する。

同校は言わずと知れた北海道大学の前身であり、詳しく履歴をいえば、東北帝国大学農科大学、北海道帝国大学を経て、昭和22(1947)年に北海道大学に改称されている。

編入学当時の校長は1期生の佐藤昌介(後に北海道帝国大学総長)で、教授陣の中に2期生の新渡戸稲造がいた。新渡戸から『一番好きな学科は何か』と問われた武郎が『文学と歴史です』と答えて失笑を買ったというエピソードがあるが、そこに後年の文学者への萌芽をみることもできよう。

明治34(1901)年に農学校本科を卒業すると、志願兵として1年間兵役に就いた後、同36年渡米し、ハーバード大学などで社会主義思想や西欧の文学、哲学を学ぶ。さらに、実弟で画家の生馬がイタリア留学していた機縁で39年に生馬とともにヨーロッパ各地を遊学し、翌年帰国。暮れに母校札幌

農学校の後身である東北帝国大学農科大学予科の英語講師を嘱託され、再び札幌に居住することとなる。

翌41年4月に予科教授に就任。学内で武郎は早速美術団体・黒百合会(ゆり)(現・北海道大学美術部黒百合会)を設立し、主宰者となった。前記した有島武郎青少年公募絵画展の存立理由の原点はここにある。

また、この年には、父の武が武郎の農学校在学当時に娘婿(むこ)の山本直良(なおよし)名義で国有地貸下げを受けて小作人に開墾させていた北海道虻田郡狩太村(あぶた)(かりぶと)(現・ニセコ町)の山本農場が武郎名義に変わり、有島農場と呼ばれるに至る。

後述する『カインの末裔』の舞台となった松川農場のモデルは狩太村最古の松岡農場とされるが、実質的に描写の参考としたのは自身が目にした有島農場なのである。

結婚はその翌年のことで、陸軍少将神尾光臣の次女・安子と東京で挙式した。その少し前、有島は友人の足助素一(あすけもとかず)に懇請されて遠友夜学校の校長(代表)を引き受けている。同校は恩師の新渡戸稲造が夫人と共に明治27年に創設した夜学校で、運営資金は社会事業に理解のある人々からの寄付でまかなわれ、教師は農学校の学生らがボランティアで務めた。学校に行きたくても様々な事情で就学の機会に恵まれなかった社会的弱者の子供たちのために立ち上がった新渡戸博士の高邁(こうまい)な精神に感銘した人が大勢いた証(あかし)でもあり、武郎はその文才を生かし、校歌の作詞までしている。

文学上での大きな転機は明治43年4月、文学同人誌『白樺』が創刊され、武者小路実篤(むしゃこうじさねあつ)、志賀直哉、里見弴(とん)(実弟)らと共に武郎も同人に名を連ねたことである。以後、同誌を中心に作品を発表し始める。

大正3(1914)年秋、妻安子が肺結核にかかったため農科大学に休職を願い出て一家で東京に転居し、安子を初めは鎌倉で、次いで翌2月には温暖な湘南の平塚へ転地療養させた。だが、安子は発病から2年足らずで同5年8月に亡くなり、その年の暮れには父の武も胃がんで逝去した。

身内の相次ぐ死は、武郎を一層文学に打ち込ませることとなる。翌年3月に農科大学の休職期間満了を機に退職すると、堰を切ったように多くの作品を発表したが、その中の一つが7月に雑誌『新小説』に掲載された『カインの末裔』である。いかにこの時期の執筆が旺盛だったかは、小説のほか、童話、戯曲、社会評論、美術評論など広範な分野に及んだことと、早くもこの年から『有島武郎著作集』の刊行を開始したことからも伺(うかが)える。

第1節　有島武郎　小説『カインの末裔』　109

兎も角、これで武郎は文壇に作家としての地位を確立したのだった。

『カインの末裔』とは

ここまで触れて来なかったが、武郎は農学校在学中にキリスト教に入信している。そもそも学習院中等科を卒業して来札した折に恩師・新渡戸教授の官舎に寄宿させてもらい、毎朝、新渡戸が行っていたバイブル・クラスに出席した経緯があり、その後、内村鑑三や学友・森本厚吉の影響を受け、札幌独立教会に入会した。しかし、ヨーロッパ遊学から帰国後、キリスト教への懐疑が深まっていき、ついに信仰を離れるに至る。

唯、有島文学に通底するキリスト教人道主義、白樺派作家の多くに共通する人生への懐疑や社会の不合理に対する正義感や理想主義といったものに少なからず影響を与えたのは確かと思われる。『カインの末裔』もまた、人間の業の深さを諭すものとしてキリスト教における根本的な概念の一つで、カインとは、旧約聖書の『創世記』第四章に登場する"人類の最初の農耕者で最初の殺人者"である。

写真45 『カインの末裔』（1921年刷）
（ニセコ・有島記念館 提供）

誰もが知っている聖書の"アダムとイブ"の話。イブが禁断の木の実を食べたため、二人は楽園であるエデンの園を追われてしまう。その後、カインとアベルという二人の子のうち、兄のカインは農夫に、弟のアベルは羊飼いに育つ。ある時、兄弟そろって神への捧げ物をしたところ、アベルの捧げ物だけが受け取られ、自分のは無視されてしまったことに腹を立てたカインは、嫉妬の果てに弟を殺してしまう。神はカインに『汝は地にさまよう流離人となるべし』と告げ、カインは常に他者からの加害意識におびえ、心休まる日のない放浪者の運命を背負うこととなる。

聖書は、人類の半分はこの神罰を受けた"カインの末裔"なのだから、生まれた時から罪深い心を持っていることを諭し、神の教えに恭順であるべき

ことを説いている。

　小説『カインの末裔』は、何処からともなくK村（実は狩太村）にやってきた男が、周囲を敵視し、粗野で自己中心的な振舞いからやがて孤立し、妻と二人で村を去らざるを得なくなり、永遠の放浪者の運命から逃れられない姿を透徹した筆致で描く。実は、その野性的な生命力は外部の因習や拘束と衝突し、葛藤する武郎自身の心の投影でもあった。

【あらすじ】

　冬を間近に廣岡仁右衛門は、一頭の痩せ馬の手綱を引きながら妻と赤ん坊の三人連れでK村の松川農場にやって来て、小作人として働き始める。無知で粗野なため、働き口を紹介してくれた親類にすら到着の挨拶を怠り叱られる始末だった。

　極端に周囲を敵視し、足の悪い妻とも会話はほとんどない。冬になって仁右衛門は痩せ馬を売り、樵仕事と春先のニシン漁の出稼ぎで金を得て農場に帰り、逞しい馬と農具と種子を買い、春耕と播種をすると作物は順調に生育した。野性むき出しに生きる粗暴な無法者だったため村人は彼を恐れたが、一方で佐藤という小作人の妻と浮気をする、女にだらしのない男だった。

　その年は6月初めから寒気と長雨が一か月も続き、ほとんどの小作人は作物が病虫害にやられて不作となる中、仁右衛門は場規（＝農場規則）を破って畑の半分に亜麻を作付けし、平年作だったことから大儲けする。

　ある時市街地で馬市が立ち、その翌日に競馬が行われることになった。この頃、仁右衛門は村に入り込んでいた博奕打ちのカモになり、せっかく亜麻で得た儲けをすっかり巻き上げられていた。また、農場事務所と小作人との契約で、作付けした燕麦は事務所が一括買上げで陸軍糧秣廠に納入することになっていたにも関わらず、仁右衛門はそれも無視して商人に売り抜け、代金を得ていた。しかも、小作料は一切支払うつもりがなかった。

　無知ながらそうしたずる賢い段取りを済ませた上で、賞金を目当てに仁右衛門は競馬に出場する。しかし、競技中に起きた接触事故で仁右衛門の馬は前脚を二本とも骨折する怪我を負い、賞金どころか廃馬となってしまう。

　小作料の未納や燕麦の売り抜けを棚に上げ、"帳場"と呼ばれる農場の会計責任者に厚かましく馬の買取りを持ち掛けるも素気無く断られ、小作料を納めなければ農場から出て行ってもらうと宣告された仁右衛門は、場規で禁じられている農場主への直訴をするため函館に赴く。だが、小作料を一銭も

納めていないことはとっくに農場主の耳に入っており、仁右衛門は一喝されて返す言葉もなく、すごすごと村に帰るしかなかった。

万策尽きて農場には居られなくなった四面楚歌の仁右衛門は、愛馬を殺して皮を剝ぎ、妻と二人（＊赤ん坊は病死）で荷物をまとめると深い雪を漕いで家を後にし、倶知安の方を目指し、椴松林の中へ姿を消したのであった。

亜麻について

上述のあらすじの中で、仁右衛門が場規を破って畑の半分に亜麻を作付けし、収穫が平年作だったことから大儲けした話が出てくる。

この場規とは、農場主と小作人の間で締結される小作契約諸条項を指し、その中の一つに《亜麻は貸付地積の五分の一以上作ってはならぬ。》と規定されていた。亜麻は連作を嫌うので輪作農法で作付けする場所を変える必要があったが、当時の人々はその理由を"亜麻作の跡地は地力が減退するから"と考えていた。作中、帳場が仁右衛門の畑へ見廻りに来て、『こんなに亜麻をつけては仕様が無えでねえか。畑が枯れて跡地には何んだつて出来はしねえぞ。困るな。』と苦言を呈したのは、そうした事情による。

後に実際は地力減退を引き起こしたりしないことが明らかとなるのだが、この小説が書かれた大正中期にはまだその知見がないとみえて作付けは慎重である。

因みに小説の舞台とされる狩太村の大正5年度における亜麻栽培面積は177町歩で、これは当時の

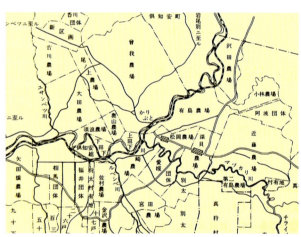

図表22　大正5年当時の狩太村農場図（『ニセコ町百年史』上巻 所収）
中央の「かりぶと」駅の右(東)側に有島農場(第一)と松岡農場がみえる。

同村における全耕地面積の3％程度にすぎない。

それは兎も角として、亜麻が生育して、収穫の時期を迎えるまでの変化していく様子を作家は次のような流麗な文章で描写している。

青天鵞絨(あおビロード)の海となり、瑠璃(るり)色の絨氈(じゅうたん)となり、荒くれた自然の中の姫君なる亜麻の畑はやがて小紋のやうな果をその繊細な茎(くき)の先きに結んで美しい狐色(かわ)に變つた。

　収穫期を迎えた小麦の色をそのまま〝小麦色〟と言うのと同様、亜麻の場合にも〝亜麻色〟という表現がある。しかし、現在では亜麻は道内のごく一部でしか栽培されていないため、それなら有島が表現した〝狐色〟のほうが小麦にも亜麻にも通用して、むしろわかりやすいかも知れない。

　もう一つ、〝荒くれた自然の中の姫君〟という比喩については、他の作物が天候不順に因る病虫害にやられて凶作となる中にあって、亜麻だけが天の恵み、神の寵愛(ちょうあい)を一身に受けているかの如く見事に生育している様を述べたもので、こうした表現を有島は好んだ。

▍亜麻工場と取引価格

　さて、仁右衛門は、松川農場にやってきた翌春、偶々(たまたま)農場に空きが出た4町歩余りの小作地に〝後釜〟として入った。ここでもう少し詳しく小作経営の実情を明らかにするため、損得計算をしてみようと思う。

　小作料は、大正時代には収穫高の約半分というのが相場で、松川農場では1反歩(1町歩の1/10)当り2円20銭の金納であったから、仁右衛門の場合、仮に4町歩ちょうどとして計算すると小作料は88円となる。

　一方の収益は、畑の半分に亜麻を作付けし、平年作だったことから大金を手にする。小説には、収穫した一部の亜麻茎を倶知安の製線所に出荷して代金100円を懐にし、街の居酒屋で酩酊(めいてい)し帰宅する場面が出てくる。

　本書が引用した『日本文学大系第33巻 有島武郎集』の頭注は、『倶知安に製麻工場ができたのは明治三八年、狩太にはその二年後にできた。仁右衛門がわざわざ倶知安まで出かけたのは、倶知安製線所のほうが若干上回る価格で買い取ったか、地元では場規違反をして作付けしているのでぐあいが悪いと思ったか、この二点が考えられる。』と解説するが、著者の見解は、傍若無人(ぼうじゃくぶじん)で無法者の仁右衛門に『ぐあいが悪いと思った』などということは考えられないので、当然少しでも値が高いほうになびいた行動とみる。

　実際、同じ引用書の補注には『狩太に近い熱郛(ねっぷ)部落で農民と亜麻会社とが価格と品質等級のことで争議をくり返し、大正四年ついに決裂、農

民側は亜麻不耕作を断行し、亜麻会社が工場閉鎖を余儀なくされた事件があった。』と書かれており、農民心理は"価格第一"なのである。

その取引価格について、同じく引用書の頭注には、大正初年の製麻会社の指導書に記載された亜麻の価格が等級別に示されており、上等地で1反歩当り14〜18円、中等地で同10〜13円、下等地で同8円となっている。仮に仁右衛門の小作地を中等地相当と見立て、上等地の最高値18円と下等地8円の中間値の13円で計算すると、2町歩で260円の収入となる。

実際の仁右衛門の耕地面積は4町歩余りなので、そのちょうど半分に亜麻を作付けていれば2町歩よりも少し多いうえ、製線所が仁右衛門に『他の地方が不作な為に結実がなかったので、亜麻種を非常な高値で引き取る約束をしてくれた』こともあり、亜麻による総収入は300円程度が見込めた。

つまり、当座で懐に入った100円でその年の小作料を十分払えたので、その後に入る200円程度の亜麻収入と、残り半分の畑に作付けした燕麦や裸麦、馬鈴薯、豆類などの農作物のうち自家消費分を除いた販売収入から種子代や肥料代などの経費を支払った残りは、全て手取り収入となり得た。

但し、この計算だと小作料率が5割を大きく下回り、相場と辻褄が合わない恨みがある。唯、それならばなおのこと仁右衛門が松川農場就労2年目にして家計破綻するのは、通常あり得ないことだったと理解できよう。

▍永遠の放浪者たる運命

仁右衛門が取るべきだった処置は、場規違反を帳場に詫び、来年以降は亜麻の作付けを5分の1以下に抑えることと、滞納した小作料は春までに出稼ぎの労賃で必ず納めることの二点を確約し、許しを得ることであった。

それすら理解することができない仁右衛門の無知無能さや不甲斐なさを誹謗するのは容易い。だが、言い換えれば、それこそが神罰により"永遠の放浪者"たる身の上から逃れられない仁右衛門の運命に他ならない。

著者の知己で釧路工業高等専門学校名誉教授の小田島本有氏は、専門の国文学者の立場から『仁右衛門は文字が読めませんでしたし、世の中の規則というものに全く無頓着でした。おそらく有島は人格形成のうえで教育や環境の大切さをあの作品を通して訴えたかったのだろうと思います。』と評している。蓋しそのとおりであろう。

第2節　久保栄　戯曲『火山灰地』

　北海道ゆかりの作家の一人である久保栄(1900-1958)は、単に作家というよりは、日本演劇史に燦然と輝き"リアリズム戯曲の最高峰"と称揚される『火山灰地』の作者、劇作家と紹介するのがふさわしいだろう。

　そして、2部7幕から構成されるこの大作の第2部第5幕のタイトルとして取り上げられたのが〈製線所〉即ち、亜麻工場である。

▌久保栄のこと

　そこに触れる前にここでも、まずは久保の経歴と作品のあらすじを紹介しておこう。久保は明治33(1900)年12月28日、札幌区南2条西8丁目で父・兵太郎、母・衣の次男として生まれる。

　久保家は阿波国(現在の徳島県)で代々醸造業と木材の仲買業を営む素封家で、祖父・栄太郎は村の戸長を拝命する名士であった。兵太郎は役人となるため上京し、官

写真46　久保栄

営鉄道事業を所管する内務省鉄道庁に入庁。後に栄太郎も郷里の事業に失敗し鉄道庁入りする。栄太郎は主に鉄道工事用の資材の検査官として地方の工事事務所を渡り歩き、そこで煉瓦の需要が多いことを知るや再び事業家の血が騒ぎ、東京転勤を機に退官し、自ら山梨県に煉瓦製造工場を操業する。

　折しも、北海道炭礦鉄道株式会社(本社：東京、略称「北炭」)でも同じ考えから直営の煉瓦製造工場を北海道札幌郡江別村字野幌で経営することを計画。栄太郎のことが鉄道繋がりで伝わったものか、明治30(1897)年、北炭から栄太郎を同工場の経営管理者に招聘したいとの話が舞い込む。栄太郎は、長男の兵太郎と相談し、二人そろって北海道に渡ることを決めた。

　こうして、翌31年4月、北炭野幌煉瓦工場(製造所)が操業を開始し、栄太郎は〈久保組〉の組長として経営を行っていく。尤も実質的な責任者は、いわば工場長の立場で陣頭指揮に立つ兵太郎であった。栄太郎の読みどおり、煉瓦の需要は鰻上りとなり、久保組は道内6か所の煉瓦工場を経営するまでに成長する。兵太郎は、洋風建築材や港湾工事資材としての煉瓦需要増も見据え、東京、山梨、長野、鹿児島、更に台湾にまで及ぶ十数か所に販売

所を設け、当初は年間600万本だった久保組の煉瓦生産能力は明治40年には1千万本にまで達したと言われる。勿論、生産量だけでなく品質も良かったため"煉瓦の久保"の名は全国に知れ渡る。

また、兵太郎は地元経済界の重鎮として、大正6(1917)年2月から10年間札幌商業会議所(注：法改正により昭和3年1月から札幌商工会議所に改称)副会頭を務めた後、昭和8年2月に亡くなるまでの6年間は札幌商工会議所会頭の任にあった。

さて、久保栄の経歴を紹介するはずが、祖父や父のことに多くの紙幅を割いたのは故なきことではない。長じてから久保は、プロレタリア文学やその延長の反資本主義リアリズムに立脚し、『火山灰地』という日本演劇史上の"金字塔"を打ち立てるが、そのバックグラウンド

写真47　久保兵太郎

として、久保がプロレタリアート(無産階級)出身だったからではなく、真逆にブルジョアジー(有産階級)の家庭に育った人間だったからこそ、ここまで描けたということを重要なポイントとして押さえておきたかったからだ。

やや先走ってしまったが、改めて生誕後から順を追うと、2歳となった明治36(1903)年、栄は東京在住の叔父・熊蔵(兵太郎の末弟)の養子に出され、芝区西久保八幡町(現在の港区虎ノ門)で暮らすこととなる。しかし、同39年10月、養父母の離婚問題が起きたため、当時札幌区北6条西1丁目に居住していた実父母の家に預けられ、翌年4月、創成尋常小学校に入学する。

明治43年3月、養父・熊蔵の再婚に伴い再び上京し、京橋区木挽町(現在の中央区銀座東部)に住み、京橋小学校4年に転入学する。

大正2(1913)年4月、府立第一中学校に入学するが、養家の没落により同4年12月、養子離縁して復籍する。府立一中を7年3月に卒業後、第一高等学校を受験し合格。同年9月、同校第三部甲入学。学校寮では後に演劇仲間となる村山知義と知り合う。その後、頻繁な劇場通いが始まって学業が疎かとなり、9年7月、3年生に進級できず留年する。翌年2月、上京した父との話し合いの結果、一高を中退し、4月に札幌へ帰った。

11年3月、上京して東京帝国大学選科試験を受験するが失敗し、一年後に再受験して文学部独文選科に入学する。選科とは、規定の学課の一部のみを選んで学ぶ課程であり、帝国大学においては本科の欠員を埋め合わせる形で募集が行われていた。但し、卒業しても学士号は授与されなかった。

13年4月、本科編入試験に合格し、15年3月に卒業(注:帝国大学の修業年数は医学科の4年を除き3年間で、かつ選科の在学期間も算入できた。)する。ここで押さえておくべきポイントは、久保が一高や東京帝大に合格できるだけの優秀な頭脳の持ち主だったということである。
　卒業後は、5月に築地小劇場文芸部に入り、小山内薫や土方与志の許で演劇を学ぶ。この築地時代に宮田金子と結婚し、1男2女をもうけるが、後に離婚している。昭和3(1928)年12月、小山内が急逝すると4年3月、築地小劇場を脱退し土方らとともに同年4月、新築地劇団の旗揚げに参加。6月に演劇雑誌『劇場街』を発刊したかと思えば、7月には早くも新築地劇団を退団と忙しない動きをみせる。
　昭和5年2月、『劇場街』に代え『劇場文化』を創刊。4月に日本プロレタリア劇場同盟(略称:プロット、10月に日本プロレタリア演劇同盟に改称)に加盟し、プロットの機関誌『プロレタリア演劇』の創刊にも当たる。
　翌6年1月にはプロレタリア戯曲研究会を結成し、プロレタリア演劇の評論活動や東京左翼劇場での上演活動に注力する。そうした中、同年9月に満州問題研究会会場で検束(注:旧行政執行法で警察官などが一時的に個人の身体の自由を拘束し、留置の処置をとること。)を受け、築地警察署に一晩留置された。
　この検束は、昭和8年10月に青山警察署で1週間、12年4月に東調布警察署で2か月と次第に長期化し、15年8月には遂に逮捕される。
　その間の8年2月、父・兵太郎が逝去。久保は、二瓢の号を持つ俳人でもあった亡父のために『二瓢句集』を上梓し、四十九日法要で香華とともに仏前に供えている。プロットの常任中央執行委員になるのはその直後の4月のことであったが、翌9年6月、久保が決議文を書いてプロットは解散を決議する。治安当局の弾圧が厳しくなり、事実上の強制解散に追い込まれたのである。尚、この頃、後に内妻となる吉田隆子と知り合っている。
　同年10月、前進座演出部に入り、新築地劇団の分裂に伴う「新協劇団」の創立に関わり、12月、同劇団演出部に入る。
　翌10年1月、『迷えるリアリズム』(都新聞)を発表したのを皮切りに社会主義リアリズム論争に加わる。この論争は昭和8年2月、上田進や白浜蹶(杉本良吉)によって日本に社会主義リアリズムが紹介されたのを機に始まり、初期の論争では芸術における世界観の優位の是非をめぐり鋭く対立していたが、久保は、政治上の組織論として捉えることで日本のプロレタリア芸

術運動の方向転換を図ろうとした。要するに『久保は、一九三五年当時の日本に存在していた「反ファシズム的自由主義・人道主義・現代における空想的社会主義、等々」の多様な思想的立場に立つ作家たちを包含する、反植民地主義・反資本主義の統一戦線を組織する可能性を考えていた』(岡村知子「久保栄「火山灰地」試論─リアリズムの基底─」;『百舌鳥国文』20号P.182)のである。

　そのような創作姿勢で久保は北海道十勝平野に取材を行い、農村の生きた姿をくまなく見て回った。そして、調査記録をノートに克明に綴り、戯曲『火山灰地』の壮大な構想を練って執筆に取りかかり、昭和12年12月に第一部、翌13年7月に第二部が雑誌『新潮』に掲載される。演劇の初演は新協劇団の手で13年6月から7月にかけ、築地小劇場及び東京劇場に於いて行われた。

　この間、11年12月に妻子と別居し、事実上離婚(戸籍届け出は翌年2月)。年末に青山から大森に転居し、吉田隆子と同棲(事実婚)を始めている。その吉田が15年1月に逮捕され結核のため約5か月で家に還される と、7月に山本安英の紹介で渡辺マサという女性が看病と家事手伝いで住み込む。彼女は後に久保の助手、更には昭和31年に養女となっている。

　15年8月には久保も逮捕され、後に新劇事件と呼ばれる新劇関係者が百人以上逮捕されるという異常事態が起きる。新協劇団、新築地劇団も強制解散させられた。久保は16年4月再逮捕され、17年8月の一審判決で懲役2年を宣告されると、すぐに控訴。19年4月の控訴審(二審)判決でも懲役2年の判決だったが、5年の執行猶予が付いた。

　終戦後は、1945(昭和20)年11月に東京芸術劇場(東芸)付属研究所を創設して演劇活動を再開。執筆、演出、講演と忙しく活動するが、一方で軽い抑鬱状態を繰り返す。52年12月、劇団民藝特別劇団員となる。年が明けてから久保は遷延性の鬱病に悩まされるようになり、遂には1958(昭和33)年3月15日、鬱病で入院していた順天堂病院の病室で縊死。葬儀は同月22日、劇団民藝葬を以って執り行われた。

▌戯曲『火山灰地』とは

　1950(昭和25)年4月に滝沢修や宇野重吉らによって創立された劇団民藝の公式ウェブサイトには、年次ごとの上演作品名が掲載されている。

　うち『火山灰地』は1961年8月から62年1月にかけ久保栄記念と銘打

ち、東京、名古屋、大阪、神戸、京都の主要5都市を巡回した。

そして、2005(平成17)年には劇団創立55周年を記念し、1月下旬に第一部、3月下旬に第二部をいずれも東京で再演する。この時の上演について、劇団ウェブサイトには作品の《あらすじ》が次のように書かれている。

> 初演から67年、前回上演から44年、劇団民藝創立55周年を記念し、総力をあげて2部7幕の大作を完全上演。北海道十勝平野の火山灰地にはカリ肥料がとりわけ重要だと力説する農産試験場の支場長は、義父でもあり恩師でもある農学博士にたてつき、国策にそむくことにもなる。妹を支場長の息子に犯されながら、そのカリ理論を実践しようとする青年の試みは無残にも失敗、地主に反抗する妹の恋人は兵隊にとられてゆく。家庭は崩壊に瀕しながら、職を賭して論戦を挑もうと場長会議に出発する支場長…。
>
> 日本がファシズムへの路をつきすすむ1930年代の北海道を舞台に、農業技術の発展とそれをはばむ古い生産関係との相克を描き、この国の近代の特質をトータルに、構造的にとらえようとする―そのスケールの大きさと奥行きの深さは比類のないものといえるでしょう。

これまで『火山灰地』作品には様々な評論が書かれているが、その中で戯曲研究者の井上理恵(元・吉備国際大学社会学部教授)が詳しい解題・解説を書いているのが右に掲げた『火山灰地』(新宿書房 2004年)である。

同書で井上は、久保が『火山灰地』の具体的構想をもった時期に関し、内山鶉が『久保栄全集』第3巻(三一書房)の解題で1933年頃としたのを疑問視。『社会主義リアリズム論争(一九三五年一月～五月)を展開したあと現地を実地踏査して、本格的な構想が練られた戯曲であるといっていいように思われる。』と述べた。

写真48　『火山灰地』(新宿書房刊)

その現地踏査は昭和11年9月4日上野発、5日札幌着、8日帯広着、24日帰京という行程で行われ、上記三一書房版全集第12巻に収録の「吉田隆子宛書簡」には次のような記述がみえる。

○昭和十一年九月十二日(消印)北海道帯広市農事試験場官舎玉山豊方より
　　　　　　　　　　　　東京市大森区雪ヶ谷町八二　坂浩一方吉田隆子へ
　…勤労農民の生活を、今こそ僕は、単なる「垣のぞき」の程度ではなく、深くさぐりたい掴みたいと望んでいる。しかし、それが至難のことだという感じを、今さららしく、僕は痛嘆している。「生産場面」へ近づくということすらが、いろいろな妨害で思うように行かないのが、現制度だ。まして、「近づいた」ということだけなら、あたりまえの話で、われわれの仲間の怠っていたことをただとり返したに過ぎないだけだ。「近づき」得たのち、それをどう形象のうちに反映し得るか、そこにこそ、至難中の至難の問題がひそんでいる。だが、僕は最後まで、そのための勇気を失わないつもりだ。(中略)戯曲のプランは、だんだん熟しかけて来た。明春の舞台に、僕は何を勝利し得るだろう？

○昭和十一年九月十六日(消印)北海道帯広市農事試験場玉山豊方より
　　　　　　　　　　　　東京市大森区雪ヶ谷町八二　坂浩一方吉田たか子へ
　…喜んでほしいのだが、きのう一日で、とてもいい題材が手に入ったのです！ここへ来るまでは、かねて漠然とプランを組んで置いたものの、知識の不足分を補うぐらいの気持でいたが、きのうの調査で、大へんに取材の範囲がひろくなったのです。
　製麻会社の製線所(農業加工品工場)を、くまなく見ることが出来、検査官が亜麻の等級を調べる実況から、亜麻の生茎を会社へ収めに来る農民の多様な姿、亜麻の栽培から施肥の状況等、いろいろと面白い問題を含んでいる調査をなし遂げ得たわけ。(中略)あとは、僕の形象化の腕前如何というところまで漕ぎつけた。
　連日、足を摺古木にして歩きまわり、日に焼け、靴は曲り、洋服はやぶれた努力の甲斐があって、かなり自信のもてる素材を得たのだから、僕の喜びを察してほしい。(後略)

　ここで一つ"タネ明かし"をしておく。前記《あらすじ》中に『火山灰地にはカリ肥料がとりわけ重要だと力説する農産試験場の支場長』が登場し、戯曲では雨宮聡（あまみやあきら）という役名で出てくるが、そのモデルとなったのが、書簡の差出住所の方書にある農事試験場の玉山豊である。

この農事試験場とは、官立の北海道農事試験場十勝支場で、下の絵葉書にみるように広い試験畠を有し、戯曲の第4幕《試験畠》の舞台となる。

写真49　北海道農事試験場十勝支場（絵葉書「文化の帯広」8枚組の1枚；帯広市図書館 所蔵）
画面下半分が試験圃で、左手奥の赤い壁の建物群が支場庁舎。

　実は久保の実姉・茂が玉山の妻で、雨宮夫人・照子のモデルである。雨宮の提唱したカリ理論とは、作物の生育に必要な三大要素"窒素・リン酸・カリ（加里）"の配合比率を十勝の火山灰地に最適化するには、カリの比率を高めるのが効果的という試験データに基づく学説である。唯、加里は、代表的な窒素単肥である硫安に比べて高価なため、方法としては硫安の量を抑え、不足する窒素分を赤クローバーの鋤き込みで補うこととなる。
　この理論も実は玉山の発見した論であると言われている。戯曲では雨宮の理論は実際の耕作畑で惨憺たる結果となり悲劇的に描かれるが、玉山は義父・久保兵太郎の援助で研究を続け、『一九四二年まで続いた加里論争に勝利し、最終的には彼の理論が受け入れられたという』（井上前掲書 P.400）。

久保の創作理論

　重ねて前記《あらすじ》を読むと、その中に『農業技術の発展とそれをはばむ古い生産関係との相克』という記述があり、これこそが書簡中にある

"至難中の至難の問題"の本質である。ここにいう〈生産関係〉とは、マルクス経済学の基本概念の一つで、〈生産手段〉をもつ資本家階級が、生産手段をもたない労働者階級を支配する関係をさす。『火山灰地』の舞台である十勝の農村では不在地主及び製麻会社と小作農民との間の束縛的な関係性が資本主義という国家の枠組みの中で良くも悪くも安定していた。

　まさに久保は『十勝の農法を、その特殊性に徹して描くことで、逆に日本の農業の本質を普遍的に捉える』ことをドラマの核心に置き、『その地方的なもののなかに全国的なものを、その農業的なもののなかに全産業的なものとの関連を』映し出そうとしたのである。

　具体的に言うと、それは資本家層の頂点に立つ財閥にまで辿り着く。即ち雨宮のカリ理論は硫安の使用量を抑制することが一つのポイントになっているが、実は製麻会社は亜麻耕作農家に硫安主体の〈会社肥料〉を斡旋し、代金は収穫時払いの"前貸し"で便宜を図るしくみが出来ている。その硫安は、財閥傘下の大企業である肥料会社が全国に流通させて利益を得ており、製麻会社も大量仕入れで価格値引きの恩恵に与る。そして、財閥が潤えば、国家にとって明治以来の殖産興業・富国強兵の国策にも適う。だから、雨宮のカリ理論は、巡り廻って国策にも背くことになるのだ。

『少し大げさに捉えすぎではないか？』という見方も現在でならできよう。唯、当時は1917年にロシアで社会主義革命が起きてから20年ほどしか経っておらず、日本政府としては無産階級による大規模な労働争議、小作争議が蟻の一穴となることを極度に恐れて思想弾圧を行った。久保の場合は出版物の検閲は言うに及ばず、検束、逮捕を経験しているが、北海道への取材旅行にまで官憲の尾行が付いていたというから、驚くほかない。

　そうした厳しい条件下で、農村における資本側の製麻会社や農民の実相に近づくことができたのだから、久保が上掲した"恋人"吉田宛書簡に感嘆符付きで喜びを伝えたのも、むべなるかな。

　前記九月十六日付書簡に『あとは、僕の形象化の腕前如何』という言葉があるが、久保が創作上で最も重視したのは『その時代のその社会の典型的境遇と典型的性格』を形象化することであった。どういう意味か——。

　井上の解説によれば、久保は『人々が生きた時代（歴史）は、固有のものであって二度と反復されない事件・出来事がおこる（＊境遇をさす）。そこに生きる人々も二度と現れない存在である（＊性格をさす）。これを劇作家はいかに描

出するかが重要なのだと主張したのである』(井上前掲書 PP.406-407)。

この言説は、久保というリアリズム劇作家の透徹した精神性を雄弁に物語る。彼が『火山灰地』を執筆上演したのは日本国憲法で思想・信条の自由が保障された戦後になってからではないのだ。思想統制の厳しい時代の只中に"今、この国で起きている実相"を戯曲化する勇気は並大抵ではない。

写真50　丸山眞男
(共同通信社 提供)

それ故、昭和13(1938)年の初演を実見した者に与えた感動は大きく、当時24歳で観劇し、後に高名な政治学者となった丸山眞男は『その年からメーデーも永久禁止となり、労働組合の内部にも産報運動がすさまじく進行しはじめた。日支事変はとめどもなく拡大して行く。こういった重苦しい雰囲気のなかで、あの芝居が上演されたわけです。僕など社会科学の前途をすっかり悲観していた折だけに、雨宮の科学者として良心を貫こうとする態度が実際こたえたんですよ。だから劇の構成や演技を批判するというようなことは二の次となり、見ていて、ただ訳もなく涙が出たことを覚えています』(赤城正『「火山灰地」の生命』；井上前掲書付録)と回想している。

▌戯曲『火山灰地』の幕構成

『火山灰地』の地理的な舞台は、帯広市とその北に接する音更村(現・音更町)及び村の奥の沢・オサルシナイ(現・長流枝)である。

帯広は劇の朗読者によって『日本の北の涯ての農業都市』と紹介され、雑穀市場や農産試験場が所在し、有産階級の地主や"市の住民"が住む。

音更は同じく『この平原第一の耕作面積をもつ村』と紹介され、例外的な自作農民がいるほかは無産階級の貧しい小作農民が住む。亜麻に関しては、第2章第4節で触れた"最後の亜麻工場"帝国製麻音更工場があり、戯曲の朗読で『製麻会社の製線所の／ローラアとムーラン機のファンをくぐって／南の工業地へ送られる亜麻の繊維は／やがて飛行機の翼となり／甲板を覆うズックに変る。』と語られる。ムーラン機などという専門用語も現地調査で見て来たからこその表現であろう。

音更の村の奥にある長流枝は同じく『土地の言葉で「沢」と呼び慣らわす』と紹介され、ゆるやかに落ち窪んだ谷の底の川沿いに、小作農よりさらに貧しい生活を余儀なくされている"炭焼き夫"が住む。

今も長流枝1番地109に建つ久保栄の文学碑には『山からおろした切り木の束に／つくる喜びと生きる呪ひをこめて／今日も明日も焼く炭焼窯』という『火山灰地』第3幕《かま前検査》冒頭の朗読の一節が刻まれている。

　昭和6年、7年と連続して十勝地方は冷害による凶作に見舞われたことから、同5年には0件だった十勝地方の小作争議・焼子争議(焼子とは炭焼き夫のこと)が、この両年には17件も発生している。特に7年にはこの長流枝で大規模な焼子争議が起こり、長流枝幹線145番地4にはかつて林産物検査所があったことに因み、《戯曲「火山灰地」素材地》と刻まれた標柱と説明版が設置されている(上掲写真51)。

写真51　『火山灰地』素材地標柱　(2024.8.3)
音更町長流枝幹線の道道498号沿いにある。

　戯曲の冒頭、第1幕の朗読の中に『冷害／飢饉／凶作／水害／自然と人間とがつくり出す脅威にさらされながら／しかし／土に棲む人びとは／荒れ地の石の下からも芽生える／名なし草のように生きてゆく。』という一節がある。

　文学碑にある『生きる呪ひをこめて』とは、いっそ死んで楽になりたいと思うほど過酷な赤貧生活を耐え忍び、"それでも生きていくしかない運命を呪いながら"炭を焼いて糊口をしのぐという意味である。

　戯曲は、この最下層の焼子から最上層の地主まで異なる階層の人々が異なる三つの地域に暮らし、様々な矛盾や葛藤を抱え、複雑に有機的に絡みあう姿をリアリズムに徹して抉り出す。

　吉田一著『久保栄『火山灰地』を読む』(法政大学出版局 1997年)を引用させていただいて全7幕の構成の大略を記せば、次のとおりである。

　　「1 歳の市」と「6 部落まつり」は、作中人物のほとんどが舞台に登場する集団場面が軸であり、そこにはさまざまなエピソードがちりばめられる。作品の土台を形成し、ドラマを動かすディテールの集積でもある。
　　「2 新年会」「4 試験畠」「7 前夜」は、雨宮一家の生活から主として雨宮理論と現実との葛藤に収斂される場面、第一部の「4」と合わせて第二部

の「5 製線所」では、生産場面の現実と矛盾の様相が描かれ、「3 かま前検査」では農民の苦悩と反抗とがとりあげられる。それぞれの場の状況と出来事、そして課題は互いに交錯し、連鎖し、合流している。

実際、登場人物の多さゆえに頭が混乱しそうになる。主人公は、支場長の雨宮聡ということになろうが、村の小作農民・逸見庄作の妹しのの存在も大きい。そして、しのの恋人が炭焼き夫の泉治郎（じろう）という設定だ。

しのは、雨宮夫人の計らいで身売りの憂き目に遭わずに済むよう雨宮家の住込み女中として働いている。だから庄作は雨宮を"檀那（だんな）さん"と呼ぶ。

第四幕で庄作は、亜麻の生育が会社肥料だと窒素過多で茎が伸びすぎて倒れてしまうため、今年は『檀那さんの書きなした配合で—加里ふやして』栽培することにしたから肥料を買う金を地主の妾（めかけ）で現場代人でもある駒井ツタから借りられるよう口添えしてほしいと雨宮に頼み、了解を得る。

これは一つの"賭け"でもあった。なぜなら、カリ理論は試験畑でのデータに基づくものであって、個々の農家の畑の土壌に適応する保証はない上、会社肥料を拒否することにより、会社に従順な農事実行組合が行う荷馬車による収穫亜麻の共同運搬も利用させてもらえなくなるからだ。

第5幕《製線所》

その結果が明らかとなるのが第5幕《製線所》である。この幕の舞台セットには製麻会社の製線所構内を表わす亜麻の巨大な野積みと機械場が配置され、そこで多数の女デメンや農産物検査所の技手らが立ち働く。

唯、亜麻は北海道特有の農作物なので、基礎知識のない東京の観客が亜麻の納入から繊維になるまでの生産過程を頭でイメージできるよう、久保は、製線所主任の唐沢克己（からさわかつみ）を介して、製線所を見学で訪れた五十嵐木工場の若主人・五十嵐重雄に説明するという便法（べんぽう）を用いている。

即ち、本書第2章第4節で解説したような生産過程ということになるが、唐沢は、今ここでは農家から運び入れた亜麻の生茎（せいけい）を検査員が1等から5等までに選（よ）り分け、ほぼ揃ったところでデメンに結束させていること。そしてその結束した生茎を温湯タンクに浸（つ）けて3、4日置き、乾（ほ）し上げた茎を2、3か月ストックしてから機械場のローラーに嚙（か）ませると、硬い木質部が折れ、それをムーランというファンの廻っている機械のところへ手に握って持って

いくと、砕けた芯だけがはね落されて、必要な繊維だけが残ることを順序立てて五十嵐に説明した。

雨宮と唐沢は、共に恩師・滝本博士の下で農学を学び、卒業した学友であるが、唐沢は農村への会社資本の導入者、いわば"体制側"の人間となっており、何かにつけて雨宮に対しては皮肉に満ちた話しぶりをする。

写真52 劇団民藝上演『火山灰地』第5幕（1961年 劇団民藝 提供）
中央の二人の俳優は、左が雨宮聡役の滝沢修、右が唐沢克己役の清水将夫。左後方に亜麻茎の巨大な野積みが描かれ、その手前で農家から運ばれた生茎の等級検査が行われている。

上掲写真の二人の表情の違いをみてもその関係性が伝わる。例えば、雨宮のカリ理論に従った逸見庄作と同じ東二線農事実行組合の渡準造の検査の順番が一番後回しにされたことについて、雨宮が唐沢に『会社肥料を使わなかったからかね？』と問いかけたのに対し、唐沢はこう答える。

『常談を言っちゃ困るね、雨宮君。会社が、いつ、そんなことを強制したね、農家へ。――そりゃ、君、産業組合で共同配合して貰おうと、現金で買って自家配合をしようとだね――乃至は、また、会社で長年研究した何を利用しようとだ――生茎の成績さえよけりゃ、喜んで奨励地帯に認定するんだぜ、こっちは。――そんなちっぽけな料簡でね、これだけ責任のある――相手は国家なんだぜ、君、ここの仕事は……』

戦時において亜麻繊維の生産は、軍需産業としての性格を帯び、バックに国家が控えていることは、確かにそのとおりだろう。しかし、この場の唐沢の威圧的な態度は"虎の威を借る狐"のそれに近い。その後も攻撃の手を緩めず、『実験場は別世界だよ。――どこに、君、そんな条件のそろった農家ばかりある？卑怯だよ、君のいうことは……』、『加里分の補給も結構だがね――窒素が多すぎて、茎の倒伏を来たすなんてことを、あんまり書き散らさないほうがいいぜ、君、実証のあがらんうちはね。――硫安の建値は、農家の需要だけで極まるもんじゃないからな、え、雨宮君。』と、手厳しい。

　5等までが合格となる亜麻の等級検査で、この年の作柄は天候不順により不作となり、各農家の亜麻は良くて4等、悪くすれば等外も出た。

　そして幕切れの場面。やっと検査の順番が回ってきた庄作は、生茎を運んでくると、思いつめたように雨宮に向かって『檀那さん。』と一声かける。雨宮が『何んだね。』と聞き返すと、『あっちさ行って下さえ。見ねいで下さえ。わし、なんぼ精出したか知らねいすけんど……』と、生茎を抱えたまま、がっくりと膝をつく。

　唐沢の冷淡な言葉がボディブローのように効いていたところでのこの振舞いは雨宮を完全に打ちのめし、彼は茫然と立ちつくすしかなかった。

▎重なり合う悲惨な末路

　戯曲の最終幕で雨宮は辞表を懐中に忍ばせ、場長会議で自分の説を主張する決意を固め、嵐の中を札幌に向かう。本来なら夫を信じて励ましてくれるべき存在である妻の照子は、実父の滝本博士を慮り、雨宮に辞表提出を思いとどまるよう必死に訴えた挙句、その願いが聞き入れられないと知るや絶望のあまり睡眠薬をあおって自殺未遂を引き起こしてしまう。雨宮は照子との離婚を覚悟していることを娘・玲子にほのめかして出立する。

　その直後、治郎の先輩炭焼き夫である市橋達二が雨宮家を訪れ、しのが治郎によく似た赤ん坊を出産したとの報をもたらして舞台に幕が下りる。

　だが、著者はむしろこの最終幕の一つ前の第6幕《部落まつり》のほうが強く印象に残る。

　村の秋祭りは半年間の苦労が報われ実りを手にする収穫祭だから、本来は楽しいはずだ。しかし、久保はリアリズムに徹し、この地の農業生産の救いのない現実、つまり貧農は農業技術に疎いが故に貧農なのであって、いつま

でもそこから抜け出せず、最後は破綻に追いつめられる現実を直視する。

　雨宮の息子にレイプされたしのは、大きなお腹を抱えて村の娘たちにからかわれる。八十八という貧農は、亜麻茎は全て等外だった上、神輿(みこし)行列の先導役の天狗を演ずるという唯一の誇りまでも奪われてしまう。例外的な自作農だった関為吉も、亜麻は5等及び等外で没落していく。

　そして最も悲惨なのは、炭焼き夫・泉治郎の一家だ。第一部で炭の抜け売りを先導するなど反抗的な治郎に対し、地主の現場代人である駒井ツタは、沢からの立ち退(の)きを迫って訴訟を起こす。

　父親で放蕩癖(ほうとうぐせ)の抜けない亀太郎は、ツタの策略である五百円の立ち退き補償金に目がくらみ示談に応じると、受け取った補償金は気前よく浪費して手元には僅(わず)かしか残らなかった。そこへ、治郎の旭川への入営が決まり、働き手を失った一家の生活は破綻。村の小学校の優等生である治郎の弟・英馬の中学進学の夢は、儚(はかな)く消える。

　村まつりの終わった夜、亀太郎夫婦と息子・英馬の一家3人は、交通費も泊まるあてもなく、夜逃げ同然で村を去っていかなければならなかった。

　前掲書『火山灰地』の表紙(P.119)の右下隅に描かれた3人の人影がその哀れな姿なのであろう。とすれば、前節『カインの末裔』の最後に描かれた仁右衛門夫婦の末路と重なり合う妙味(みょうみ)を最後に指摘しておきたい。

第3節　中城ふみ子　遺詠「亜麻の花」(短歌)

息きれて苦しむこの夜もふるさとに亜麻の花むらさきに充ちゐるべし

　前二節が小説と戯曲で、それなりのボリュームもあるのと対照的に本節で主題とするのは、この只一首の短歌である。しかし、作者がその歌を詠んだ背景に横たわる事情の深刻さは、決して前二節に引けを取らない。

■ 夭折の女流歌人

　歌の作者の名は、中城ふみ子という。戦後の歌壇に彗星のごとく現われ、正しく彗星が太陽に接近して消滅するように、僅か31歳という若さで燃え尽きた。
　否、燃え尽きたという言い方は、当の本人からすれば心外で、いわば不完全燃焼だったに違いない。
　常識的に考えても、普通の人の寿命の半分にも満たない31歳で『やりたいことは全てやり尽くし、完全燃焼しました』などという人は、恐らくいないだろう。

写真53　中城ふみ子（1954年）
（帯広市図書館 所蔵）

　事実、ふみ子は身罷り際『死にたくない』と母親に言い残し、息を引き取っている。幼児を遺して死にゆくことに後ろ髪を引かれる思いも勿論あっただろうが、それ以上に自分自身の女としての人生をまだまだ謳歌したい、好きな短歌をもっともっと作り続けたいという直截な心残り、この世への未練があったのだ。
　上掲の写真は帯広市図書館のウェブサイト《郷土資料》に収載されているものであり、本書への掲載にあたり、同図書館の指示により著作権継承者である東京在住の厚美陽子さん（ふみ子の亡長女・雪子の長女）に電話をかけ、掲載の許可を得ている。その際に陽子さんから『ふみ子の略歴に触れるのであれば、間違ったことを書いている本が多いので、佐方さんの書かれた本を

参考にしてください。』とのご忠告をいただいた。

　よって本書では事実関係につき、佐方三千枝著『中城ふみ子 そのいのちの歌』(短歌出版社 2010 年)に依拠していることをお断りしておく。

　ふみ子(本名は富美子)は大正 11(1922)年 11 月 15 日(＊戸籍上は 25 日)、北海道河西郡帯広町で、父・野江豊作、母・きくゑの長女として生まれる。

　当時、野江家は魚屋であったが、後に酒類、米、雑貨を手広く扱う商店となって大いに繁盛し、ふみ子は主に祖父母に育てられた。

　地元の帯広尋常高等小学校尋常科を卒業後、12 歳で北海道庁立帯広高等女学校に入学する。当時の帯広高女は 4 年制だったため昭和 10(1935)年春に 16 歳で卒業を迎え、すぐさま東京家政学院に進学する。同学院は東京市麹町区(現・東京都千代田区)三番町にあった 2 年制の私学で、校名のとおり家政教育の専門学校として全国から生徒が集まった。

　学院創立者の大江スミは英国留学の経験をもつ開明的な人物で、家庭に留まらない新しい家政学を樹立する高い理想を掲げて自らも家政学を講じたほか一流の講師陣を招聘した。その中の一人に文学担当で東京帝国大学助教授の池田亀鑑がいたことが、ふみ子に大きな影響を与えることとなる。

　即ち、池田が主宰する〈さつき短歌会〉に参加し、直々に短歌の添削指導を受ける機会に恵まれたのである。ふみ子は帯広高女時代から短歌を作っていたが、俄然ここに至ってスイッチが入り、歌詠みに没頭する。

　特に憧れていた歌人は与謝野晶子だったという。わかる気がする。あの有名な『やは肌のあつき血汐にふれも見でさびしからずや道を説く君』の一首にきっと衝撃を受け、熱烈なファンになったことだろう。後年、ふみ子が中央歌壇にデビューして、その情熱的で時に官能的な歌に賛否が割れたのと同じことを与謝野晶子は半世紀も前にやってのけていた。ふみ子にとって晶子は憧れであるのと同時に歌のよき手本となったのだ。

　結婚は昭和 17(1942)年 4 月。相手は北海道帝国大学卒で鉄道省札幌出張所勤務のエリート官吏だった中城博。時にふみ子 19 歳の春であった。しかし、自由奔放な性格で理想主義的な考え方を持つふみ子に対し、夫の博は性格も考え方も合わず、その後三男一女(うち次男は 3 か月で夭折)をもうけたとはいえ、結婚生活は常に不満を抱えたものとなる。

　終戦後、食糧難や激しいインフレで国民一般の生活が苦しい中、ふみ子は『北海道新聞』函館支社版の文芸欄への投稿や短歌結社・新墾社への入社を

通じて自作短歌の発表を始める。一方、エリートだった博は仕事上で不祥事を起こし、出世コースから外れて生活が乱れるようになり、ついには愛人まで囲い、夫婦関係は完全に冷え切ってしまう。

　1950（昭和25）年5月、仲人や親族を交えた会議を経て夫婦の別居が決まると、ふみ子は心の隙間を埋めるように短歌にいっそう打ち込む。帯広に帰郷後、帯広神社の社務所で月1回開催される辛夷短歌会（野原水嶺主宰）の例会に参加していたが、当時のふみ子は『和歌が救いのやうになって、嘆きも苦しみもみなそこに投げ込んで燃焼して』（親友宛書簡）いたのである。

　その歌会でふみ子は大森卓という既婚者に恋をし、前後して別の複数の男性との交際もあったが、反面、3人の子の母親であることも忘れなかったし、恩師・池田亀鑑から薫陶を受けた万葉集などの古典学習も継続するなど歌詠みに必要な教養を身につけることにも余念がなかった。

　だからこの当時にふみ子が詠んだ短歌には、母としての目線でわが子らを詠んだ歌もあれば、父母が50年8月から帯広で始めた呉服店で従業員らが働く姿などを詠んだ歌もあり、日常生活に目をやった佳作がみられる。

　そのような中、正式離婚に向けた話し合いが行われ、51年10月に離婚届出に至る。子どもは三男・潔を夫側に引き渡し（親権はふみ子にあり、預ける形）、長男・孝と長女・雪子の2人をふみ子が引き取った。

　ここでふみ子は突拍子もない行動に出る。離婚からわずか3週間後、周囲の猛反対を押し切って単身で東京に出奔したのだ。手に職を付け、生活が安定したら子どもたちを呼び寄せ東京で一緒に暮らす心算だったが、現実はそう甘くない。忽ち経済的に行き詰まり、呉服の仕入れで京都に出向いた母親が帰りに東京の下宿先を訪ねてふみ子を帯広へ連れ戻し、"小さな反乱"は1か月もしないであっけなく"鎮圧"となる。

　東京から帰ったふみ子は、左乳房にしこりがあることに気づく。しこりは段々と大きくなり肩こりや不眠などにも悩まされたので、病院で診察を受けたところ、乳癌であることが判明する。別な医院でも診てもらうが、診断は同じで、52年4月、帯広の新津病院で左乳房の切除手術を行う。

　若年性の乳癌は進行が速いことが知られている。癌細胞が完全に取り切れていなかった場合には再発する危険性も孕んでいた。そのため、術後は北海道大学医学部附属病院に通院し、X線照射で残存癌細胞を叩く治療を定期的に続けることとなった。その通院治療の際は、小樽に住むふみ子のすぐ下

の妹・美智子夫婦の家に泊まり、列車に揺られ病院通いをした。

　そして、不運にも1年半後の53年10月、右胸部に癌が転移しているのが見つかり、ふみ子は前回手術を受けた帯広の新津病院で浸潤部分の切除手術を受けた。さらに、札幌医科大学に癌研究室が新設されたという新聞記事を見つけ、同年12月、再び小樽の妹夫婦宅に滞在しながら同大学附属病院へ通院した。結局、入院して治療することになり、ベッドが空くまで一旦帯広に戻り、年明けの1954(昭和29)年1月7日、医大病院放射線科に入院する。

　結局ここが終の棲家となり、7か月余りに及ぶ闘病生活が始まる。実は、再発時における主治医の所見は《予後絶対不良》だった。つまり、治る見込みがなく、余命幾ばくも無い絶望的な状況下でX線照射治療により奇跡が起きることに一縷の望みを託す、いわば"神頼み"レベルということだ。

　ふみ子に事実は伏せられていたが、薄々自覚していたようであり、入院前、小樽から放射線治療に通う途中の冬の石狩湾に、再発後の短い生を重ねた歌(佐方前掲書P.230)として詠んだ『冬の皺よせゐる海よ今少し生きて己れの無惨を見むか』(推敲後の完成歌)に心境が表れている。

　さて、入院前後のふみ子には、ある"急ぎの課題"があった。中央歌壇の代表的な雑誌『短歌研究』(日本短歌社)の53年12月号巻末に《第一回作品五十首》募集の告知が掲載され、辛夷短歌会(帯広)の恩師である野原から応募を勧められ、その締切日の1月15日が目前に迫っていたからである。

　因みにこの《作品五十首》とは、1人に付き例えば5首までという応募制限を設けて全国から全部で50首の優れた短歌を選び出そうというのではない。

　1人で50首を応募しなくてはならないのだ。果たして「冬の花火―ある乳癌患者の歌」と題を付けて送った歌稿は見事特選を射止め、『短歌研究』4月号に掲載される。但し、題名は「乳房喪失」と変わっており、首数も50首から42首に削られていた。

写真54　『短歌研究』1954年4月号
(北海道立図書館 所蔵)

その理由について、当時、同誌の編集長だった中井英夫がふみ子に宛てた葉書（＊実家から転送されて３月28日入院先に届く）の文面には『題名が太宰治にならはれたと存知ますけれどもいささか弱く、"乳房喪失"とさせていただけませんか。又少し推敲していただければ良かった五十首のうち四十二首を頂戴したく、御了承下さいます様』と書かれている。
　ふみ子の特選となった歌群に対する評価は分かれた。若手歌人からは概ね好意的な評価が相次いだ一方、歌壇の保守派からはかなり手厳しいバッシングに遭う。いつの世でもどんな分野でも毀誉褒貶(きよほうへん)は付き物だが、ふみ子の場合は、乳癌で乳房を喪失したという〈題材の特異性〉に加え、虚構性、ヒステリック、ジェスチャー過剰などが批評の的となった。

▍遺産としての歌集『乳房喪失』

　そうした中、『短歌研究』誌のライバル誌として角川書店が54年１月に創刊した『短歌』の６月号に川端康成の推薦文付きで宮柊二(しゅうじ)の選によるふみ子の短歌51首が掲載され、『短歌研究』の同月号にも30首が載った。
　これは中井の意図した"戦略"であった。中井が５月７日付でふみ子に宛てた書簡には次のような文言がある。

　　…「短歌研究」でトップになった、それだけでは未だ納得しないほど歌壇は分裂してゐます。「短歌」に川端さんの推薦で出て始めて"押しも押されぬ"といふことになる。それは哀しいけれど世間の評判といふのはさうしたものでせう。（後略）

　唯、戦略と言っても、中井が川端に推薦文を依頼したわけではない。依頼したのは、ふみ子自身である。それも元々は初の歌集への序文として…。
　どういうことか。ふみ子は、癌再発により薄々覚悟した「死」を前に子供たちには母の生き様、つまり「詩」を歌集に残そうと（佐方前掲書P.182）して、『遺産なき母が唯一のものとして残しゆく『死』を子らは受け取れ』の歌を詠んだ。その時期は『冬の皺…』とそう違わないであろう。いずれにせよ、ふみ子は『短歌研究』誌への応募を済ませると歌集の準備に入る。
　時間に追われて応募した《五十首詠》の歌も含めて、これまでの歌を推敲(すいこう)し直し、テーマごとに時間と具体を消すかのように並べ替え、ノートに纏(まと)め

（佐方前掲書 P.182）ていく膨大で根気のいる作業。唯、あまり根を詰め過ぎると病身に障るので、ノートの完成は２月いっぱいかかった。

　３月に入り、ふみ子は、そのノートの控えをとると、東京家政学院の恩師池田亀鑑宛てに歌稿ノートを添えて歌集の序文を依頼する手紙を送った。

　しかし、池田は当時入院加療中であったため返信が来ることはなかった。尤も、ふみ子は池田の返事を待つことなく、川端康成に序文を依頼するため再び歌稿ノートを作成すると、それに「花の原型」という題を付して３月上旬、手紙に添えて郵送したのだった。

　当時、川端は54歳。周知のとおり1968年に日本人初のノーベル文学賞を受賞した文豪であり、その代表作とされる作品のほとんどは、ふみ子が序文を依頼した時には発表済であったから、正に文壇の重鎮と言ってよい。

　そのような大御所に有力者からの紹介もなく地方の無名歌人が、初めて出す歌集に序文の執筆を直接依頼するなど畏れ多くて、東京出奔どころの比ではない"暴挙"に違いなかったろう。

　なぜ、そのような大胆な行動に出たのか。実はふみ子は少女の頃、結核で夭折した山川彌千枝の遺稿集『薔薇は生きてる』や川端の『乙女の港』を読んで感動した体験があり、特に『薔薇は生きてる』に対して川端が深い憧憬を示したことに共感したふみ子は、『何か文章を書きたい、その時には川端先生にお願ひして序を一行でも二行でもいいからと思った』という気持ちをありのまま序文依頼の手紙に綴った（佐方前掲書 P.210）のだ。

　幸いにも歌稿を読んだ川端が高く評価し、３月末に自ら角川に足を運び、『短歌』誌への掲載を強く推薦したことで破格の扱いが実現する。

　唯、そのようなことになっているとはつゆ知らず、川端からの返事が１か月過ぎても来なかったため序文をあきらめたふみ子は、三たび歌稿ノートを作り、４月の初め、父親に『お葬式はいらないから歌集を出させて欲しい』と頼み込んで、札幌の印刷所へ印刷製本を依頼した。

　そのゲラ刷りが出来上がってくる少し前の４月30日、ふみ子は中井から『出版を是非こちらにお任せ下さいませんか』という主旨の手紙をもらう。

　実のところ、実家では呉服店の売り上げが落ちていた上に前夫・博の不始末を収拾するために散財したので経営状態は厳しくなっていた。そこへ歌集の出版でさらに金銭的負担をかけるのを心苦しく感じていたふみ子だったので、札幌の印刷所を断って中井の好意に甘えることを決心する。５月２日付

の返信には『なるたけ生きてゐる中に私も手にとって見たいのです。』と切実な思いも書き添えた。そして、歌集の題にもこだわりを見せた。

『短歌研究』4月号の二の舞となる「乳房喪失」という題だけは何としても避けたい希望を述べるふみ子に対し、中井は『これはどうしても「乳房喪失」でなくては駄目』と、頑として譲らない。結局、ふみ子が折れて7月1日の発行日で作品社から第一歌集『乳房喪失』が刊行をみた。ふみ子が選んだ全491首が収録され、川端康成の序文が錦上に花を添えた。

ふみ子の許には6月27日にインクの匂い立つ見本刷が1冊届き、ふみ子は即日、中井に『カシウアリガ　タウホントニアリガ　タウ』とお礼の電報を打った。亡くなるほんの1か月ほど前のことである。実に際どい上梓となったものの、生前にふみ子が手に取り、そして、子供たちに"遺産"として渡すことができたのは、せめてもの救いであった。

写真55　歌集を見るふみ子の父と子供たち
左から孝、雪子、父・豊作。円内は三男・潔
（『主婦と生活』1954年9月号 所収）

ふみ子の病状は、6月に入って左頸部リンパ腺に癌が転移し、頸部の狭窄感とともに、呼吸困難の発作に襲われ、安眠を著しく妨げた。

6月21日から7月8日まで高熱が続き、激しい咳にも悩まされたが、その後は7月21日まで熱が上がらず小康状態を保つ。

しかし、同月22日から再び発熱と呼吸困難に見舞われ、26日から夜間のみ酸素吸入を開始。また、強心剤の注射を6時間おきに行うようになり、その間隔は日を追うごとに短くなっていく。27日からは咳の発作による苦痛を和らげるため麻薬の常用も始まるが、その矢先の翌28日、ついに主治医から危篤の宣告が下る。強心剤の注射が2時間おきになり、もはや医療の限界に達したという意味だ。あとは、強心剤と麻薬でどれだけ持ちこたえられるか、という瀬戸際まで来ていたのだが、ふみ子にはどうしても死ぬ前に叶えておきたい願いがあった。

生前に最初で最後となる歌集を出版してくれた中井英夫に一目なりとも会って直接お礼を言いたい――。

ふみ子が中井に宛てた7月20日付の手紙には『中井さん来てください。

きつといらして下さい。その外のことなど歌だつて何だつてふみ子には必要でありません。お会ひしたいのです。』と切なる思ひが綴られている。

ふみ子の思いに応えたい中井だったが、実は風邪がなかなか抜けず二度も札幌行きを延期していた。しかし、28日にふみ子危篤につき至急来札を乞う電報をもらったため、翌29日、中井は初めて飛行機に乗り、午後6時過ぎに札幌医大に到着。ふみ子と面会した。

中井は翌日以降も自身の体調を気にしつつ時間の許す限り、ふみ子の傍らに居てやり、8月1日に帰京する。そのわずか2日後の1954（昭和29）年8月3日午前10時50分、薄幸の歌人中城ふみ子は命終する。享年33。

その日の午後3時から遺体の解剖が行われ、その解剖所見によれば『急性肺炎が致命的』だが、『癌は肺臓、肝臓、肋骨等へ浸潤』していた（佐方前掲書PP.249-250）という。

▍中城ふみ子ブーム

ふみ子が亡くなったことを受け、翌日の『北海道新聞』、『北海タイムス』の地元紙のほか全国紙『時事新報』に訃報が載った。『新墾』と『凍土』はいずれも追悼の特集を組み、『短歌研究』9月号も〈中城ふみ子追悼特輯〉として《遺詠》33首のほか小田観螢、若月彰、宮田益子ら所縁のあった人々の追悼文を掲載した。角川の『短歌』も死を悼む関連記事を載せている。

就中、象徴的だったのは、『短歌研究』12月号に同誌記者が匿名で書いた「彗星・中城ふみ子」と題する記事だろう。以下に一部を引用する。

　今年の歌壇、というより近年の歌壇において、中城ふみ子の出現ほど、人々に関心をもたれ、また騒がれたことはあるまい。その出方が突然であったこと、（全くその名さへ知らなかった、北海道の片隅から）その作品が環境的に特異な上に派手な演技的の表現であつたこと、作者にまつわるエピソードがニュース的にいろいろ流布されたこと、等々において。──とにかく、平坦無事な歌壇にあつては珍らしい出来事といつてよかった。（中略）「乳房喪失」（短歌研究）五十首が四月、「花の原型」（短歌）五十二首が六月、「優しき遺書」（短歌研究）三十首が六月に發表され、七月に歌集「乳房喪失」が出版された。そうして中城は八月三日に死んでしまった。この間正味わづか四ヶ月。スイ星のごとく消えてしまつた。あつという間もな

い。こんなことは歌壇ばかりでなく文壇でも珍しいのではないか。（中略）中城の出現は若い人々に、既成作家の考えも及ばないほどの衝撃を與えたことは事實だし、なぜ、そのように衝撃を與えたかということを掘りさげてゆくと、今日の短歌に對する不信の問題にまでゆくことになりそうだ。それだけでも中城の出現は意義があつたといつてよいだろう。

特に、若い人々に衝撃を与えた事実の証左が同じく12月号に載っている。『短歌研究』は7月号で《第二回作品五十首》を募集し、11月号で入選作品を発表。特選に輝いたのは当時18歳の寺山修司だった。その《入選者の抱負》が翌12月号に掲載されたわけだが、ふみ子は寺山をして『僕に短歌へのパッショネイトな再認識と決意を與えてくれたのはどんな歌論でもなくて中城ふみ子の作品であった』と言わしめたのである。

また、誰よりもふみ子の才能を買っていた中井英夫は、遺族から託されたふみ子の短歌関連資料を基に新たな歌集づくりに着手。自ら整理、選歌、配列を行い、55年4月、生前ふみ子が希望していた題名を冠し335首を収録した第二歌集『花の原型』を作品社から刊行する。

この歌集には『短歌研究』54年9月号に掲載された《遺詠三十三首》のうちの一首で冒頭に掲げた「亜麻の歌」も再録されているが、実はこの歌、若月彰という『時事新報』の青年記者がいなければ陽の目を見ることがなかったかもしれないのだ。

中井が編集した『花の原型』の発刊と踵を接するように若月は『乳房よ永遠なれ』という題名の本を55年4月に出版する。

写真56 『花の原型』（作品社刊）
シンプルな色使いの表紙が美しい

第一扉には『この書を薄幸の歌人 中城ふみ子の霊前に捧ぐ』との献呈文が書かれ、第二扉にも副題として《薄幸の歌人 中城ふみ子》の文字が刻まれている。

これほどのオマージュがどうして生まれたか——。詳しくは後で述べるとして、本の内容は彼自身が《結語》の中で『手記とも歌論とも歌人伝ともつ

かぬ中城ふみ子さんとの顛末』と書いているとおり、異色の評伝である。

その異色本のクライマックスは、癌の末期患者であるふみ子と若月のラブシーンの場面が描かれていることであり、世間の耳目もそこにばかり関心が集まり、10万部を売るベストセラーとなった。

しかも、出版からわずか7か月後の55年11月には同名の日活映画として封切公開されるといった具合に54年から55年にかけての1年余りは、さながら"中城ふみ子ブーム"の様相を呈したといってもよいだろう。

映画製作のきっかけは、監督を務めた田中絹代が歌集『乳房喪失』を読んで感銘を受け、自身3作目となる映画の題材にしようと決めたことによる。

田中といえば昭和の日本映画を代表する大女優であるが、今日、その名を聞いてピンとくる日本人は、かなり少なくなっているに違いない。ましてや映画監督のキャリアまであったことを知る者は、極僅かだろう。

田中は、従来の日本映画が男性監督により男に忍従奉仕する女の姿を描く作品が多いことに覚醒。『女の立場から女を描いてみたい』（『田中絹代聞き書き』P.34）と、日本で2人目の女性映画監督となった。その田中の前に、乳癌に冒されながらも"自分のために生きて短い生涯を終えた女性"という恰好の題材が現われたのだから、これだ！と直感したことだろう。

脚本は、東京女子高等師範学校（現・お茶の水女子大学）卒の才媛脚本家・田中澄江が担当。原作である若月の『乳房よ永遠なれ』は無論のこと、ふみ子の二つの歌集『乳房喪失』と『花の原型』を読み込み、執筆した。

映画では、主演女優に演技派の美人女優として知られた月丘夢路、主演男優に53年度ミスター平凡グランプリの新人俳優・葉山良二が起用され、それぞれ歌人の

写真57　『乳房よ永遠なれ』映画ロケ（町村農場）
ふみ子の弟義夫の荷馬車に乗せてもらい登校する長男昇をふみ子が見送る場面。義夫役は大坂志郎。

下城ふみ子役と東京日報記者の大月章役を演じた。勿論、最大の見せ場は若月の原作同様、主役の二人が病室で愛を交わすシーンである。日活もそこは心得ており、宣伝用のポスターには上半身を露わにした月丘の胸に葉山が頬

を当てている扇情的なポーズが描かれた。

　果たして映画は大ヒットし、東京では封切週で観客動員1位を記録し、地元の札幌でも延べ観客動員が平均的な映画作品の約4倍に当たる6万人を数えた(中島美千代『夭折の歌人 中城ふみ子』P.240)という。

　余談だが、この映画製作のロケ地の一つに著者が住む江別市にある町村農場(対雁にあった当時の旧農場)が選ばれ、1954年10月15日から17日までの3日間、撮影を行っている(前頁写真57参照)。おそらく札幌近郊にある北海道の牧歌的な風景として白羽の矢が立ったのだろう。

　この"中城ブーム"が一段落し、映画『乳房よ永遠なれ』の公開からちょうど20年後の1975(昭和50)年11月、ふみ子をモデルにした伝記小説『冬の花火』が刊行された。渡辺淳一が角川書店発行の『短歌』誌に72年4月号から73年12月号まで長期連載した文章を一部改稿したうえで単行本化したものである。

　同書の《あとがき》の中で渡辺は『中城ふみ子さんが札幌医大病院で亡くなった時、私はその大学の医学部の一年生であった。その時、私は中城さんの歌のことも、恋のことも、死のことも知らなかった。(中略)後年、中城さんの歌を読み、その歌をあの病院の一隅に置いてみたとき、私ははじめて中城さんの歌の華やかさと、哀しみと、したたかさを知った。』と書く。

　さらに小説執筆に至った理由について『私の頭の中には、あの地の底とも思われる一本の廊下と、死を約束された人達がいた病室の記憶がある。私が中城さんを書き、いま新しく甦えらせたいと願ったのは、ただ一つこの地の底でのつながりがあるからにほかならない。』と明かしている。

▌遺詠「亜麻の歌」

　著者は、渡辺淳一の小説はほとんど読んだことがないのだが、『冬の花火』の作中では、ふみ子が亡くなる少し前の7月、帯広から見舞いに来ていた友人の祥子に語りかける場面が印象に残っている。

　　「帯広はいま亜麻の盛りね」
　　「あなた、あの紫の花が、見渡すかぎり咲き揃っているところを、みたことがある?」
　　「わたし、クマさんに案内してもらって見に行ったことがあるの」
　　「もう一度、あの花を見たいな」

このふみ子の亜麻に対する"思い"を布石として、渡辺は小説の最後にあの遺詠「亜麻の歌」を掲げる。8月3日に亡くなり、翌日札幌で荼毘に付されたふみ子の遺骨は5日、家族とともに帯広に帰った。
　そのことを踏まえて、小説は次のように締めくくられている。

　　かつてふみ子が夢見たとおり、ふみ子が故郷に戻った時、十勝の野は見事に晴れ渡り、果てしない野面の果てに、藍色の亜麻の花が一面に咲き乱れ、夏の微風に波打っていた。

　癌が肺に転移して呼吸器の機能を著しく削がれていたふみ子は、しばしば喀痰が気道を塞ぎ、呼吸困難に陥って悶絶していた。そのような「息きれて苦しむ」夜に詠んだこの「亜麻の歌」は、ふみ子の代表作であり、この歌が一番好きだというふみ子ファンも数多いと聞く。
　在札の文芸評論家だった菱川善夫も『現代短歌鑑賞シリーズ　中城ふみ子の秀歌』（短歌新聞社　1977年）の中でこの歌を『「遺詠」の絶品。生命のかぎりをつくして吐き続けられた真珠素が、生命のきれる瞬間につくりあげたみごとな黒真珠に、この作品はたとえられていい。』と称揚する。
　通常、亜麻畑の花の景色は、初夏の青空の下で可憐な淡青色の花が風にそよぐ爽やかなイメージを持つものであるが、ここでは、夜、『むらさきに充ちてゐる』亜麻の花が詠まれている。これについて菱川はこう鑑賞する。

　『亜麻の花は、通常白か藍の花で、「むらさき」ではない。夜だから「むらさき」に見えるというのでもない。そんな外見上の色彩感によってとらえられているのではなく、それは、より直接に、作者の苦痛にみちた生命の象徴として、むらさきに変じているのである。しかも「充ちてゐるべし」であって、「満ちてゐるべし」ではない。苦痛にまみれたまま充足しているのである。ここにはむしろ残酷なまでに痛ましい生命の充足感がある。(中略)すでに中城は、紫の亜麻の花となって、ふるさとの土に根付いたのである。』

　流石、ふみ子が世に出たのと同じ54年に第一回現代短歌批評賞を受賞して以来、短歌批評には定評のある菱川の鋭い洞察というべきだろう。
　また、菱川の愛弟子で95年に第13回現代短歌批評賞を受賞している北海学園大学人文学部教授の田中綾氏は『それまでの中城作品にくらべて、絶息

の苦痛の中に故郷への想いがこめられている絶唱で、短歌に関心を持つ方々にも愛されている一首』(2024.5.6付著者宛メール)と解説する。

著者なぞは、全き歌心がないため、亜麻の花は早朝に咲いて昼頃には散ってしまうから、夜に咲いているさまを詠むのはおかしいのでは？という皮相的な疑問を呈するのが精一杯だが、佐方さんにこう教えられた。

写真58　田中綾

　『短歌では、月や風など自然のものに心をかぶせて詠うことが多くあり、この歌も矛盾の中に心を閉じ込め、自分が苦しんでいる今もふるさとでは亜麻が元気に咲いていることだろう、と詠むことで自分を励ました歌と解釈されています。』

それほどに素晴らしい遺詠であるにもかかわらず、この歌は、帯広市内に2基存在するふみ子の歌碑のいずれにも刻まれていない。これも佐方さんによると、『みんなが歌碑にしたいと願った歌だったのですが、ふみ子の自筆の歌稿が残っていないため、実現しなかったのです』。

唯、前述のとおり、この絶唱は、もし若月彰という『時事新報』の青年記者がいなければ、陽の目を見ることすらなかったのだ。

在京の時事日報新聞社で文芸係を担当していた彼は、『短歌研究』の中井編集長とも知己を得ていたことから短歌への関心を深めていたところ、同誌54年4月号の《作品五十首》特選で中城を知り、作品に感動した。さらに同年7月2日に落掌した歌集『乳房喪失』を徹夜で読破すると、3日の朝、この歌集の紹介記事を書く上で参考意見をもらうべく中井の許を訪ねた。

そこで歌集出版の裏に、文豪川端康成が動いたことや歌仲間が長距離電話や至急電報で中井宛に一刻も早くふみ子に歌集を届けてあげて欲しいと嘆願した友情秘話があったこと、さらにはふみ子の余命が今や数日と宣告されていることを知る。これらのネタを基に一応記事を仕上げた若月だったが、心に引っかかるものを感じていた。

『彼女は本当に数日で死ぬのであろうか？ 私はこの眼で、彼女の真実を見届けたいと思った。自分のこの眼で実際に彼女の姿を見てから書くべきことが、記者としての本来の在り様ではなかろうか』(『乳房よ永遠なれ』P.95)。

第3節　中城ふみ子　遺詠「亜麻の花」(短歌)　141

そう考えた若月は、上司の部長から5日間の休暇をもらい、ふみ子のいる札幌に向かうため7月5日、上野発の夜行列車に乗った。

青森から青函連絡船に乗り、丸一昼夜26時間かけて6日の午後6時頃に札幌に着くと北海道新聞社に直行。『凍土』同人でふみ子の歌友である学芸部の山名康郎記者と会い、連れ立って医大の癌病棟にふみ子を見舞った。

そこで1時間近くインタビューを行い、翌7日、本社に記事の補完原稿を送り、8日の『時事新報』には《死の病床に届いた見本刷》という4段抜き見出しの記事が載る。若月の"記者としての任務"はこれで果たされた。

しかし、彼は部長から許可してもらった5日間の休暇を消化した後も札幌に滞在し続ける。一言でいえば、ふみ子から目が離せなくなったのであった。

結局、7月24日の午後に本社から『スグカエレ』の電報が届き、25日の夕方、函館行きの列車に乗り込むまで20日間も札幌にとどまった。その間の7月22日の昼間、ふみ子は若月に『今日作った歌はこんなものだけど、どうかしら、と手帳をひらいてみせた』(『乳房よ永遠なれ』P.167)。

その手帳に「亜麻の歌」が書き記されていたのである。翌23日の朝からふみ子は作歌手帳にメモしてあった短歌を若月に買ってきてもらった大判ノートに書き写しはじめるが、推敲をしながら書いていったため、進度は極めて遅かった。若月がそれとなく手帳を覗き見たところ、細かな文字で20首分くらいはあったというが、日暮れまでにノートに記されたのは7、8首にすぎなかったようだ。

その夜、ふみ子は激しい咳や胸の痛みに耐えかね、ベッドの上をのたうつように苦悶したため睡眠薬の注射を打たれたが、癌の疼痛はすぐにその眠りを破り、最後は麻薬が用いられて寝静まった。

日付が24日に変わった未明に若月はふみ子の枕元にあった手帳を手に取り、中を開いてみた。そこには数十首の歌が記されており、急いで自分のノートに全て書き写し、元の位置へそっと戻してから眠りについた。

これがどんな意味を持ったのか。実は、ふみ子の死後、上京したふみ子の母から若月が聞いた話によると、ふみ子は26日の『夕方、母親を呼ぶと、作歌手帳を渡して、「これ、焼いて頂戴」と頼んだ。母は手帳を言われるままに焼いてしまった』(『乳房よ永遠なれ』P.182)という。つまり、推敲して大判ノートに書き写してあった以外の未発表作品の肉筆の方は灰燼に帰し、その中に「亜麻の歌」も含まれていたということだ。

ふみ子没後50年

　一世を風靡したというには余りにも短すぎたふみ子の活躍期間だったが、ブームの陰で囁（ささや）かれた批判の声は次第に消えてゆく。やがて、中央歌壇において中城ふみ子は、前衛歌人の一人として戦後の短歌界に変革をもたらし、現代短歌の起点になったという評価が定まる。

　多くの文学者の命日にはペンネームや代表作などに因んだ〈○○忌（き）〉という名前が付けられ、遺族や友人やファンが追悼行事を行う。ふみ子の場合は歌集『乳房喪失』に因み、一周忌の1955年8月3日、東京で〈乳房（ちぶさ）忌〉が行われているが、定着とまではいかなかったようである。

　歌人にとっての顕彰碑ともいうべき歌碑は、1960年の命日に第一歌碑が帯広神社境内に建立（＊95年に現在の十勝護国神社境内に移転）され、83年の命日に第二歌碑が帯広市緑ケ丘公園内に建立された。この間、80年には親族やファンらによる中城ふみ子会が結成され、命日に歌碑に亜麻などの花を供え、ふみ子の御霊（みたま）に自作の短歌を捧げる〈献歌式〉を催すのが習いとなる。

　そうした中で、2004（平成16）年、ふみ子没後50年の節目を迎えた。

　8月3日の献歌式には、はるばる東京から参加した熱心なファンを含む道内外の愛好者ら約30人が緑ケ丘公園内の第二歌碑前に足を運んでいる。

　銘々が短冊や色紙に書いた短歌32首を中城ふみ子会の塚越博一会長が朗詠した。同氏は佐方さんが帯広柏葉高校に通っていた当時に同校教諭だった方である。

　また、同じく8月には北海道新聞社から、ふみ子の2つの歌集に未収録の短歌も含めた『美しき独断 中城ふみ子全歌集』が、10月には平凡社から菱川善夫編『新編中城ふみ子歌集』が刊行され、さらに11月には2つの評伝（中島美千代『夭折の歌人中城ふみ子』、吉原文音『中城ふみ子 凍土に咲いた薔薇』）まで出る活況をみせた。

　前後するが、4月には帯広市が中心となり中城ふみ子賞が創設されている。50年前ふみ子が『短歌研究』五十首詠で特選に輝き全国歌壇にデビューした出来事の"再来"を期待し、未発表作品50首を4月末日締切で一般公募。受賞作は『短歌研究』に掲載されるとあって、262件もの応募があった。

　このほか短歌総合誌上で組まれた中城ふみ子特集も含む一連の没後50年フィーバーを回顧し、同年末の『北海道新聞』コラム〈道内文学 短歌〉で田中綾氏は『二〇〇四年は〈中城ふみ子年〉であった』と総括している。

亜麻の会

　ところで、前述した没後50年の節目の献歌式の参加者の中には札幌及び近郊の熱心なふみ子ファンで組織する学習サークル〈亜麻の会〉のメンバーが何人も含まれていた。同会は2001(平成13)年2月に札幌市の西区民講座として計4回に亘り開かれた文学講座「歌人　中城ふみ子」の講座終了後、学習継続を希望する17名によって同年4月に結成された。

　会長には同講座で講師を務めた西区在住の佐々木啓子さんが就任。名称は遺詠「亜麻の歌」に因む。短歌を詠む人はわずか3人だったが、毎月第一金曜日に学習会を持ち、8月3日のふみ子の命日には希望者で帯広に行くことなどを申し合わせ、その年の献歌式には15人もの会員が参加した。

　佐々木さんがふみ子を知ったのは、奇しくも自身が1986年12月、47歳でふみ子同様、乳癌の手術を受けたことが契機である。ステージ3で、死ぬことも頭をよぎり焦燥に駆られていた時にふみ子の歌集『乳房喪失』と出会い、苦しくてもしっかり死と向き合う覚悟を決めたふみ子の姿勢に『すごい歌人だなあと身体に電流が突き抜けた』(『短歌新聞』2001年5月号)という。

　ふみ子研究に本格的に取り組むことになったのは、夫・政夫さんの転勤で帯広に移住した90年のこと。ふみ子の実妹で歌人の野江敦子さんとの知遇を得て信頼され、ふみ子に関する資料の整理を任されたのだという。それから10年かけた労作『中城ふみ子資料目録』を2000年5月に出版。05年には亜麻の会から会誌『亜麻』第2号として《中城ふみ子没後五十年記念集》を出したが、同会は翌年に解散する。佐々木会長がふみ子研究で多忙を極めたので会長を降りようとしたが、後任のなり手がいなかったそうだ。

ふみ子没後70年

　さて、時の経つのは早いもので、今年(2024年)はふみ子が亡くなってから70年の節目を迎えた。何か特別な記念行事があるのか、現・中城ふみ子会会長の吉田真弓さん(元・帯広市図書館長)に連絡を取ると『例年通りの献歌祭で、早朝に歌碑の清掃をし、参加できる会員がそれぞれ歌を持ち寄り、ふみ子の亡くなった10時50分から歌碑の前で披露するだけですから15分ほどで終わってしまいますが、それで宜しければどうぞ…』とのこと。

　かくて著者は、8月3日の10時半頃に帯広市緑ケ丘公園内の第二歌碑前に到着し、初めての献歌式(祭)に臨む。第二歌碑に刻まれたふみ子の歌は、

　　　　母を軸に子の駆けめぐる原の昼木の芽は近き林より匂ふ

　既に数人の方がみえており、早速吉田会長にご挨拶をと思ったが、何と入院中のご母堂の容態悪化により付き添わなくてはならず、急遽欠席する連絡が入ったと、事務局長の佐々木直美さんから知らされた。
　ほどなく定刻となり、異例の"会長不在"のまま献歌式が始まり、下の左の写真のように一人ずつ碑の前に進み出て、持ち寄った短歌を詠じた。
　歌心なき著者も、吉田会長の勧めで用意してきた次の一首を献じた。
　　　　『十勝野にふみ子慕ひし歌人の集ひ来たりて献歌祭かな』
　式終了後、ふみ子会を代表して幹事の千田慶子さん（短歌誌『樹樹』編集発行人）から遠路駆け付け献歌までしたことへ労いの言葉をいただいた。
　そして、著者のスマホで参列者全員の記念撮影をしたが、没後50年の時にはこの場に約30人が参集したそうなので、少し寂しく思えた。

写真59・60　ふみ子没後70年献歌式（2枚組 2024.8.3 帯広市緑ケ丘公園）
左は碑前での献歌の様子。右は式の参列者で、右ブロックの前列左はふみ子会の千田慶子幹事、後列中央が著者、その右は佐々木直美事務局長。左ブロック最後尾は帯広市図書館の山田久恵主任。

▍再び「亜麻の歌」

　話は変わるが、著者は、本節執筆のための資料集めをした過程で入手した『北海道新聞』の記事の一文が、ずっと心に引っかかっていた。
　実名を出して申し訳ないが、道内歌壇の重鎮であり、ふみ子と同じく帯広生まれの歌人である時田則雄氏は、かつて同紙上でふみ子の「亜麻の歌」に

触れ、文章の末尾に『因みに「ふるさと」とはふみ子の母の出身地、鹿追《しかおい》である。』(1994.6.15付『北海道新聞』夕刊〈帯広・十勝版〉)と書いた。

　断言しているので、きっと何か典拠があるのだろうと探したが見当たらず、北海道新聞社の仲介で時田氏ご本人から電話をいただいて、ようやく事情が分かった。要するに典拠はなく、ご自身の見解だという。氏曰く『ふみ子は帯広の生まれです。帯広の街の中だから、亜麻畑なんて無いんです』。

　一方、佐方さんは、前掲書の《第一章　ふみ子の生い立ち》で『ふみ子が女学生時代の帯広はまだ都会とはいえなかった』(P.17)と述べる。さらに、音更から帯広柏葉高校に通った自身のことについて本文の最後に『ライラックの香りに誘われるように街(＊この「街」とは帯広の街中のこと。)を歩くと、見渡すかぎり亜麻の花が咲いていた少女時代を思い出す。が、今や帯広にも音更にも、亜麻畑や亜麻会社はない。当時亜麻が咲いていたという帯広の中央公園あたりを歩き、(後略)』(P.279)と記す。

　中央公園近くの市役所や図書館を含む一帯はかつて亜麻畑であり、帯広で近代的な都市基盤の整備が本格的に始まるのは昭和30年代に入ってからのこと。ふみ子が女学生時代の昭和初期であれば、まだ帯広市内やその近郊では、いくらでも"ふるさとに咲く亜麻"の景色を見ることができたはずで、わざわざ母親の実家のある鹿追まで行く必要はなかっただろう。

　「亜麻の歌」が好きなふみ子ファンも、歌に詠まれた"ふるさと"は素直に帯広だと理解しているのではないか。唯、私とて確定的に言えるわけではないので、あとは泉下《せんか》に眠るふみ子に尋ねるしかない。

　あなたが、唯一、歌に詠んだ亜麻は、どこに咲いていたのですか？

第 5 章

現代のあまびと

第1節　亜麻ルネサンスプロジェクト

　著者が住む江別市の北隣に石狩郡当別町という町がある。町の公式ホームページを開くと、可憐な亜麻の花が咲き誇る美しい景色が現れる。

亜麻のふるさと

　同町の中心市街地から北に約 11 km のところに当別ダムという多目的ダムがある。完成は 2012（平成 24）年秋。1970（昭和 45）年の予備調査開始から数えて実に 42 年もの長い年月を要した。

　北海道空知総合振興局札幌建設管理部が管理するこのダムにはネーミングライツ（施設命名権）契約により《亜麻のふるさと当別ダム》という愛称が付いており、スポンサー企業の手で町のホームページと同じような亜麻の風景が描かれた大きな看板がダム下流広場に設置されている（下掲写真 61）。

　それにつけても、ネーミングライツは旧・さっぽろ芸術文化の館がニトリホールと呼ばれた例や現・札幌市民ホールがカナモトホールと呼ばれている例を挙げるまでもなく、企業名を冠し宣伝に利用されることが一般的なのに、この愛称看板には企業色が全くない。

　当別ダムの施設命名権は、2021 年 8 月 1 日から 2024 年 3 月 31 日までの 2 年 8 か月間で当初契約が締結され、現在は契約更新（再入札）により 2027 年 3 月 31 日までの 3 年間となっている。

写真 61　当別ダムのネーミングライツ看板（2024.7.30）
撮影地点は、ダム下流広場。後方にダムの堰がみえる。

　当初募集時に同時募集された佐幌ダム（新得町）の場合、施設命名権を 105 万 6 千円で落札したスポンサー企業の日本衛生㈱はダムの愛称を当然の如く"日本衛生佐幌ダム"と命名した。

　高額な契約料を支

148　第 5 章　現代のあまびと

払うのだから、これが普通であろう。

　では、佐幌ダムと同じ契約期間で同ダムの契約金額を上回る147万円を支払いながら、当別ダムの愛称に社名を入れなかった"奥ゆかしい"会社の思惑は、一体どこにあったのだろうか？

北海道技術コンサルタント起業推進室

　札幌市東区苗穂町に㈱北海道技術コンサルタント（以下「道技コン」と略す。）という従業員60名ほどの会社があり、同社が当別ダムの愛称の名付け親企業である。1966(昭和41)年3月に小野市太郎氏が札幌市大通で測量業の小野工務所を創業したのが始まりで、同年7月に法人化した。

　現社名に変更したのは81年10月。翌年、建設省（現・国土交通省）に建設コンサルタント登録を行い、主に河川・砂防・環境分野での公共土木事業の調査・計画・設計・維持管理に技術サービスを提供してきた。

　同社が現在地に本社ビルを建てて移転してきた1988(昭和63)年は政府の内需拡大策により市中での金回りが良くなり、世にいう〈バブル景気〉を多くの国民が感じ始めた時期である。株や不動産価格が高騰し、89年末の大納会で付けた日経平均株価の終値38915円87銭は、その後2024年2月22日に更新されるまで34年余りも破られなかった。

　しかし、91(平成3)年2月に"バブル崩壊"が起こり、その後約10年もの長期に亘って不況が続いたので、"失われた10年"と呼ばれる。企業はリストラや減給に走り、それが消費の低迷をもたらす悪循環に陥った。拓銀の経営破綻や山一証券の廃業があったのもこの時期の出来事である。

　唯、北海道に関して言えば、経済や雇用の下支えとなっていた北海道開発予算はバブル崩壊後も増え続け、97年に1兆円を突破した。公共土木事業の技術コンサルタント業務を経営の柱としていた道技コンにとっては朗報だが、当時社長だった橋本眞一さん（現・会長）は浮かれていなかった。

　実際、同年をピークに北海道開発予算は、その後15年ほど漸減傾向を辿ることとなり、同社の公共事業関連の受注も減少する。橋本会長に当時のことを伺ったところ、『支店経済からの脱皮を図りたかった』そうだ。

　支店経済とは、一般に製造業や建設業などの第二次産業の基盤が薄く、域内経済において地元企業よりも域外に本社を置く企業の経済寄与分に大きく依存している経済状況をいう。これを北海道にあてはめると、全国に比べて

第一次産業の比率が高く、第二次産業の比率が低い。そして、道内経済の中心である札幌市には様々な業種における大手企業の北海道支店や札幌支店・営業所がひしめいている。

　橋本さんはそうした現状を歯がゆく思い、道技コンの社長としても公共事業への依存体質を改善しないと、いずれ公共事業の先細りで会社の将来展望が開けないことを予見していた。

　そのためには、しっかりと地に足を着けた持続可能な新しい事業を開拓する"起業"が一番と考え、北海道らしく農業に活路を求める。と言っても、農作物の生産だけで終わらせるのでは能がない。加工して付加価値を付け、自ら本州市場に売り込む"六次産業化"をめざした。

　さて、問題は何を栽培するか——。広い土地と冷涼な気候を生かしながら、稀少性などの特色を打ち出さなければ、後発組に勝算はない。橋本さんは、本業の傍ら様々な作物を調べていく中で、かつて北海道で特用作物（食用以外の用途で栽培される農作物。例えば、綿、藍、煙草等）として大規模に作付けされていた歴史をもつ"亜麻"に着目した。

　橋本さんは1952(昭和27)年に栃木県鹿沼市で生まれた。栃木県の旧国名は下野国で別名は野州。日本古来の麻（大麻）の産地で、〈野州麻〉として知られる。また、鹿沼には帝国繊維の工場があり、消防用ホースなどを生産してきた。そうした"麻繋がり"も多少は亜麻利用の発想に影響を与えていたかも知れない。いずれにせよ、橋本社長はその新規事業のパイロットとして、2000(平成12)年の夏にアルバイトで入社した一人の若者に白羽の矢を立てる。若者の名は、内藤大輔といった。

　彼は、1975(昭和50)年札幌生まれ。父親の転勤により長野県で育ったが、北海道大学に入学し、再び札幌で生活する。学部は工学部だったものの、在学中から将来は北海道で農家になる夢を持っていた。その夢の実現のために流通を学んでおくことも必要と考え、卒業後は東京の大手商社に就職する。2年ほど勤めて退職し、2000年の春に札幌に戻ると、数軒の農家で見習い研修をした。さらに農家研修の際に知り合った会社の社長さんに声を掛けられて、生活費を稼ぐためにその会社にアルバイトに行くことになったが、その社長こそが橋本さんだったのである。

　農業分野で新規事業を起業しようとしていた橋本社長にとって、これほどの適任者はいなかったであろう。

その年のうちに彼を居酒屋に誘い、そこで社長からの"特命"として亜麻に関する調査を持ち掛ける。内藤さんはアルバイトの身なので断ることもできたが、調査経費のほかに特別報酬も出すと言われて引き受けた。

　年が明けた2001（平成13）年。内藤さんは調査結果を40枚ほどの報告書（企画書）にまとめ、橋本社長に提出した。

　後日、内容に目を通した同社長から内藤さんに再び声がかかり、『二人は再び居酒屋で向き合った。橋本社長は切り出す。「うちの会社に居場所をつくってやるから、亜麻で事業を起こしてみないか」。』(2007.7.24付『北海道新聞』朝刊)

写真62　内藤大輔

　多少の迷いや不安もあったが、内藤さんはこの申し出を受諾。橋本社長が約束した"居場所"として同年、社内に起業推進室が新設され、本格的に亜麻を活用した事業化の研究がスタートした。

34年ぶりの亜麻事業復活

　内藤さんが橋本社長に提出した"内藤レポート"には、亜麻栽培の歴史を踏まえたオーソドックスな"繊維利用論"と当時国内でも注目され始めていた"種子利用論"の両論が併記されていた。後者は、亜麻の種子である亜麻仁に含まれるオメガ3系のα-リノレン酸に疾病予防効果があるとする論文が多数執筆されていたことに着目。ヨーロッパのように種子をクッキーやパンの生地に練り込んで直接食べるほか、油を搾って亜麻仁油として利用しようというものである。

　そこで内藤さんが考え出した道筋は、『まず亜麻の種を使った製品を先行して開発し、軌道に乗せてから繊維づくりに着手』(『スロウ』第10号＝2007年冬号 P.60)するという、両論を生かす二段階作戦だった。

　しかし、繊維利用路線は早々と放棄せざるを得なくなる。2001年に初めて栽培した亜麻の茎から取り出した繊維の品質が"等外"レベルとわかり、改良するためには多大な設備投資が必要と悟ったからである。

　唯、この2001年の事業化に向けた亜麻の試験栽培は、1967（昭和42）年に道内で契約栽培による亜麻事業が終焉してから34年ぶりに"復活"の狼煙を上げる歴史的なエポックを刻んだことは間違いない。

　その舞台となった圃場は札幌市北区茨戸のわずか50坪の農地。道技コン

第1節　亜麻ルネサンスプロジェクト　151

の役員の伝手(つて)で知り合いの農家から借用したものだ。万事が初めて尽くしのため準備が後手に回り、何とか囲場を確保できた4月時点でまだ肝心の種子が入手出来ていない有り様。だが、これを"泥縄"と言うには忍びない。

　亜麻の播種(はしゅ)の適期は4月末から5月初旬。内藤さんは急いで国内の種苗メーカーなどに問い合わせたが、扱っているところは一つもなかった。無理もない。30年以上も亜麻栽培が途絶え、種子の需要がないのだから、販売市場が存在するわけがない。色々調べた末、鳥の餌の原材料に麻の実が使われていることがわかる。その"麻"は亜麻なのか大麻なのか？播けば生えてくるのか？メーカーに問い合わせたところ、大麻栽培を目的にしていると勘違いされ、まじめに生きるよう諭(さと)されたこともあったという。

　農業試験場にも掛け合ってみたが保有しておらず、万策尽きたかとあきらめかけた時、亜麻栽培が行われているヨーロッパなら手に入るかも知れないと思い当たる。商社時代の先輩が当時偶々(たまたま)フィンランドに駐在しており、事情を話したところ何と近所の日用雑貨店で売っていると言うではないか。

　取り急ぎ2kg送ってもらい、ようやく播種に漕ぎつけたが、内藤さんの記憶では『既に6月に入っていて、もうすっかり播くのが遅れた』そうだ。

　結果、『かつて伊達市の亜麻工場で製品検査をしていたという男性にみてもらうと、すべて「等級外」の低品質だった』(2007.7.24付『北海道新聞』朝刊)。必然的に残された道は種子利用論。即ち、種子を搾って亜麻仁油を製造・販売する方針に舵を切ったのである。

▍救世主・大塚農場

　さて、次に内藤さんが直面した課題は、亜麻栽培を引き受けてくれる協力農家探しであった。

　いわゆる"農閑期(のうかんき)"の冬場になるのを待ち、2001年12月から地元札幌市東区を皮切りに伝手を頼りに農家廻りを開始する。しかし、石狩管内で事業としての亜麻栽培が途絶えてから40年近いブランクは、内藤さんの想像以上に大きかった。20軒近く訪問したというのに、どの農家からも異口同音に『うちでは無理』と断られ続けたのだった。普通なら心が折れてしまいそうになるが、亜麻栽培復活の夢にかける熱意が内藤さんの背中を押した。その願いが天に通じたのか、ついに協力してくれる農家が現われる。

　救世主(きゅうせいしゅ)となったのは、当別町東裏地区で米、麦、大豆(だいず)などの穀類のほか野

菜づくりも手広く行う大塚農場。内藤さんによると、訪問時期は『2月の半ばを過ぎていて、もう3月近くだったように思います。』とのこと。

まだ雪深い中を札幌からやってきた突然の訪問者に戸惑いながらも農場主の大塚利明さんと母親の幸子さん、長男の慎太郎さんの3人が応対した。

写真 63　大塚農場の皆さん（大塚農場ホームページ 所収）
右から2番目が現社長の大塚慎太郎さん。右隣が妻の亜耶さん。左隣から順に父親で撮影当時会長の利明さん、妹の真央さん、母親の裕子さん、妹の詩穂さん。（農場の倉庫前にて）

唯、すんなりいったわけではない。内藤さんが来訪の目的を説明し始めて"亜麻"という言葉を口にした途端、かつて実際に亜麻を栽培した経験のある幸子さんは表情を一変させ、『んなもんやってられんよ！』と声を荒げた。草取りなどの苦労が身に染みているだけに、その記憶がとっさによみがえり、拒否反応が出たのだ。

内藤さんは、さすがに一瞬ひるんだものの、"もう後がない"という必死の思いで構わず説明を続ける。利明さんは内心では"厄介な人が来たな"と思いつつも、滔々と亜麻栽培の夢を語り続ける若者の話に耳を貸した。

何がそうさせたのか？今まで内藤さんの申し出を断った十数軒の農家とどこが違ったのか？

大塚家のルーツは栃木県。北海道に渡って新篠津村に腰を落ち着け、現在の大塚農場は、1947（昭和22）年に利明さんの父・清さんが僅か3反の畑で分家したことに始まる。69年に法人化（有限会社設立）し、82年に利明さんが二代目社長となり、内藤さんが訪ねてきた当時は約20町歩の経営面積を

第1節　亜麻ルネサンスプロジェクト　153

有する中堅農家であった。

　利明さんは常に先進的なことに取り組んでいこうとする進取の精神にあふれた人で、無農薬の有機栽培を始めた。その一環で水田にアイガモを放して草を食べさせ除草する"アイガモ農法"も取り入れた。つまり、良い意味での"変わり者"だったことが内藤さんにとって幸いしたのだ。

　結局、2時間近く話し合って利明さんは亜麻栽培を受け入れ、使っていなかった1反の畑を試験栽培用に道技コンに貸すことを承諾する。

　81年生まれで、当時、酪農学園大学（江別市）の2年生だった慎太郎さんはその時のことをよく覚えており、後年、次のように語っている。

写真64　大塚慎太郎

『儲けようとか、地域振興で始めたわけではないんです。大塚家の気質なのかわからないですけど、僕も父さんもどっちかというと困った人を放っておけないところがあります。歴史から消え去った作物を復活させる機会なんてそうそうないので、やってみようという気持ちがお互いにありました』（『農業経営者』2017年10月号 P.5）。

　とまれ内藤さんの夢は、困った人を放っておけない気質の奇特な親子によって繋がる。無論、誠実な人柄が伝わったからであり、並々ならぬ熱意に絆されたという言い方もできよう。

　2002（平成14）年5月初め、大塚農場での亜麻試験栽培1年目の播種を迎えるが、利明さんは、口は出しても手は出さなかった。2月に試験栽培を受け入れた際、『まずは自分の力でやってみなさい。』と言っていたからだ。

　内藤さん曰く、『今振り返ってみると、言葉だけじゃなく、僕の本気度がどれほどのものか試されていたんじゃないのかな？って思いますね』。

　実際、内藤さんは『亜麻の栽培が始まると、最初は毎日草取りをして何をしているんだというくらい大塚農場にいました。おかみさんやおばあちゃんに「内藤君、お昼食べていく？」って言われたのがとてもうれしかったですね。僕を大塚農場の社員だと思っていた人もいたくらいでした』（『スロウ』第10号 P.61）というから、本気度は十分に大塚農場の人たちに伝わっていた。その何よりの証左が、最初は声を荒げて大反対した幸子おばあちゃんからのお昼ご飯のお誘いだろう。何とも心がほっこりする話で、NHKの連続テレビ小説のワンシーンを見ているかのようだ。

　さて、草取りに汗を流した試験栽培の成果だが、秋に1反の畑から収穫で

きた亜麻種子の量は僅か10 kgであった。

　大学3年生となっていた慎太郎さんは、そろそろ卒業論文のテーマを決める時期にさしかかっていたが、この結果に奮起し、「亜麻栽培における効果的な施肥について」を研究テーマとすることを決心する。これは内藤さんにとって朗報であった。慎太郎さんを通じて、酪農学園大学の土壌学などを専門とする教官から助言を得ることができたからである。

　試験栽培2年目の2003年は、大塚農場が本格的に乗り出し、栽培面積を7反に増やす。慎太郎さんの卒業論文の研究データを取得するという意味合いもあるため、異なる条件で肥培管理の実験を行ったのである。その結果、収量は約70 kgで、反収自体は前年並みにとどまるが、代わりにいくつか貴重なデータが得られた。『研究の結果、亜麻は生長段階においてカルシウムを特に好むことがわかってきた。一方で、いわゆる三大栄養素とされる窒素、リン酸、カリウムは小麦と比べると3分の1程度で十分な』（『スロウ』第53号＝2017年秋号 P.21）こともわかったのである。

　これらの研究データを基に卒業論文を書き上げた慎太郎さんは、翌2004年3月に大学を卒業すると、4月から道北の幌加内町役場に就職し、農業技術センターで亜麻栽培に関する研究を続けた。

亜麻公社の設立

　一方、道技コンのほうでも動きがあった。起業推進室で低温圧搾機をドイツから輸入して亜麻仁油の商品化に向けた取り組みを進める中で、道立食品加工研究センター（江別市）にも相談に乗ってもらい、油の酸化を抑えるにはカプセルに入れて飲みやすくしたサプリメントにする方法がよいという結論に達し、試行錯誤の末、製品化の目途が立ったのだ。

　それを受けて2004年2月10日、道技コン起業推進室を発展的に解消する形で有限会社亜麻公社が設立された。道技コンの橋本社長と内藤さんの二人が取締役となり、橋本社長が代表取締役に就任。資本金300万円のうち内藤さんも10万円を出資した。本店所在地は当初、札幌市東区の道技コン内ではなく、同市中央区内にある橋本社長の自宅に置いた。

　原料となる亜麻栽培では、カナダから搾油に適した品種の種子を取り寄せ、これを大塚農場のほか契約栽培に応じる農家に供給し、合わせて約3町5反の作付け（うち大塚農場は8反）が行われた。各農家は慎太郎さんの研究

した肥培技術に基づいた管理を行い、無農薬のため雑草や害虫の被害、さらには収穫直前の9月8日に道内を襲った台風18号の暴風による被害を受けたものの、全体では約800 kgの亜麻種子を収穫した。反収は約23 kgで、大塚農場での過去2年間の実績に比べて2倍以上の増収となる。

　亜麻公社では、このうち翌年の播種用種子を除いた約600 kgの種子から約80 kgの亜麻仁油を搾った。原料歩留は13％ほど。これは現在の標準的な歩留である20％台後半〜30％の約半分に過ぎず、まだまだ原料種子の品質改善が必要であった。

　一方、販売に関しては同年6月に札幌市と財団法人さっぽろ産業振興財団が実施する「さっぽろベンチャー支援事業」に応募する。事業概要は『道産の亜麻を原料に唯一の国産亜麻仁油を搾油して、札幌発健康サプリメントを製造・販売する。』というものであった。翌7月、支援対象者に選定され、専門機関から販売戦略の助言を受けることができるようになった。

　特にR＆Bパーク札幌大通サテライト（通称HiNT）の担当者からは各種企業助成制度の内容や申請の仕方をはじめ営業や販売に関するさまざまなノウハウを教わることができた。それまで営業や販売活動をどうやっていけばよいのか思案

写真65　発売当初の亜麻仁油サプリメント
箱や瓶ラベルには亜麻の花が描かれた。

していた内藤さんにとって、良き相談相手ができたことは幸いであった。その助言に基づき、当初は自社のホームページでネット通販する方法が採られることになり、販売サイトの構築など諸準備が着々と進められていった。

　こうして翌2005（平成7）年4月、亜麻公社最初の商品である"亜麻仁油サプリメント"の販売開始にこぎつける。カプセルに入ったサプリメントが一瓶に180粒入りで、8000円（税込）であった。

　当時、国内に流通する亜麻仁油は瓶に亜麻仁油がそのまま入った状態で売られており、しかも全て外国産（主にカナダ産）であったから、北海道産の原料で製造したオイルは画期的な新商品であることは間違いなかった。

　唯、当時国内ではまだ亜麻仁油そのものが"健康によい食品"として認知

されておらず、いくら国産、北海道産をアピールしたところで、世の中に知られていないことには売り上げに結びつかない。

実際、初めはほとんど売れなかった。そこで内藤さんが橋本社長に意見を言ったところ、『じゃあ、君の言うそのやり方でやってみなさい。』と、社長の座を内藤さんに譲ってしまう。それは第1号商品の発売開始からわずか4か月目の2005年7月のこと。つい5年前には道技コンのアルバイト社員に過ぎなかった内藤さんは、不思議な縁に導かれ、極めて小さい会社ながらも、亜麻公社社長(代表取締役)となったのである。

北海道亜麻ルネサンスプロジェクト

内藤さんの意見は分業化だった。それまで営業も販売活動もほぼ内藤さんが一人でこなしてきたが、販売促進の重要な決め手となるインターネットの販売サイトのデザインや商品の広告は、やはり専門業者に手掛けてもらったほうがよいと痛感した。"餅は餅屋"というわけである。

HiNTの担当者に相談すると、経済産業省中小企業庁の補助金メニューにある「新連携対策補助金」を紹介された。

これは、中小企業が事業の分野を異にする事業者と有機的に連携し、その経営資源(技術、マーケティング、商品化等)を有効に組み合わせて新事業を行うことにより新市場創出、製品・サービスの高付加価値化を目指す取り組み(これを〈新連携〉と呼ぶ)を支援することを目的とした補助金で、05年度予算額は41億円であった。

補助事業は「事業化・市場化支援事業」と「連携体構築支援事業」の2種類あり、ともに7月と9月の年2回公募が行われていた。時期的に7月の第一期公募には準備が間に合わなかったので、亜麻公社は9月の第二期公募に"北海道産亜麻ブランド化を目指した連携体構築"をテーマに連携体構築支援事業で北海道経済産業局に申請し、11月に事業採択となった。これにより連携構築に資する規程の作成やコンサルタント等に係る経費の2/3以内(上限330万円)が補助金として交付される。

連携体の名称は《北海道亜麻ルネサンスプロジェクト》と決定。周知のとおりルネサンス(仏:Renaissance)とは、"再生""復活"などを意味するフランス語であり、歴史的には14世紀のイタリアで最初に起こった古典古代(ギリシア、ローマ)の文化を復興しようとした文化運動をいう。

かつて北海道の産業として盛んに行われていた亜麻栽培を"復活"させ、北海道産の亜麻を原料とした地場産品の企画・製造・販売を通じて、まちおこしや地域経済の活性化に一役買おうという夢のあるプロジェクトにぴったりのネーミングである。

　プロジェクトチームは、コア企業として亜麻商品の企画・製造を担う㈲亜麻公社、原料となる亜麻仁（種子）の栽培・供給を担う㈲大塚農場、亜麻商品の販売促進を担う㈲ウィズユー・コーポレーション（札幌市西区：浜田強社長。以下「ウィズ社」と略す。）の3企業で構成され、そのチームワークで北海道産亜麻のブランド化をめざすこととなった。

　ウィズ社は元々クリーニング取次ぎやカメラ・フィルム等の販売も行う日用品雑貨店（ドラッグストア）で、飲食業や不動産業も兼営していたが、強氏の代に建築工事の設計や土木建築資材の販売まで手掛けるようになる。

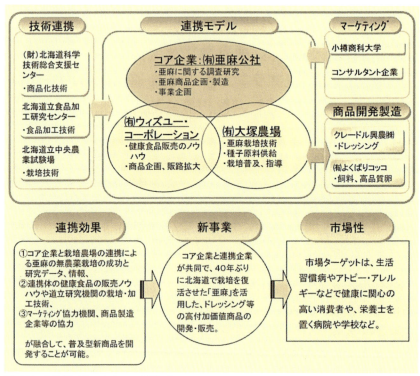

図表 23　北海道亜麻ルネサンス連携概念図
（『開発こうほう』第 540 号＝2008 年 7 月号記事「亜麻の里ふたたび」P.15 所収）

さらに新連携当時にはコンピューターのソフトウェア開発、ウェブサイト及びデジタルコンテンツの企画・制作・運営・管理、インターネットを利用した通信販売・宣伝広告・マーケティング・コンサルティング業務にも手を広げていたことから、その手腕を買われ、前掲図表にある「健康食品販売のノウハウ」、「商品企画、販路拡大」の役割を担って参画したのである。
　その手始めとしてウィズ社は2006年に入って早々、亜麻公社のために通信販売用の専用サイト〈亜麻の里〉を立ち上げる。これは、特定商取引に関する法律(昭和51年法律第57号、略称「特定商取引法」)により、特定商取引の一類型である「インターネットを介した通信販売」の事業者は運営会社名や店舗運営責任者といった「特定商取引法に基づく表記」をECサイトに掲載することが定められていることを受けたものだ。
　ECサイトとは自社の製品やサービスをインターネット上で販売するためのウェブサイトのことを指し、ECとはElectronic Commerceの略で"電子商取引"という意味。ネットショップ、オンラインショップ、Eコマースとも呼ばれる。
　要するに、「特定商取引法に基づく表記」を掲載する場合はECサイト内に店舗運営会社に関するページを作り、法の目的に沿って消費者にわかりやすく情報を伝えることが求められていたわけであり、ウィズ社は従来の販売サイトを大幅に改良して、わかりやすいコンテンツ構成にした。
　そして、その効果は意外と早く表れる。4月に第二弾となる新商品〈北海道産亜麻仁油ドレッシング〉が販売サイトに加わってからほどなくして国産の亜麻仁油サプリメントに興味を持った専門家が買ってくれたのである。
　一人はアンチエイジング(老化防止)やダイエット食事法など多数の著作もある管理栄養士の伊達友美氏。もう一人は東京でスキンケアの医師(皮膚科医)をしている友利新氏。この二人がそれぞれの専門家としての立場から亜麻公社の〈北海道産亜麻仁油サプリメント〉が優れた効能を持つ健康食品であると評価し、雑誌に紹介してくれたおかげで一気にその存在が世の中に知られるようになったのである。
　後には国産オーガニックコスメのamritara(アムリターラ)代表者・勝田小百合氏も同様に雑誌で宣伝してくれることとなるが、こうした社会的に影響力を持っている方々(インフルエンサー)が発信すると、その反響は大きく、草創期の亜麻公社にとって追い風となったことは間違いない。

亜麻の里・当別

ところで、通販サイト名に用いた〈亜麻の里〉の由来について、亜麻公社公式ウェブサイトの《私たちについて》＞《事業のこと》のページを閲覧すると（2024.9.13 視認現在）、冒頭と末尾にそれぞれ次のような文がある。

冒頭：「亜麻の里ってどこですか？」と聞かれます。
末尾：亜麻の里は、ナチュラルに生きる人たちの胸に宿るふるさとです。

　禅問答のような何とも不思議なメッセージである。"ナチュラル"というワードに着目すれば、亜麻公社の商品は、原料亜麻仁の生産において無農薬栽培を貫いているということ。さらに製造過程においても脱色や酸化防止のための"精製"を敢えて行わず、搾った油を濾過しただけの"天然由来の色と風味"で勝負しているということ。この２つをアピールし、そのような自然派食品を愛好する人たちのために商品を届けるのがわが社の使命なのです、と訴えかけているようにも聞こえる。

　これは現在の消費者に向けた目線であるが、もう一つ、かつての亜麻生産者に向けた目線もあるように思う。つまり、内藤さんが大塚農場を訪ねた時に幸子おばあちゃんが昔の亜麻栽培した頃の記憶を呼び覚まされたように、概ね 1940（昭和 15）年以前生まれの農家出身の人の胸には今でも亜麻の記憶が残っているということ。その人たちに、当別町で亜麻栽培が復活したという情報を発信すれば、数十年の時空を飛び越え、懐かしいふるさとに里帰りしたような気分を味わってもらえるのではないか、という仕掛けである。

　実際、当別にはかつて道内で雁来、琴似に次ぐ３番目にできた亜麻工場があり、歴史的にも"亜麻の里"と言えるだけの素地を持っていた。

　当別は、明治 5（1872）年に旧仙台藩岩出山領主伊達邦直が元藩士ら家族と共に最初の入植地石狩国厚田郡聚富から転地入植（第一、二次移住）して開拓が始まる。そして同年８月、当別村が設置された。開拓使の奨励作物で唯一の換金作物でもあった大麻の栽培が２年後の明治７年から始まったのに続き、同 22 年からは亜麻の栽培も始められている。これは、北海道製麻会社が雁来に最初の亜麻製線工場を設置したことと無縁ではない。唯、この年の５月に当別村では邦直の右腕となって当別開拓を推進してきた元岩出山伊達家家老で初代当別村戸長の吾妻謙が逝去。そればかりか、同 24 年１月に邦

直、同年5月に長男の基理が相次いで逝去し、当別伊達家は邦直の孫でまだ年若い正人が三代目当主となる異動があった。

当時第五代戸長だった鮎田小隅は、伊達氏とも相談し、亜麻栽培を村の重要な産業として奨励すべく北海道製麻会社に働きかけ、当別に亜麻工場を誘致し亜麻耕作の特約を結ぶことに成功する。そして、工場用地として伊達氏は六軒町に所有する28町歩の土地を無償で提供したのである。

該地が選ばれたのは既に大麻の繊維工場が立地していたからであり、このため工場は大麻と亜麻の両方を原料として受け入れることとなる。

因みに六軒町は当別市街中心部から北にあり、現在は住宅地ともなっている地区であるが、明治12年の岩出山からの第三次移住者56戸のうちの6戸がここに配置されたことが地名の由来である。

かくて、明治27(1894)年6月、六軒町に従業員100名以上を擁する当別製線工場が誕生をみる。『従業員には6畳2間と2畳の台所、押入れ、玄関という間取りの住宅が無償で与えられ』(『広報とうべつ』2010年6月号所収

写真66　帝国製麻株式会社当別製線工場（北海道大学附属図書館 所蔵）
後方の煙突のある建物が工場で、棟の右側は汽缶庫と風呂場。左手前の建物は製品保管庫。撮影年不詳だが、右の門柱に「帝国製麻株式会社」と書かれているので、明治40年以降である。

「当別町140年特別企画第6話・亜麻産業の今昔物語」)、その家族が工場周辺で暮らすことになったため、六軒町から"間の町"(＊村の中心地と六軒町の間にあった市街地)にかけて、雑貨店、木材店、鍛冶屋、床屋、薬屋、豆腐屋、馬車屋、蹄鉄屋、飲食店、劇場、巡査駐在所が道路沿いに軒を連ね、村の中心地を凌ぐほど殷賑を極めたという。

　大正14(1925)年には村内でいち早く六軒町に電灯がつき、工場の敷地内にある水天宮のお祭りでは職工たちが仮装をして山車を引いて市街地までを練り歩き、村人たちもそれを見るのを楽しみにしていた。

　だが、昭和2(1927)年8月20日の昼休みに発生した火災で工場は煉瓦造の汽缶庫以外のほとんどを焼失してしまう。他にも亜麻工場があったため、帝国製麻株式会社は工場を再建することなくそのまま廃止とした。結果、職工たちの多くは琴似や月形の工場で働く道を選び、ここを去っていく。

　影響は工場によって栄えていた周辺の商店などにも及び、店をたたむところも相次ぐ。結局、工場のあった土地は売却され、その後『水や土が稲に適した土地柄ということもあり、売却された土地は全て水田となり、製線工場の記憶も薄れて』(前掲「亜麻産業の今昔物語」)いったのである。

伝えたい北海道の物語

　ところが、それから数十年後、当別がかつて"亜麻の里"として栄えた歴史を後世に残したいと考えた人物が現れる。当別町在住で、ローカル週刊紙『当別新聞』を編集発行していた清水三喜雄さんだ。

　十勝出身で札幌学院大学人文学部を卒業して北海道職員となり、35歳の時に当別町にマイホームを建てて移住。50歳で道庁を早期退職すると、『当別新聞』編集人の傍ら文筆業にも勤しむ生活を送っていた。亜麻を知ったのは2003年夏。町内の大塚農場の亜麻畑で初めて開花期の亜麻を目の当たりにした。それがきっかけで道内における亜麻産業の歴史を調べていくと、かつては当別にも亜麻工場が存在していた事実に辿り着く。

　幸いなことに、かつて亜麻工場で働いていたという80歳代や90歳代の女性が幾人もみつかり、彼女らから亜麻づくりの農作業や工場での労働風景、水天宮のお祭りの賑やかだった様子などを細かく聞き取った。

　その取材や歴史的資料に基づき、清水さんは"土地の記憶"を甦らせ、地域の風景の奥行きをとり戻すべく2005年10月に一冊の本を出版する。

『龍棲む村に亜麻の花 とうべつ創作民話』と題したその本の舞台は、龍伝説が残る、サムライが切り拓いた北の村。そこにサムライの末裔の娘りんが暮らしていたが、ある日、村にある亜麻工場が全焼してしまう、という筋書きで物語が展開する。正に当別の歴史の一コマを"土地の記憶"として現代に甦らせる、意欲的な創作民話である。

当時は、時代が21世紀に入り、19世紀や20世紀の歴史、特に明治期の産業近代化の過程にスポットライトが当てられていた。数多くの建築物、機械、文書などは、その果たした役割や先人たちの努力など、豊かな無形の価値を今日の我々に伝えている。『経済産業省では、これらの歴史的価値をより顕在化させ、地域活性化の有益な「種」として、地域の活性化に役立てることを目的として、これらを「近代化産業遺産」として大臣認定し』（経済産業省ホームページ）、2007年度と2008年度に各33の産業史・地域史のストーリーとしてまとめた〈近代化産業遺産群〉を公表した。

また、北海道でも豊かな自然、そこで生きてきた人々の歴史や文化、生活、産業などの分野において次の世代へ引き継ぎたい有形・無形の財産の中から北海道民全体の宝物として〈北海道遺産〉の選定事業が行われている。

道民参加の形をとり、2001年に第1回選定分25件、04年に第2回選定分27件が選ばれ、これまでに計4回の選定で総数は74件に達する。

さらに北海道は、北海道遺産の考え方と軌を一にする〈伝えたい北海道の物語〉形成事業を実施。道内各地で語り継がれている言い伝え（民話、昔話など）や生活史（風習、生活習慣、生活道具など）をデジタル絵本として残し、若い世代に地域の歴史や文化を継承すべく、2006（平成18）年度から09年度の間に計3回、絵本作品の募集を行っている。

これを知った清水さんは、作品の応募条件に《グループにより共同で制作されたもの》とあったので、早速当別町内の知人に声を掛け、"亜麻の会"を結成した。メンバーは小学校校長の荒川顕さん、六軒町で花卉農園を営む町教育委員長の大澤勉さんら数人。相談して絵の枚数は応募制限いっぱいの15枚と決め、清水さんが15のシーンを想定した文章原稿を執筆。絵は、水彩画歴40年というベテランの大澤さんが柔らかで淡いタッチの水彩画に仕上げ、荒川さんが絵本に使う亜麻の写真を担当した。

文筆家の清水さんにとって、原稿の文章はお手の物だったにせよ、既に亜麻工場の元女子工員から聞き取りをしていたことは大きなアドバンテージと

なったに違いない。

かくて、グループで何度も手直しを重ねた末、2006年10月に絵本『亜麻の花咲く村』が完成。早速応募して見事採用された作品は翌年2月、他の採用作品とともに北海道のホームページにデジタル絵本として公開されるに至った。

写真67　絵本『亜麻の花咲く村』第11画（大澤勉 作画）
浸水処理後の亜麻茎を干場で笠立てして乾燥させる作業風景。
（北海道立図書館ホームページ『デジタル絵本館』所収）

　因みに、この事業を担当していた当時の北海道の担当部署は企画振興部地域振興・計画局参事（地域振興）地域づくりグループ。つまり、絵本の制作過程や制作後の公開などを通じて、地域の魅力の再発見や世代間交流など、"地域づくり"の取り組みにつなげていくねらいがあったのだ。

　実際、亜麻の会メンバーは、当別町内で亜麻栽培が復活し、再び"亜麻の里"として脚光を浴びれば、単なる"土地の記憶"の継承に止まらず、まちおこしにもつながると考え、2007年6月に絵本の原画展を開く。

　会場となったJR石狩当別駅（＊2022年3月、当別駅に改称）前のふれあい倉庫には絵本の原画のほか亜麻に関する写真やパネルなど約50点が陳列され、町内外の多くの人が訪れた。そこで亜麻という作物自体の存在や淡青色の可憐な花を咲かせることを初めて知る人もあれば、懐かしい記憶を呼び覚まされる人もありで、清水さんらの思惑どおり盛会裡に終わる。

　亜麻を生かしたまちおこしムーブメントは少しずつ広がりを見せ、早くも同年7月には町内の若手農業者らで組織する当別町4Hクラブが特産品づくりに乗り出す。道内の市町村の特産品づくりに実績がある天使大学栄養学科の学生サークルの協力を得て、亜麻仁を使ったパスタや焼き菓子、ケーキなどの試作品づくりをスタートし、ゆくゆくは町内の直売所などで販売できる商品化をめざしたのである。

当別町亜麻生産組合と「立ち上がる農山漁村」

　ここで話を再び、亜麻ルネサンスプロジェクトに戻す。この当時、同プロジェクト事務局の亜麻公社としても、より多くの人に亜麻の存在を知ってもらいたい、可憐な花の美しさを知ってもらいたいと考え、2006年7月に第1回亜麻フォトコンテストの作品募集を始めている。

　同年9月末までに集まった作品の中から10月に審査を行い、最優秀賞には、澄んだ秋空に向かってたくさんの亜麻の丸い実が背伸びをするかのような姿を捉えた長瀬芳伸さんの作品「天高く」が選ばれた。因みに、優秀賞に選ばれた2点のうち1点は前出の荒川校長の作品(無題)である。

　プロジェクトの生産部門の要である大塚農場のこの年の亜麻仁の収量は、栽培5年目でようやく一応満足のできる水準にまで向上した。実は農場では2004年9月の台風18号による暴風でビニールハウスの半数が倒壊する被害を受けた。その時、心が折れかけた利明さんから息子の慎太郎さんに"帰れコール"があり、慎太郎さんは就職したばかりの幌加内町役場を1年で辞め、2005年春から就農していたのだった。そして、それまで研究した栽培技術を実家の農場にフィードバックして成果を挙げたのである。

　始まった当初は大塚農場の勧めで亜麻栽培に協力してくれた6軒の農家のうち、半数が無農薬栽培の草取り作業のあまりの大変さに音を上げて1年で離脱する事態も起きた。その一方で興味を示す新たな協力農家も現われ、07年に亜麻を栽培する農家は、『当別町のほか、新十津川町など石狩管内や空知管内の11軒、約6.2haまでに作付け』(平成19年度「立ち上がる農山漁村」選定案概要書)が広がった。

　うち8軒の栽培農家がある当別町では同年7月、大塚利明さんを組合長として"当別町亜麻生産組合"を結成するに至る。設立の趣旨は『亜麻の栽培普及と品質アップを図り、生産者グループの経営改善を行うとともに、町の特産品づくりや交流を促進するなど、これまでの様々な活動をより一層進め、亜麻を活かした地域振興を目指す』(同前選定案概要書)ものであった。

　このような農業の生産活動を通じた地域振興の取り組みについて、国では2004(平成16)年度から〈立ち上がる農山漁村〉として選定を行い、支援する制度を設けていた。経緯としては同年5月の食料・農業・農村政策推進本部(本部長＝内閣総理大臣)において、農林水産業を核とした、自律的で経営感覚豊かな取組みで地域の経済活性化に寄与している先駆的事例を選定し、

これを全国に発信することにより全国の農山漁村に"地域自ら考え行動する"意欲あふれた活動を広め推進するため、事務局を内閣官房及び農林水産省に置き、国を挙げて支援することを決定。翌6月、本部長が有識者会議の設置を決定し、9人の有識者会議委員が委嘱された。
〈立ち上がる農山漁村〉の対象となる先駆的事例は公募制で、応募者（団体または個人）は管轄の地方農政局等に応募用紙を8月末頃までに提出する。
　事務局では応募のあった事例を書類選考で概ね50事例程度に絞り込み、政府から内閣総理大臣、内閣官房長官、農林水産大臣等が出席して11月頃に開催される有識者会議に「選定案概要書」を資料として提出し、9人の委員も交えて協議を行い、選定する運びとなる。
　こうして選定された活動に対しては、①選定証を授与するとともに、②農林水産大臣などの政府関係者や有識者会議委員が現地を訪問し、意見交換やアドバイスを行う、③有識者会議委員である俳優の永島敏行さんが主催する青空市場などのイベントへの参加、④総理大臣官邸で開催する有識者会議やシンポジウム、農林水産省のホームページといった情報発信の場の提供などのさまざまな支援が行われる。
　なお、2006年度の第3回選定からは、応募のあった先駆的事例への協力を通じて地域の活性化に貢献している企業、大学等について、応募者からの推薦により当該協力事例を〈立ち上がる農山漁村〜新たな力〜〉として選定する追加変更があった。
　制度の説明が長くなったが、例年より遅れて年度末の2008年3月12日に開催された2007年度（第4回）の先駆的事例を選定するための有識者会議において、当別町亜麻生産組合が〈立ち上がる農山漁村〉に、有限会社亜麻公社が〈立ち上がる農山漁村〜新たな力〜〉に選定されたのである。
　生産組合が選定された理由は、ここまで縷々述べてきた『地域づくりに携わっている活動団体やリーダーたちにとって、亜麻は地域おこしの格好のシンボルとして見なされ、ネットワーク化を通し、各方面に活用されていることが地域活性化への寄与として大きい』（平成19年度「立ち上がる農山漁村」選定案概要書）こと。亜麻公社が選定された理由は、『商品情報の発信とあわせて北海道での亜麻栽培の歴史と文化、亜麻生産者の情報などを発信することにより、当別町における亜麻栽培の取組の認知度の向上に努めてきた』（同前選定案概要書）ことが評価された。

このことは、言い換えれば、北海道亜麻ルネサンスプロジェクトの取組に対しても国から新たな"お墨付き"をもらったということである。

▍石の上にも三年

　こうして原料生産部門は順調に推移したが、亜麻公社代表取締役の内藤さんは、販売商品が亜麻仁油サプリメントと亜麻仁油ドレッシングの2種類だけではまだ不十分で、亜麻事業が軌道に乗ったとは思っていなかった。

　その点に関しては創業者の橋本さんも同じ認識を持ち、さらなる商品開発と効果的な販売戦略が必要と考えていた。

　やや前後するが、公社設立からちょうど3年経った2007年2月10日付で内藤さんは代表取締役を降り、執行役員の研究主任にシフトして商品開発に注力するとともに、同年3月29日に設立された株式会社北国生活社の代表取締役に就任する。

　同社の主な事業内容は、北海道産機能性原料の販売及び開発、北海道産健康食品・化粧品の販売などで、機能性原料とはサプリメントをはじめとする食品や飲料などに健康維持・増進の機能を付加する各種原料・食品素材を指す。つまり、亜麻ルネサンスプロジェクトの販売部門において、ウィズ社はECサイトを通じた広告・販促活動に専念し、実務的な商品の卸流通などを北国生活社が担うこととしたのである。

　とは言え、主にカナダからの輸入亜麻仁油商品に比べて5割高の亜麻公社商品を売りさばくのは容易ではなかった。確かに前述のとおりインフルエンサーによる宣伝効果によって健康志向、しかも国産原料志向へのこだわりが強い消費者に受け入れられ顧客数が大きく伸びる時もあったが、この先会社として経営が安定するかどうか、楽観できる状況にはなかった。

　ちょうど当別町亜麻生産組合が結成された頃、北海道新聞社から取材を受けた亜麻公社の橋本眞一社長は、『事業が持続可能かどうかあと三年くらいで見極めたい』(2007.7.26付『北海道新聞』朝刊) と記者に語っている。"石の上にも三年"という。正にここが辛抱のしどころであった。

　それは亜麻公社の商品販売会社として起業した北国生活社とて同じことであり、『当初は、資金繰りが何度も悪化したが、その度に資金提供や業務発注してくれる多くの社外協力者に恵まれ、危機を乗り越え』(2013年版『中小企業白書』P.63) ながら前進する苦労を味わう。

北海道亜麻まつり in 当別

だが、苦しいことばかりで事業遂行のモチベーションを維持するのはなかなかしんどい。"忙中閑あり"も必要だ。2007年のある時、亜麻ルネサンスプロジェクト関係者による飲み会の席で『当別で亜麻のまつりがやれたらいいよね。』という話題になり、参会者は意気投合する。これがきっかけで翌2008(平成20)年7月6日、当別町東裏の旧東裏小学校を主会場に初めての"亜麻まつり"が開かれた。

実行委員会主催で、委員長には亜麻生産組合の大塚利明組合長が就任。

開催日は、多くの人に満開の亜麻の花を見てもらうため7月上旬の日曜日を選んだが、花は朝早く開花して午前中にはほとんど散ってしまうという特質があるため、まつりの開催時間は午前7時から午後1時半までとした。

写真68　第15回亜麻まつりフライヤー
可憐な亜麻の花が表紙を飾っている。

その後、まつりは順調に回を重ね、来場者数も3千人を超える人気イベントに育っていき、2014年の第7回辺りからは、まつりの前後の一定期間、町内の飲食店で亜麻仁を使った料理等を提供する"亜麻カフェ"も登場する。

2020年の第13回と21年の第14回は新型コロナウイルス禍で、まつり自体は中止となるも、亜麻カフェは各店が感染対策をとる中で実施された。

著者は、2022(令和4)年7月10日、3年ぶりの開催となった「第15回北海道亜麻まつり in 当別」に初参加し、そこで亜麻公社の橋本眞一会長や亜麻生産農家の織田英稔さん(東裏)、栄木敏文さん(東裏)、津崎弘樹さん(青山)と出会う。唯、大塚利明さんは、前年に病気で亡くなられていたので、お会いすることは叶わなかった。

会場には島谷ひとみの「亜麻色の髪の乙女」の歌が流れ、キッチンカーなどの出店もあり、亜麻製品や地場産野菜、加工食品などを売っている。亜麻の茎から繊維を取り出す体験コーナーも設けられ、著者もしばしその様子を見学した。旧校舎の中に入ると、亜麻の歴史を紹介したパネルや束ねられた亜麻繊維の実物などが展示された部屋(旧教室)のほか、ここを借りて入居す

る家具工房〈旅する木〉が製作した家具が展示された部屋もあった。

その後、著者はまつりの実行委員会本部のテントを訪れ、亜麻公社の橋本会長から亜麻に関わった経緯を簡単に説明していただき、『あとは、これまでいろいろなところから取材を受けて話したものがたくさんあるから調べてごらんなさい。』とアドバイスを受けた。

その最中、一人の女性が本部にやって来て、橋本会長と少し立ち話をして去っていった。彼女の名は濱田智子さん。前年4月から北海道石狩振興局長を務めており、亜麻まつりが石狩管内の地域振興に寄与するイベントであり、同振興局も名義後援していたことから現地視察に訪れたのである。

写真69　第16回亜麻まつり会場風景（2023.7.9）
亜麻繊維採取体験コーナー。左は小学校旧校舎

地域振興といえば、そもそも主会場に廃校となった小学校を活用していることからしてユニークであり、かつ象徴的と言える。

1901（明治34）年に開設された私立教育所が前身の当別町立東裏小学校は約1400名の卒業生を送り出し、2008年3月末で106年余の歴史に幕を閉じた。第1回亜麻まつりが行われたのは、その僅か3か月後のことである。

かつて道内では小字集落ごとに必ず小学校があった。春の運動会は秋祭りと並ぶ一大イベントとして地域コミュニティ醸成の役割を果たし、小学校はいわば住民の"心の拠りどころ"でもあった。それが失われるとなれば、地元としては決して心穏やかにやり過ごせる話ではない。

廃校となった校舎の教育目的外活用は、建設費に係る国庫補助金絡みの問題がなければ文部科学省も広く認めている。学校用地は基本的に設置自治体の公有財産であり、廃校後は教育財産から普通財産に転換される。

東裏では小学校の廃校（当別小学校への統合）が決まった直後から自治会の大塚利明会長らが中心となって、東裏小学校跡地利用研究会を立ち上げ、亜麻と学校跡を活用して地域おこしができないか話し合った。幸いなことに旧校舎にはすぐに借り手が現われた。前述の家具工房〈旅する木〉をオープン

させた札幌の家具職人・須田修司さんである。

　07年の春に廃校の話を聞きつけて現地を訪れ、一目で気に入るやすぐに当別町役場に打診。翌年夏に校舎と体育館を有償で借りる契約がまとまり、同年10月に札幌から工房を移転した。建物は、人が住むのと住まないのとでは傷み方が格段に違う。継続的な入居者が決まったことで、亜麻まつりを含めた学校の跡利用に大きな追い風となったことは言うまでもない。

▍農山漁村振興対策

　そのような折も折、農林水産省が〈農山漁村地域力発掘支援モデル事業〉を2008年度から創設し、募集を開始したとの情報がもたらされた。

　同事業は『地域住民や都市住民、NPO、企業等の多様な主体を地域づくりの新たな担い手としてとらえ、これらの協働により、農山漁村の持続的な発展の基礎である農山漁村生活空間の保全・活用を図ることを通じ、持続可能で活力ある農山漁村を実現するモデル的な取組を支援』(同事業実施要綱「第1趣旨」)していこうというものである。

写真70　満開の花が咲く亜麻畑（2023.7.9 当別町東裏の大塚農場の畑で午前9時に著者撮影）
第16回亜麻まつりの亜麻畑見学ツアーにて撮影。畑は約1ha、左奥の建物は川南揚水機場

東裏自治会長の大塚さんがこれに飛びつかないわけがなかった。二つある事業内容のうち地域活動支援事業を選び、事業実施主体となる地域協議会の結成に動く。これは上記要綱に言う"多様な主体による協働"の受け皿で、市町村のほか地域住民、NPO、企業等により組織し、事業初年度に地域活動のテーマ、定量的な目標等を定めた「ふるさとづくり計画」を策定する必要があった。

　かくて、当別町、当別町農村都市交流研究会、当別町亜麻生産組合など計6団体により仮称・当別町田園文化創造協議会（大塚利明会長）を結成し、ふるさとづくり計画書や協議会規約等の関係書類を農村振興対策事業費補助金交付申請書に添えて農林水産省本省の農村振興局農村政策課に提出。テーマは《農・文化・環境そして人との融合》と決めた。

　結果、7月11日に全国で327地区がモデル事業の支援地区に採択され、うち北海道は当別町を含む30地区が採択された。大多数の地区で地域協議会名に（仮称）が付いており、相当慌ただしい申請だったことが窺える。

　というのも、モデル事業の実施期間は2008年度から12年度までの5年間だが、地域活動支援事業の採択期間は08年度限りだったからである。

　その代わりに補助金は手厚く、初年度の計画策定に対して定額100万円、5年間の実践活動に対して毎年定額200万円が交付された。その実践活動は勿論「ふるさとづくり計画」に基づき実施するが、三者択一制となっており、当別町では〈古民家等の農山漁村にある地域資源を活用した村おこしに向けた活動〉を選択した。

　事業採択を受けて正式に当別町田園文化創造協議会の活動がスタートし、旧東裏小学校の廃校舎を地域資源としてまちづくりイベントに積極的に活用していくことや農産物加工品の開発、"食と農"をテーマにした食育活動、家具工房の協力による木工教室などを行っていくことを再確認した。

　尚、このモデル事業の最終年度においては、事業実施期間終了後少なくとも5年間実施する活動内容を記載した「持続可能ふるさとづくり計画」の策定が必須だったため、活動は10年以上続けなければならなかった。

　この点に関して、長年にわたり地域協議会事務局長を務めた辻野浩さんは次のように語っている。

　『地域の人の学校をなんとかしたいという思いが「文化は田園にあり」という活動につながり、そして家具工房を通じた木育やカフェといった活

動に引き継がれています。つないでくれる人がいるありがたさをしみじみ感じています。当別は札幌に近い。これからも東裏から田園の素晴らしさを都会の人に伝えられたらうれしいです。』

(2016.3.15 北海道農政部農村設計課発行『事例集』所収)

　辻野さんは町内にある辻野建設工業株式会社の代表取締役を務める傍ら地域づくりのリーダーとしても活躍。上記の発言で触れている地の利を生かした札幌との農村都市間交流は、正に前述の農水省モデル事業においても『都市と農山漁村の交流等の促進につなげていくことが重要』と謳っているのを強く意識したものだ。

　実際、2009年6月から"亜麻"を共通のキーワードに札幌市北区と地域交流が始められ、町観光協会は同年7月の亜麻まつりに北区民を招待するバスツアーを実施。北区側も9月に麻生地区で開く"亜麻そばまつり"に当別町民を招くなどイベントへの相互訪問が行われるようになった。この地域交流は北区地域振興課が当別町に働きかけて実現したというが、上記のとおり当別町においても既に農村都市交流研究会の活動があった点を見逃してはならない。

写真71　辻野浩

　では、なぜ農村と都市の交流は必要なのか──。

　日本は急速に少子高齢社会となり、手をこまねいていたら、地方は活気のない限界集落（＊地域人口に占める65歳以上の割合が50％以上の集落）だらけとなってしまう。そこで国（農林水産省）は、農山漁村における六次産業化の推進などを通じて活性化を図り、農林漁業者の所得向上と集落の維持・再生につなげていくことに必死に取り組んできた。

　これまで手を変え品を変えては農山漁村振興の補助金・交付金メニューを提供し続けており、上述の「農山漁村地域力発掘支援モデル事業」もまた、この文脈の中で語られるべき事業群の一つにすぎない。農山漁村を活性化し維持していくためには次の3つの取組が重要とされる。

　　① 都市と農山漁村の人々が交流するための取組
　　② 都市住民が農山漁村に定住するための取組
　　③ 農山漁村で暮らす人々が引き続き住み続けるための取組

キーポイントは、よその土地から若年層・壮年層を新しい住民として集落に呼び込む②の取組。唯、いきなり定住というわけにもいかないので、まずは土地柄をよく知ってもらうためのツールとして交流に力を入れているのだ。因みに辻野さんは、会社の事業として既に1998(平成10)年から町内の金沢地区で“当別田園住宅プロジェクト”を展開しており、当別町農村都市交流研究会の事務局長でもあったから、その点は誰よりも熟知している。

著者がよく視聴するテレビ番組に《人生の楽園》(テレビ朝日系列で毎週土曜日18：00-18：30放送)というのがある。主に都市で生活していた夫婦が田舎で飲食店や農業を営んだりして新しい住人となり、地元の人たちと交流する姿がドキュメンタリー風に描かれている。こうした“新しい血”を入れることが地域活性化に極めて有効なことは、言を俟たない。

農林水産省は2005年度から『農山漁村の美しい景観の形成の推進及び都市と農山漁村の共生・対流の促進に資する』(下線は著者)ことを目的に“美の里コンクール”を実施し、地域の自主的努力により景観が保全・形成されている優れた活動事例を表彰し、他の模範としている。おそらくその根底には“定住への淡い期待”が込められているのだろう。

その第5回コンクールで当別町亜麻生産組合が美の里づくり審査会特別賞を受賞し、2010年2月に東京で表彰式が行われた。長く途絶えていた亜麻畑

美しい景観復活 当別の活性化に貢献

亜麻生産組合が特別賞

農水省「美の里づくりコンクール」

都市と農村 交流の契機

【当別】当別町亜麻生産組合（大塚利明組合長、11人）は農林水産省の「美の里づくりコンクール」で、美の里づくり審査会特別賞を受賞した。設立からわずか3年弱での受賞で、途絶えてしまった美しい景観を取り戻し、地域の活性化に貢献したことが評価された。24日に東京都内で表彰式が行われる。（荻野貴生）

同組合の設立は2007年7月。発端は設計会社の北海道技術コンサルタント（札幌）の橋本真一社長が事業の多角化を図るために亜麻公社（同）を設立。公社関係者が大塚組合長に亜麻栽培を働き掛けたことがきっかけだった。

繊維を取るために明治初期から始まった亜麻栽培は当別町でも昭和40年代まで行われていた。しかし、組合設立時に国内で栽培している地域はなく、海外の文献を参考にしながら、模索の中での船出だった。

大塚組合長が1人で始めた亜麻栽培は当初0・1㌶だったが、その後、賛同者が増え、現在は8㌶に上る。08年からは亜麻まつりを旧東裏小学校周辺でスタート。景観を見ようと札幌市民も訪れるなど都市と農村の交流を始める契機になった。

それだけに大塚組合長は「農薬や除草剤が使えないなど手探りの中での栽培だった。亜麻をドレッシングやサプリメントに商品化できたり、イベントで地域振興を図るなど、活動に広がりを持たせることができたのが何より」と喜ぶ。

橋本社長も「道内で雇用の場をつくり、1次産業に付加価値を生み出そうというのが出発点。亜麻事業が社会的に認められたのはうれしい」と話している。

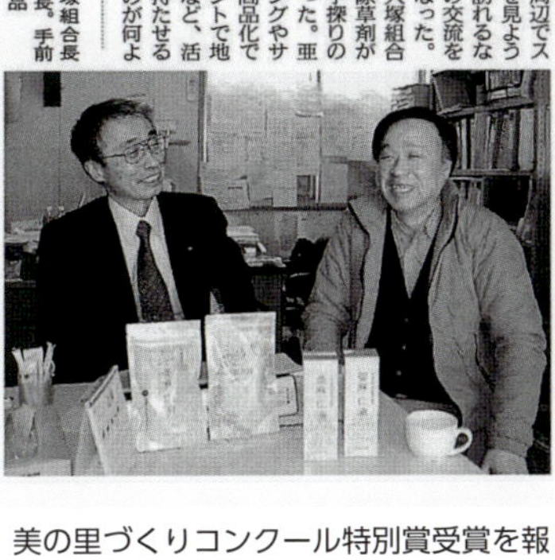

受賞を喜ぶ大塚組合長（右）と橋本社長。手前は商品化した製品

写真72 美の里づくりコンクール特別賞受賞を報じる新聞記事
(2010.2.17付「北海道新聞」朝刊〈石狩・当別版〉)

の美しい景観を再生し、その景観を見るために札幌などの都市住民が訪れ、都市と農村の交流を生み、地域の活性化に貢献した点が評価されたのだ。

このほか都市と農村の交流を促進する国の補助制度として2011年度に創設となった〈食と地域の交流促進対策交付金〉がある。その実施要綱には『食をはじめとする豊かな地域資源をいかし、創意工夫に富んだ集落ぐるみの都市農村交流等を促進することが重要である。』と明記され、3つある事業内容の1つに「食と地域の交流促進集落活性化対策」（事業実施期間＝2年間、交付金＝1地区1年当たり上限220万円）があった。集落は、実施要綱別表にある10の取組メニューの中から自由に組み合わせて事業を行うことができ、かつ、他事業との連携も可能とされた。

早い話、当別町田園文化創造協議会はこの交付金についても所要の「交流促進計画」などを添えて申請し、交付対象に選定されているのだ。

主な取組メニューは"観光と連携した都市農村交流推進"（グリーンツーリズム）と"農村環境の活用推進"の2つ。具体的には亜麻まつりやその時期に開花する亜麻畑を観光資源として定着させるほか、ブランド化や農産物の収穫祭・即売会を通じて都市農村交流を促進し、活性化を目指した。

例えば、2011年8月28日に東裏体験農村公園（旧東裏小学校隣）で同協議会が東裏自治会と共催で開いた〈ひがしうら里の収穫祭〉には町内外から約1,100人の参加があり、『旬となる枝豆収穫体験では、大人から子どもまで両腕いっぱいに抱えた枝豆の枝から、一つひとつ鞘をむしり、ビニール袋に満杯に詰め込んで』（広報『とうべつ』2011年10月号所収〈まちの話題〉）収穫の秋を満喫した。

都市住民の場合、枝豆はスーパーで包装された物しか目にすることがないため、ややもすれば枝豆の正体が未成熟段階で収穫した大豆のことだと知らない人がいても不思議ではない。収穫体験は、そうした店頭に並ぶ前の農産物の状態を自分の目で確かめられる良い機会とも言えるだろう。

売れる商品づくり

さて、ここから再び亜麻公社や亜麻ルネサンスプロジェクトの活動状況について触れていくこととする。

2008年3月に当別町亜麻生産組合が〈立ち上がる農山漁村〉、亜麻公社が〈立ち上がる農山漁村～新たな力～〉に選定されたことは既に述べた。

その直後の08年4月、北海道経済産業局は同年度の第1回「地域資源活用新事業展開支援事業（地域資源活用売れる商品づくり支援事業）」の北海道における採択事業18件を決定。その中の一つに〈国産（北海道産）亜麻を活用した健康・自然食品等の開発と販路構築〉の認定事業計画があった。

　この支援事業制度は、前年6月に施行された中小企業地域資源活用促進法に基づくもので、農林水産物又は鉱工業品、鉱工業品の生産に係る技術、観光資源等の優れた"地域資源"を活用した新商品・新役務の開発や販路開拓の取組に要する経費の一部を国が補助することによって、地域の中小企業等による売れる商品づくりや地域発のブランド構築を促し、以って地域経済の活性化や地域中小企業の振興に寄与することを目的とする。

　この補助対象者となるには二段階の手続きが必要で、まず、同法に規定する「地域産業資源活用事業計画」を国（地方経済産業局）に提出して"認定を受けた中小企業者"となり、次いで国が各年度の予算に基づき補助事業の公募を開始したら補助申請する仕組みとなっている。

　当該事業計画は、複数の中小事業者が共同実施する内容で作成することも可能だったことから、前記の亜麻関連の認定事業計画では、亜麻ルネサンスプロジェクトの商品販売・広告を担当しているウィズ社を代表者として北国生活社、道技コン、亜麻公社の計4社が共同で参画。その事業内容は、国産亜麻を活用して、4種の新商品（美容サプリメント、ピュアオイル、焙煎粉末、自然塗料）を開発し、販売するというもの。国からの補助金は補助対象経費の2/3以内で、下限は100万円であった。

　その後、亜麻公社が販売開始した商品ラインナップは次のとおり。

・2009年　亜麻美人サプリメント（460 mg/粒×180粒、6300円）
・2010年　亜麻仁油（ピュアオイル 95 g、6300円）
・2013年　焙煎亜麻の実（50 g、1260円 ＊粉末ではない。）
・2015年　亜麻仁油石鹸・亜麻の実石鹸（各85 g、2160円）
・2016年　亜麻仁油ドレッシング 柚子たまねぎ（100 ml、1404円）
・2020年　昔日の画家の油（絵の具に混ぜる画溶液 50 g、1100円）
・2022年　木と革の亜麻仁油ワックス（50 g、1650円）
　　　【注：価格はいずれも発売当時の消費税率による税込価格】

続々と商品開発が進められたことがよくわかる。国の支援事業に合わせ、独立行政法人中小企業基盤整備機構(略称「中小機構」)が発行した『地域資源を活用した売れる商品づくりサポートブック』(小規模事業者支援ガイドブックⅢ)には、『モノは作っただけでは売れない』、『市場への到達プロセスに詰まりが生じている大きな要因は、お客様が商品を買う姿を十分イメージせずにモノを作ってしまったこと』、『商品を作り上げるときは必ず出口(お客様)から逆算して考える必要がある』といった的確なアドバイスが満載されている。

写真73　亜麻美人サプリメント（亜麻公社 製）

　これをヒントに2008年夏、亜麻ルネサンスプロジェクト側はターゲットを女性に定め、その意見を商品に反映させるべく女性雑誌『美人百花』の発行元である角川春樹事務所(東京)に商品のモニター協力を打診。同誌の『読者十九人とともに商品開発を行い、商品名やパッケージなどに意見を取り入れ』(2009.4.11付『北海道新聞』)ることができた。

　こうして翌年4月から発売された新商品が上掲写真の"亜麻美人サプリメント"である。ポイントは、抗酸化作用をもつポリフェノールを豊富に含むアロニアという黒い果実を原料に加えたこと。これにより女性にとって気になる肌の老化を抑える効果が期待できると宣伝したのである。なお、このアロニアは、北海道伊達市産のものを北国生活社から仕入れたという。

▍亜麻公社の移転と新社長

　亜麻公社の橋本眞一社長が北海道新聞の記者に『事業が持続可能かどうかあと三年くらいで見極めたい』と語った2007年7月から2年半が経過した10年1月、亜麻公社は本店を道技コンと同じ札幌市東区苗穂町4丁目2番8号に移転登記する。元々、道技コン内の起業推進室からスタートした社内ベンチャーだったので、新聞記者や雑誌のライターが訪問取材して書いた記事には"札幌市東区のベンチャー企業「亜麻公社」"などと紹介されている

が、設立当初の登記上の本店所在地は橋本社長の自宅住所だったので、本来ならば札幌市中央区とするのが正しかった。

では、なぜこのタイミングで外見上と一致させる本店移転登記をしたかというと、それは正念場とみていた3年間で新商品の開発に成功し、手応えを感じたので、今後も"事業は持続可能"と判断したからに他ならない。

その前年の2009(平成21)年9月に甥の橋本俊彦さんを亜麻公社の社員に迎えているのも、眞一社長が会社の将来性にようやく自信が持てたからこそであろう。

俊彦さんは1979(昭和54)年11月、叔父の眞一さんと同じく栃木県鹿沼市で生まれた。地元の高校を経て首都圏の大学を卒業後、地元の一般企業に就職したが、叔父から北海道で行っている亜麻事業の話を聞き、魅力を感じて入社した。氏は当時を振り返り、次のように語る。

写真74　橋本俊彦

『東京近郊でサラリーマンをやってると、何か埋もれそうになるというか…。特に田舎(いなか)から出てきた人間にとってはね。やはり、都会で働いていると、歯車になっているような気持ちになるので、もっと自立したというか、自分個人というわけじゃないけど、力を発揮できるような新天地として魅力があったということですね。』

その後2014(平成26)年12月、亜麻公社は現在地の当別町獅子内(ししない)2113番地8に移転をする。元々起業推進室時代に機械を買って油を搾っていたのは、ここにあった道技コンの作業場である。

そして、会社移転からちょうど4年後の18年12月、俊彦さんは叔父の眞一さんに代わって代表取締役社長となり、眞一さんは取締役会長に退く。

会社経営を任された39歳の若き社長にとって最大の課題は、売れる商品づくりで開発した商品をいかに販売し、売り上げを伸ばすかであった。

少し遡(さかのぼ)るが、実は2013年3月にその販売戦略に関わることで亜麻公社に大きな変革があった。経済産業省の"新連携"以来ずっと北海道亜麻ルネサンスプロジェクトの枠組みを維持し、売れる商品づくり支援事業でもウィズ社を代表者に据えて認定事業計画を作成し、新商品の開発、販売促進に取り組んできたことは既に述べた。

今度はそれを"有限責任事業組合（LLP）"という新しい形態の事業体でやっていくことにしたのである。

　LLPとは、Limited Liability Partnershipの略で、元々イギリスで生まれ、その後アメリカなどに広まった。わが国では2005（平成17）年8月に「有限責任事業組合契約に関する法律」（通称「日本版LLP法」）が施行され、LLPが設立できるようになる。

　責任が出資者の出資分だけに限られるという点では株式会社と同じだが、大きく異なる点は、組合契約に基づく共同事業体なので法人格がなく、組合自体は課税対象となっていないことである。課税は利益配分割合に従って各組合員に渡る利益に対して行われ（構成員課税）、しかも、その利益配分は株式会社のように出資比率に応じたものである必要はなく、組合契約に規定すれば組合員の事業への貢献度に応じて配分することも可能である。

　つまり、個人事業主のプロジェクトチームのような柔軟な組織体であり、従前の"新連携"に法律に基づく枠をはめた"衣替え"と言ってよい。

　組合名は、有限責任事業組合亜麻ルネサンス。組合構成員は、従前の亜麻公社、北国生活社、ウィズ社のほか、新たに有限会社キューズ（札幌市東区）が加わり、同社の鈴木光寿代表取締役が組合の対外的な代表者となる。

　こうして運営形態は変わったものの、組合が行う事業内容は基本的に従前と変わりなく、主にウィズ社が担ってきた販売公式サイト〈亜麻の里〉の運営や亜麻商品の普及・販売、ブランド化を図る広報・企画などとなっていた。

　唯、このLLPの設立が直接影響を及ぼしたかどうかは著者の知るところではないが、ウィズ社の

写真75　亜麻公社社屋（2023.10.30）

濱田強氏は設立からわずか5か月後の2013年8月に脱退し、北国生活社の内藤大輔氏も17年3月に脱退している。さらに先を言えば、23年3月にはキューズの鈴木氏も脱退したことから組合員が1人となり、組合は解散する。

　結果、現在は亜麻公社が自社直営のオンライン通販ショップ〈亜麻の里〉として運営を引き継ぎ、商品販売を行っている。

さて、話頭を俊彦社長の就任当時に戻そう。前記したとおり、商品の存在を知ってもらうには、インフルエンサーや女性誌などに商品を取り上げてもらうと効果的であるが、何と言ってもテレビの力は絶大である。

幸運なことにその機会は早くも社長就任の翌夏にやって来た。日本テレビ系列で毎週土曜日18：30-19：00に全国放映の料理番組「満点★青空レストラン」にタレントらと出演し、亜麻仁油を使った料理等を紹介することで会社や当別町の亜麻栽培を全国に知らしめることができたのだ。

同番組は毎回、日本各地の農山漁村を司会の宮川大輔とゲストタレントが訪問。地元食材を使った絶品料理を紹介するので、農山漁村振興に躍起の農林水産省にとっては"ありがたい番組"といえよう。基本構成は番組前半で使用食材の紹介やタレントによる収穫等の作業の様子を流し、後半で調理や試食を行う設定になっている。

亜麻仁油が食材で登場した2019（令和元）年8月17日の放送回には司会の宮川のほか、タレントの大久保佳代子と高橋メアリージュンがゲスト出演。大塚農場の庭先で亜麻の実を脱穀する作業や亜麻公社の搾油室で亜麻仁油を搾る工程を見学する様子などが紹介された。

この宣伝効果で当分会社経営は安泰かと思われたが、世の中一寸先は闇。半年後の2020年2月から日本中に蔓延（まんえん）していった新型コロナウイルス禍の影響を受け、マスコミ等が会社を訪問取材する機会がほぼなくなり、その年と翌年の2年連続で7月恒例の亜麻まつりまでもが中止に追い込まれた。

幸い、中止はこの2回だけで済み、上述したとおり著者が初参加した22年の第15回から従前どおり旧東裏小学校を主会場に再開されている。

▎亜麻のふるさと当別活性化協議会

ところで亜麻まつりには、本書で既に紹介した東区のAMAサポーターズ倶楽部や北区のあさぶ亜麻保存会が協力団体に名を連ねてきているのだが、23年（第16回）からは、そこへ"亜麻のふるさと当別活性化協議会"が新たに加わった。実はこの協議会の代表者は前出の辻野さんである。そして、設立の背景には、やはり農林水産省の補助金獲得が絡んでいる。

こう書くと、いかにも補助金目当てのような悪い印象を与えかねないが、そうでないことは既述のとおりである。むしろ国策に協力して地域活性化に一汗も二汗も流して取り組んでおられ、只々敬服するのみである。

辻野さんは2017年9月、地元の有限会社松岡商事（松岡良尚代表取締役）とともに当別まちづくり株式会社を設立し、代表取締役社長に就任。『当別町の地域資源を活用し、新しい産業、雇用、文化を生み出す』（同社ホームページ《サービス案内》所収）と謳っている。

　そして、同社の他4団体により22年10月に設立されたのが"亜麻のふるさと当別活性化協議会"である。その名称に込めた趣意は『当別町の特産である「亜麻」を地域活性化に生かし、亜麻をきっかけに多くの方に当別町にお越し頂いたり、亜麻に関心を深めていただけるよう活動』（同協議会ホームページ）していくということだ。

　他の構成団体は当別町、当別町商工会、当別町観光協会、当別町亜麻生産組合で、当別町まちづくり株式会社に事務局を置いた。

　ここに、地域ブランドとしての"亜麻のふるさと"が誕生し、それが冒頭で紹介した当別ダムのネーミングライツにも通底しているのである。

　町内では、戸数こそ減ったものの亜麻生産組合の農家が下の写真のように毎年5月になると、畑に亜麻の種播きをする。だが、それは単に作物の種を播いているのではない。"亜麻のふるさと"という"夢のある地域づくりの種"を播いているのである。大塚慎太郎さんは自信を持ってこう言った。

　『亜麻畑は、まだまだ観光資源として新しい可能性を持ってますよ。』

写真76・77　亜麻畑の播種作業
2024.5.5 当別町東裏の大塚農場では1haの圃場に播種した。上は、トラクターの播種機にある鉄板容器内の米国産亜麻種子。

さて、簡単に農林水産省の補助金の話に触れておこう。

従前の農山漁村振興対策は農林水産物の付加価値を高めて農林漁業者の所得向上を図る六次産業化に重きを置くものであった。

しかし、国はこれを見直し、2022年度からは、六次産業化のいわば発展形として『地域の文化・歴史や森林、景観など農林水産物以外の多様な地域資源も活用し、農林漁業者はもちろん、地元の企業なども含めた多様な主体の参画によって新事業や付加価値を創出していく「農山漁村発イノベーション」としての取組を支援して』(農林水産省ホームページ所収〈農山漁村発イノベーションの推進〉)いく新機軸を打ち出した。

これが農山漁村振興交付金(農山漁村発イノベーション対策)と呼ばれるもので、同協議会が選んだ支援メニュー"農山漁村発イノベーション推進事業(地域活性型)"の場合、事業内容は3つあるが、いずれも目的はきっかけづくりと農山漁村について広く知ってもらうことであった。

具体的に同協議会はそのうちの「活動計画策定事業」を選択する。

協議会を設立したのは、事業の実施主体が"地域協議会"であることが必須要件だったため、その構成員に市町村が含まれていることも必須だったから、当別町(担当課は産業振興課)が加わっているのである。

事業実施期間は基本的には3年間だが、活動計画策定に関しては初年度のみ。交付金は基本額と上乗せ額の2階建てで構成され、基本額の上限は1年目が500万円、2年目が250万円。3年目は前2年間の取組を自立的かつ継続的な取組としていく期間と位置づけられ、交付金はない。

活性化協議会は、23年度からの事業実施提案書の公募に応募して選定を受け、23年1月31日には協議会発足後初の催しとなる《亜麻を食べる》と題した料理教室を開いた。その名のとおり、生地に焙煎した亜麻の実を練り込んで焼いたパンケーキの上に亜麻仁油に浸したスモークサーモンを乗せ、そこへ亜麻仁油を使ったドレッシングをかけて味わうという"亜麻づくし"メニュー。レシピを聞いただけで思わず食べたくなる一品だ。

教室には亜麻公社の橋本社長も参加し、自社で製造している亜麻仁油の特徴などを受講生に"ミニ講義"した。

活動計画策定事業の具体的な活用イメージは、さほど難しく考える必要はない。まずは、172ページの最下段に列記した農山漁村を活性化し維持していくために重要とされる3つの取組について、アドバイザーを活用したワー

クショップの開催であるとか、先進地の視察、セミナーへの参加を通じて地域の将来プランを練り上げる。次に活性化協議会を中心とした実施体制の下でそのプランを実践・検証し、"亜麻のふるさと当別"で快適な定住生活を送るための課題やニーズの把握を行っていけばよいのである。

　いずれにせよ、美しい景観や食材としての亜麻の魅力を最大限に生かし、町民に広めることが活性化協議会の主要な活動であり、亜麻を使ったドライフラワーのアレンジメント教室、ガーデニング講習会、亜麻の歴史を伝える出前講座などをラインナップした。

　活性化協議会のホームページには亜麻のガイドブック『亜麻読本』がアップされているほか冊子版も発行されており、23ページとボリュームも十分なので、これを読めば誰もが"亜麻通"になれること請け合いである。

▍大統合校・とうべつ学園

　本節の最後に、当別町の学校統合に触れつつ、亜麻が随所にアクセントとして生かされている現況を紹介する。

　戦後のベビーブームがもたらしたいわゆる"団塊の世代"が小学校に上がるようになった1955（昭和30）年頃には、全国的にほぼ小字集落ごとに小学校ないしは分校、分教場が存在していた。

　しかし、その後、高度経済成長期に入ると農山漁村から若者が都会へ出て就職するようになる。さらに、団塊の世代が小学校を卒業した影響もあって児童数が減り、早くも1970年代から地域の過疎化と歩調を合わせるかの如く小学校の統廃合がみられるようになり、少子化が顕著となった2000年代以降は、そのスピードを加速していった。

　当別町においても例外ではなく、1955年に15校（分校1を含む）あった小学校は、何度も統廃合を繰り返した末、2022年4月に市街地にある当別小学校が当別中学校に統合する形で小中一貫の義務教育学校・当別町立とうべつ学園として生まれ変わった。これにより町内の義務教育課程の学校は、西当別小学校（太美町）と西当別中学校（獅子内）を合わせて計3校のみとなり、長い年月をかけて広域の大統合が行われたのである。

　因みに義務教育学校とは、2016年4月から施行された「学校教育法等の一部を改正する法律」（平成27年法律第46号）によって誕生した新しい学校種であり、学校教育制度の多様化及び弾力化を推進するため、地域の実情や

写真 78 当別町立とうべつ学園（2024.7.30）
左下の門塀に、亜麻の花をかたどった校章が誇らしげに飾られている。

児童生徒の実態など様々な要素を総合的に勘案して設置者が主体的に判断できるよう、既存の小学校・中学校に加えて義務教育を行う学校に係る制度上の選択肢を増やしたものである。

　かつ、必然的に小中一貫教育を実施することを目的とする義務教育学校の制度を創設することでもあった。

　開校に向けた諸準備が進められた中で、2020年12月に制定した校章には格別の思いが込められている。それは上掲の写真を見ていただければ一目瞭然なのであるが、門塀にあしらわれた校章は当別町の象徴である"亜麻"の花をデザインし、色も亜麻の花の薄青紫色を基調としている。

　それだけではない。開校の1か月ほど前の22年2月末に完成した校舎にも壁の一部やカーテンなど随所に薄青紫色が用いられた。

　さらに、校歌の一番の歌詞にも『曙光に照らさるる　当別に　真空色付く亜麻の花…』と、亜麻の花が謳われている。

　ことほど左様に亜麻の花及びそのイメージカラーの薄青紫色が取り巻く環境下で義務教育の9年間を過ごすのであるから、子どもたちは、弥が上にも

第1節　亜麻ルネサンスプロジェクト　183

"亜麻のふるさと当別"を脳裏に刻み込むこととなる。
　ダメ押しと言ったら語弊があるが、亜麻公社の橋本俊彦社長は、2023年3月、とうべつ学園の最初の卒業生を対象に、亜麻の繊維で織られた無地のハンカチに各自が色模様でデザインする特別授業を行った。
　亜麻の魅力を広く発信することに余念のない橋本さんの思いは、それぞれ高校に進学して当別を離れることがあっても、"世界にたった一枚だけ"のオリジナルハンカチを見て、ふるさと当別が亜麻の産地であることに誇りを持ち続けていってほしい、ということ。
　その願いは、きっと卒業生一人ひとりの心に届いたに違いない。

＊2023.10.30 亜麻公社訪問
＊2024.5.5　大塚農場訪問

第2節　コタニアグリ

　日本の食料基地と言われて久しい北海道の中でも、十勝平野は昔から酪農畑作地帯として知られ、広大な畑では馬鈴薯や大豆、小豆（あずき）などの豆類、甜菜（てんさい）、小麦、野菜類などが文字通り大規模に作付けされている。

▍特色ある更別村の農業

　十勝地方の中心都市・帯広市の南に接する更別村（さらべつ）もまた、そうした十勝型農業の特色を持つ典型的な酪農畑作地帯であり、それは、耕地面積が村の総面積 176.9 km² の約 2/3 に当たる 115.0 km² を占めていることからも伺える。

　酪農地帯では"人の数より牛の数のほうが多い"とよく言われるが、同村も例外ではなく、約3千人の人口に対して乳用牛が約5千頭、肉用牛が約千5百頭となっており、畜産業も盛んである。

　2020年農林業センサスのデータによれば、同村の農業経営体数（個人経営の農家戸数に法人・非法人の団体経営数を加えた数）は221（うち農家戸数は212）となっており、耕地面積をこれで割った1農業経営体当たりの単純平均経営面積は 52.0 ha で、十勝総合振興局管内最大を誇る。

　また、これだけ広大な面積の畑作経営を効率よく行うには農作業の機械化が不可欠であり、その代表格はトラクターであろう。更別村ホームページによると、同村に初めてトラクターが導入されたのは1947（昭和22）年のこと。当時はまだどの農家にも農耕馬が複数頭飼われ、プラウやハローを使って畑を起し、収穫した農作物は馬車で運搬し、冬道の往来には馬橇（ばそり）が活躍した時代であった。

　しかし、1961（昭和36）年に農業基本法が制定され、農業の近代化を旗印に農業構造改善事業が推進されるようになると、経営効率を高める有効な手段として積極的にトラクターの導入が行われ、農耕馬は姿を消していった。そして、2015（平成27）年には同村の農家1戸当たりのトラクター所有台数は 5.4 台となり、日本トップクラスの水準にまで達している。

　さらに、村を挙げてより安全で安心な農畜産物の生産を目指して土づくりや減農薬にも力を入れており、JAさらべつ（更別村農協）では、でん粉カスや家畜糞尿などの農業廃棄物を活用して完熟堆肥の生産を行う施設を造成

し、農地に還元するしくみを構築した。こうした資源循環を通じて環境にやさしいクリーン農業を推進した取り組みが評価され、2002年度の環境保全型農業推進コンクールでは農林水産大臣賞受賞の栄誉に浴している。

今注目のスマート農業

この"クリーン農業"(環境保全型農業)とは、化学肥料や化学合成農薬の使用をできるだけ減らす取り組みを通じて環境負荷を低減するものであるが、これのさらに上を行くのが"スマート農業"だ。

農林水産省の資料『スマート農業の展開について』(2023年6月)には、

> 「農業」×「先端技術」＝「スマート農業」

というシンプルな数式が書かれており、『「スマート農業」とは、「ロボット、AI、IoTなど先端技術を活用する農業」のこと。』と説明されている。

日本語としてのスマートの意味は、一般に細身でスタイルがよいことを指すが、英語での第一義は"賢い、利口な"であり、ここから派生して近年、日本語では"電子機器を組み込んだ、ハイテクの"という意味でも使われ、その代表格とも言えるのが、スマートフォン(smart phone)であろう。

では、国がスマート農業を推進する理由は何かというと、大別して二つの要因がある。一つは農業従事者の減少をカバーするための省力化と生産性の向上、もう一つは食料生産自体が大量の温室効果ガスを排出している現状の緩和(低減)である。

後者は上述したクリーン農業(環境保全型農業)に属する分野で先端技術を活用していく取り組みと理解すればよいので詳細は省略し、ここでは前者の要因についてもう少し解説しよう。

北海道農政部がまとめた『北海道農業・農村の概要』(令和4年8月)によると、北海道内の農家(販売農家)戸数は、2005年に51990戸だったが、10年に44050戸、15年に38086戸、20年に32232戸と漸減しており、逆に農業就業人口に占める65歳以上人口比率は、05年の34.1％が20年には40.5％となり、高齢化が進行している。

一方、新規就農者も漸減傾向にあるとはいえ、20年における農家子弟を含めた新規就農者の総数は474人と前年より20人増加した。

また、農外からの新規参入者は、近年110～120人程度で推移しており、企業等による農業への参入も年々増加している状況にある。

　つまり、農業就業人口の減少や高齢化を抑制する要素である"農外からの新規参入者"や企業等による農業への参入をサポートすることが喫緊の課題となっており、そのための有効な手段として今注目を集めているのが、スマート農業なのである。

　前記した農林水産省資料にはスマート農業の効果として、①作業の自動化、②情報共有の簡易化、③データの活用の3つを挙げている。うち、②については『位置情報と連動した経営管理アプリの活用により、作業の記録をデジタル化・自動化し、熟練者でなくても生産活動の主体になることが可能に』と述べられ、文字どおりベテラン農家の長年の経験や勘に頼らずとも、ヤル気と元気さえあれば素人でも農業にチャレンジできる道が開かれている。

　①の「作業の自動化」に関して、更別村ではスマート産業イノベーション協議会が2019年11月、村内の畑で無人のロボットトラクターによる初の実証試験を行った。この実験には地元帯広畜産大学農作業システム工学研究室の佐藤禎稔教授（農業機械学）が協力。関係者約130人が見守る中、無人のトラクターがあらかじめプログラミングされた経路を正確に直進したり旋回したりして所要時間約40分で20アールの畑起こしを無事に終えている。

写真79　無人トラクター実証試験 (2019.11)
（写真提供 更別村役場）

　さらに③の「データの活用」に関しても、2017年から東京大学が参加。大学院農学生命科学研究科附属生態調和農学機構の平藤雅之教授が更別村にフィールド研究の拠点を構え、農家の協力を得て、農作物の成長量や土壌水分などのデータを長期連続的に（時系列的に）収集し、農業ビッグデータを自動構築し、そこから最適栽培条件等の新知見を探索する解析手法の研究開発を行った。

　その縁があって2021年5月、同研究科と更別村は教育研究や人材育成で連携協定を締結し、同年11月には村内に同研究科サテライトキャンパスが開設されている。研究科所属の大学院生が村内に滞在して大規模圃場などを

目の当たりにしつつ、そこで栽培される農作物の分析やデータ化を行い、実地にスマート農業の研究を行う一方、農閑期には地元農家や高校生を対象とした最先端の農業情勢を講義する互恵関係を築いている。

■もう一つの顔・スーパービレッジ

　ここで特筆すべきは、更別村におけるスマート農業は、村の最上位施策である『更別村 SUPER VILLAGE 構想』のサービスパッケージの一つ「超なまら本気スマート農業」に基づき推進されている点である。

　これは、最先端のデジタルの力を借りて、高齢者でも楽しく元気に続けられる高付加価値型農業を実現しようというもので、〈趣味〉〈健康〉〈医療〉のサービスを同時に提供することにより、"笑顔と笑い声があふれ、一人ひとりが輝く日本一の更別村"（更別村ホームページ《村長室へようこそ》）が実現できるという筋書きなのだ。

　元々、同構想は安倍政権が打ち出した国家戦略特区〈スーパーシティ〉のエリア認定を目指し、『更別スーパービレッジ構想』として 2021 年に国に提案していたものである。唯、全国 31 自治体が競合する中で採択されたのはわずか 2 自治体という狭き門に阻まれ、代って岸田政権が掲げた『デジタル田園都市構想』に基づく推進交付金事業のタイプ 3（リーダー的事業）で翌 22年 5 月に申請を行い、同年 6 月に採択されて現在に至っている。

　特区（特別区域）に認定されていれば、事業の推進上で障壁となる様々な法令上の規制を適用外とする特例を受けられたのであるが、今は国が提示する様々な交付金メニューを活用して事業を推進しているところである。

　こう書いてくると、更別村を冒頭で評した"典型的な酪農畑作地帯"とか"人の数より牛の数のほうが多い"といった牧歌的なイメージだけで捉えるのは誤りであったことに気づく。

　村内全戸に光回線が敷かれているだけでなく、超高速通信回線であるキャリア 5 G の基地局が 5 つもあり、海外との交流やスマート農業、医療・教育分野で活用が進んでいる。アプリを使った農村地区と市街地を結ぶデマンドタクシーも運行し、近年は村外からの定住者や企業の村内進出、支店設置の動きも見られ、村の人口は増加傾向にあるという。道内のほとんどの自治体で人口減少が進む中、これは驚くべきことである。

　ここで再び村のホームページの《村長室へようこそ》の文言を引用する

と、『農家一戸あたりの耕地面積は平均で54ヘクタールあり、東京ドーム10個分に匹敵します。中には160ヘクタールを超える農家もあり（中略）農家一戸あたりの粗収入も年間6800万円を超え、文字通り「日本一の大型農業」であります。』(2024.9.11 視認現在)と、西山猛村長は胸を張る。

有限会社コタニアグリ

さて、農家一戸あたりの耕地面積が平均54haという更別村で、上記のとおり「中には160ヘクタールを超える農家もあり」と紹介されているのが有限会社コタニアグリという法人経営の大規模農場である。

借地16.8 haを除く所有耕地面積は約165.8 haで、上述した農家一戸平均耕地面積の3倍を優に超える。粗収入は最も良かった2021年が約1億8千万円で、目標は2億円だという。

著者が同農場を知ったのは、2021年7月10日付の『北海道新聞』夕刊に記事が掲載されたことがきっかけだった。

《涼しげ青紫 亜麻の花》という見出し語に続けて『十勝管内更別村の農業小谷広一さん(70)の畑で、亜麻の花が満開となり、淡い青紫色の花びらが夏風に揺れている。』と紹介され、隣の畑で栽培しているシロガラシ(キカラシ)の黄色と鮮やかなコントラストをなす可憐な亜麻の薄紫色の花が咲いている様子を切り取った写真も添えられており、実に美しい。

遡って調べてみると、小谷さんの亜麻の記事は2011年7月9日付の夕刊にも同じように亜麻畑の写真を添えて掲載されていたことがわかったのだが、さすがに10年以上も前のことであり、全く覚えがない。意識と無意識の違いだろう。

実は12年、13年、15年、16年、18年、20年と、ほぼ1年おきくらいで開花時期になると同紙朝刊の〈帯広・十勝版〉には掲載されていた。

写真80　コタニアグリ入口付近

コタニアグリのホームページを閲覧すると〈農場紹介〉のサイトに《僕と、小谷家と会社のミニ歴史》というコラム記事がある。あらかじめこれに目を通して予備知識を得たうえで、著者は2023年7月8日、亜麻の開花時期に合わせてコタニアグリを取材で訪れた。

家の玄関に入って驚いたのは、奥様の文子さんの選挙ポスターが壁に張ってあったことだ。聞けば、4月の統一地方選で更別村議会議員に2期目の当選を果たしたとのこと。地方の町村議会は得てして男性社会となりがちだが、更別村も例外ではなく、議員定数8の中で文子さんは紅一点だという。
　ご主人の広一さんからホームページにある《僕と、小谷家と会社のミニ歴史》をさらに詳しく伺ったところ、小谷家は元々青森で漁業をしていたが、広一さんの曽祖父にあたる辰五郎さんが明治時代に北海道に渡り、稚内で漁船の漁労長を務め、そこで結婚する。その息子で広一さんの祖父の賢治さんは札幌逓信学校を出て、旭川で郵便局の配達員となった。唯、相前後して辰五郎さんが三十代の若さで亡くなったため、未亡人となった曾祖母は帯広のうどん屋に再婚で嫁ぐこととなる。このとき賢治さんは母の再婚相手とは養子縁組せず小谷姓のままで通したことにより小谷家は存続していく。そして後にこの母方の伝手で賢治さんは帯広の大通りで魚屋を開業する。大通りとは現在の国道38号であるから商売をするには格好の場所であった。
　さらに大正末期、賢治さんは牛を飼えば儲かるという話を聞いて、試しに1頭の雌牛を飼い始めた。牛は乳を出すし、仔も生まれるから儲かるという算段だったらしい。そして、これが案外いけると自信を持った賢治さんは、昭和8(1933)年、ちょうど帯広が市制施行した年に思い切って魚屋を廃業。帯広駅から西に1kmほどしか離れていない西8条南4丁目に牛舎を建て、十勝地方でまだ先駆けだった酪農業を始めたのである。

▎酪農・畜産業から畑作専業への転換

　酪農経営はその息子で広一さんの父の誠一さんに引き継がれ、1950(昭和25)年にここで広一さんが誕生した。飼育頭数が50頭くらいまで増えた頃、誠一さんは小谷産業という会社を立ち上げて、牛の売買を手掛けるようになる。十勝川の河川敷を北海道開発局から借りて放牧地とし、初妊牛や経産牛を貨車輸送で長野や愛知、大阪に移出する家畜商、畜産業の仕事も行い、利益を上げた。
　一番景気が良かった時期には初妊牛に1頭70〜80万円の値が付き、貨車で1回に15頭を積んで送るため、売り上げがざっと1千万円にもなり、それを3日に1回のペースで続けると、最高で年間売り上げが20億円になった年もあったという。

そのため河川敷だけでは足りなくなって幕別に約60haの離農跡地を購入し、放牧地とした。しかし、河川改修のため開発局から河川敷の土地の返還を求められたので、代替の放牧地が必要となったところに知人の更別農協の理事から更別で離農を希望する数軒の農家の地続きの土地112haを一括購入する話を持ち掛けられて購入した。広一さんがまだ高校2年生の1967(昭和42)年のことである。

　帯広に自宅や牛舎があったため、更別の土地は放牧地として利用するつもりだったが、帯広の地元紙に『悪徳家畜商が農地を買い漁って不在地主に』と書かれたため、更別にも牛舎を建てて酪農経営をすることとなった。

　71年、誠一さんは有限会社タイコウ畜産を設立して、経産牛の肥育を始め、やはり本州に移出するようになる。以前と違って貨車輸送からトラック輸送に切り替わるが、これも当たって利益を上げた。

　広一さんは親の後を継いで酪農経営をすべく酪農学園大学(江別市)の

写真81　小谷広一・文子ご夫妻

酪農学科に進学し、73年に同大を卒業後、将来に夢と希望を持ってカナダで1年間の酪農実習に励んだ。

　一方、畜産で儲けて羽振りのよかった誠一さんは、余勢を駆って75年4月の統一地方選挙で帯広市議会議員選挙に立候補。見事当選し、その後91年まで4期務めることとなる。

　77年、広一さんは27歳で帯広の実家を離れ、更別村字上更別の現在地に居を構えて独立するが、ちょうどこの時期は73年と78年の二度に亘って発生したオイルショックの最中にあり、畜産で儲けた資産が失われ、逆に借金が3億円くらいにまで膨らんだという。

　小谷家が肥育牛で儲けているのを近隣農家が続々と真似をしたようなことが全国的にみられたため、供給量がダブつき気味になっていたところへオイルショックによる生活防衛で消費者が国産牛肉をあまり食べなくなっていた需要減も重なって大阪の屠畜市場での屠体価格が下がり、『肥育に経費かけて送り賃かけて持って行っても、売値が元牛の買値に届かない』(広一氏談)

赤字経営に陥り、"じり貧"状態となっていたのである。

そこで何とか立て直しを図るために行ったのが、畑作へのシフトであった。牛を飼うには牧草地が必要なのだが、牧草地は6年に一度更新をしなければならず、その費用が年間約660万円もかかっていた。これをカバーするため、草地更新が到来した牧草地に小麦を播き、1〜2年小麦を作ってから次にデントコーンを播き、それから牧草を播くようにした。十勝農協連の技官のアドバイスで小麦のほかに馬鈴薯の作付けも行うようになり、利益を上げていくと、広一さんは次第に畑作の方が面白くなっていった。

それに比べて酪農・畜産のほうは、牛舎が旧来の密閉式だったことにより、牛が肺炎になったり風邪をひいたりして呼吸器疾患にかかりやすかった。

また、幕別の放牧地でも草地更新に替えて小麦を播いたり牧草地に戻したりしていたが、沢があって、そこへ牛が草を食べに行くとダニに食いつかれて発熱や黄疸症状を呈するピロプラズマ病に悩まされていた。

そのような時にちょうど更別のほうで地続きの売地が出たので、渡りに船と、83年に幕別の農地を売って、更別の25 haの農地を購入した。この頃には帯広で酪農をしていた場所が街の真ん中ということもあって、本社事務所と有料駐車場用地を残して大部分を売却し、借金を解消することができた。

既に経営を引き継いでいた広一さんはここで一大決心をする。酪農をするために大学の酪農学科で学んでいたので、その意味ではもったいない思いもなかった訳ではないが、1990（平成2）年、思い切って酪農・畜産業に見切りをつけ、畑作専業に経営方針を転換したのだ。

なお、社名をタイコウ畜産から現在のコタニアグリに変更したのは、それから13年後の2003年3月のことである。

さまざまな経営の合理化

コタニアグリのホームページにある《僕と、小谷家と会社のミニ歴史》には『合理化の打開策として"コンバイン一台で収穫作業が完結するヨーロッパ型農業"を目標に前進し、平成20年"菜種"を、その後22年には"亜麻"の栽培を開始した。』と書かれている。

今ではあまり聞かれなくなったかも知れないが、かつては離農の原因の一つに"機械化貧乏"というのがあった。農業では農作物ごとに専用の付属機械をトラクターに装着して播種や収穫作業を行い、中間ではスプレーヤーと

いう機械で農薬による病虫害防除を行う。必然的に機械の購入に経費がかかり、それに見合うだけの作付面積があってペイすればまだしも『やっぱり、隣が機械買ったら自分も欲しくなるんだわ。』(広一氏談)

最悪の場合は借金がかさんで経営が行き詰まり、離農の憂き目をみる場合もある。広一さんは『うちでも結構大型の機械持っているから、どうやって経費を下げるかっていうのが一番の仕事』だと言い、これまで度々ヨーロッパへ視察と農業機械の購入に出かけている。そこで知ったのが上記の"コンバイン一台で収穫作業が完結するヨーロッパ型農業"だった。

また、日本の農機具メーカーが販売する外国製(例えばロベルタ社製)コンバインの部品一つにしても、外国で直接買い付ければ日本のメーカー価格の1/8で買えることもわかり、必要な機械の導入は、自ら海外に出向いて買い付け、輸入している。もう一つ、広一さんが外国製にこだわっている理由が"イソバス(ISOBUS)"である。これは、メーカーを問わずにトラクターと作業機のデータ連携を可能にする国際規格の統一仕様のことで、国内のメーカーにはなかったのだ。肥料にしても、チッ素・リン酸・カリの三要素を価格によって外国から輸入したり農協から買ったりして使い分け、それを中古のコンクリートミキサー車で調合・攪拌(かくはん)・分配する徹底ぶりである。

当初小麦から始まった畑作へのシフトはその後、馬鈴薯、ビート、豆類へと広がり、2023年の作付状況は下に掲げた表のとおりである。

馬鈴薯とビートはコンバインでは収穫できないが、他の作物はコンバインで収穫できて、輪作体系にも組み込んでいるそうだ。

輪作とは一圃場でいくつかの異なる科の作物を順番に繰り返し栽培していく栽培法で、コタニアグリでは基本的に5年サイクルで回しているが、菜種、亜

作物名	品　種	面積(ha)
秋播き小麦	ゆめちから	53.0
春播き小麦	はるきらり	15.5
澱原・加工馬鈴薯	コナヒメ・スノーデン	37.0
ビート	8K879	33.5
大　豆	ユキシズカ	11.0
小　豆	キタロマン	3.0
菜　種	キザキノナタネ	15.0
亜　麻	バットマン	3.0
えごま	在来種	3.0
マスタード	イエロー・オリエンタル	4.0
休閑・緑肥作物		4.6
合　計		182.6

注：澱原馬鈴薯は澱粉原料用、加工馬鈴薯はポテトチップスやフライドポテト等の加工用である。

麻、えごまに関しては、6年又は7年で回しているという。

　その理由は、これらの特殊な特用作物(直接食用に供するのではなく、特定の用途のもとに栽培・加工して利用する農作物)は、短期輪作にすると油糧成分の酸化値が上がり、品質が低下してしまうからである。

　唯、きちんと6～7年の間隔を空けて輪作していても、収量は天候に大きく左右されてしまう。亜麻の場合、良い年だと反当(たんとう)12万円くらいの収入が見込める反面、『極端に言ったらゼロの年もある。収穫時期に大雨降って。亜麻って、丸いボールみたいな実ができるでしょ。あのボールね、ソバと同じで、強い風吹くと揺すられて全部落ちちゃうの。大雨と台風にめちゃめちゃ弱いの』(広一氏談)だそうだ。

　その亜麻は、一体どのようにしてコタニアグリで栽培されるようになったのであろうか。

▍亜麻による六次産業化の道

　周知のとおり農林水産業は第一次産業、工業は第二次産業、商業は第三次産業に分類される。かつては、各産業間は分業が常識だったので、北海道農業で言えば、農家は収穫した農作物を農協に出荷し、農協はそれをホクレン(北海道における経済農業協同組合連合会)に集約し、巨大総合商社としての顔を持つホクレンが市場を通じてそれら一次産品を加工業者(第二次産業)や販売業者(第三次産業)に流通させるという構図が出来ていた。

　しかし、農家の中には単に農作物の生産だけに止まらず、自ら加工、流通・販売まで手掛けることで一次産品の"付加価値"を高め、より高い収益を上げようとする者も出てくるようになった。また、利益追求だけが目的ではなく、消費者の顔がみえる"農業のやりがい"を求めて始めた人もいる。

写真82　コタニアグリの亜麻畑
花が咲く亜麻畑に立つ文子さん。後方の黄色いのはキカラシ畑で、子実をマスタードの原材料として出荷している。

著者が文子さんの案内でコタニアグリの亜麻畑を見学させてもらった際に文子さんは『ただ単にモノ作って売るだけじゃつまんない。消費者と関わりたい。消費者だって農場を見てみたいと思うだろうし、そうすると交流ができて商品を買ってくれるという、そういう関係を作りたかった』と語ってくれた。正に"消費者の顔がみえる農業"の実践だ。

　いずれにせよ、第一次産業が"分業"の垣根を越えて第二次産業や第三次産業の分野にまで踏み込むことから、約30年前の1990年代半ばに東京大学の今村奈良臣名誉教授（農業経済学）は、これを"六次産業化"と呼んだ。第一次産業から第三次産業までの数字1、2、3を全部足すと6になるからである。もっとも、"親亀こけたら皆こけた"ではないが、肝心の一次産業がダメになったら成り立たないので、後年には算式を足し算から掛け算の1×2×3に改めている。この算式で1を0に置き換えると結果は0になるという危機感を込めた意味合いである。

　具体的には、ブランド化、地域特産品の開発、共同加工場の建設、消費者へのインターネット通販などの手法が取られるが、中には商工業者と連携するケースもあり、これを〈農商工連携〉という。

　当時の日本経済はバブルがはじけた後の停滞期にあり、人口も少子化で減少に向かい、特に地方での過疎化・経済の疲弊が声高に叫ばれていた。

　そうした中、政府としても『地方を中心として元気を取り戻し、活力ある経済社会を構築するためには、地域経済の中核をなす中小企業者や農林漁業者の活性化を図ることが重要』と認識。2008年5月公布、7月施行の農商工等連携促進法に基づき、中小企業者と農林漁業者が連携して行う新商品等の開発・販売促進等の取組に対し、事業資金の貸付や債務保証、設備・機械の取得に対する税制面での優遇で支援に乗り出した。

　国の省庁は農林水産省と経済産業省中小企業庁が所管し、手続きとしては中小企業者（商工業者に限る）と農林漁業者が共同で作成した事業計画を国に申請し、大臣が認定基準に基づく審査を行い認定するしくみであった。

　この支援制度に亜麻の活用で手を挙げたのが、東京都港区に本社を置き、オフィスビルや店舗の内装工事を手掛ける株式会社フォーエス（内田修一社長）である。同社は、内装用壁材に無農薬栽培した亜麻の繊維を使うことにより、産業廃棄物となった時でも自然に土に還り、地球環境にやさしく、処理費用も安上がりな新商品を開発しようと計画。中小企業家同友会を通じて

亜麻を最後まで栽培していた十勝地方をターゲットに協力農家を探した。

　そして、2009年から4軒の農家が試験栽培に参加。翌年から広一さんも加わり5軒のグループでフォーエスが提供するオランダ産の種子ブライトンを播種した。栽培技術については、当別町の亜麻公社に出向いて指導を受けたという。11年には『農家5軒で4ヘクタールの亜麻を試験栽培した。小谷さんは3250キロの種子と7040キロの繊維を収穫。フォーエスに送ったところ、壁材や繊維、せっけんなどの加工に成功し、7月には試作の糸や布が届いた』(2012.8.6付『北海道新聞』朝刊〈帯広・十勝版〉)。

　唯、実状を言えば、フォーエスでも農業者側でも課題だらけだった。事業計画には5年以内という年限があり、フォーエスでは一応内装材に亜麻繊維を混ぜ込んで試作品を作ることには成功したものの、亜麻繊維は容燃性のため、建材に求められる不燃性をなかなかクリアすることができなかった。また、小谷さんたちが目指した国産亜麻糸や亜麻布の商品化についても、亜麻工場を

写真83　亜麻の除草作業（2014.6 コタニアグリ圃場）
出面さんにとっても、腰を屈めた草取りは重労働だ。

維持できるだけの亜麻繊維を生産するには最低でも100 haの作付面積が必要となり、賛同してくれる仲間を増やすのは容易ではなかったのだ。

　さらには、亜麻栽培の当初は無農薬有機栽培を売りにしたこともあって、昔ながらの手作業による草取りを行い、出面さん(＊農作業アルバイターのこと)を延べ100人以上雇ったこともあるという。

　結局、フォーエスの内田社長は『それはできないから、亜麻の実を収穫してやるようにしたらいいよ。』と言って、農商工連携から手を引いた。

　そこで次に小谷さんが目指したのが、上述した"六次産業化"により亜麻の実(種)から油(亜麻仁油)を自社工場で製造し(第二次産業)、それを化粧品原料や食品として販売する(第三次産業)ことであった。

　六次産業化についても、政府は日本再生戦略の一環としてこれを推進するため、2010(平成22)年12月に六次産業化法を公布していた。

　その内容は、この法律の正式名称＝「地域資源を活用した農林漁業者等に

よる新事業の創出等及び地域の農林水産物の利用促進に関する法律」に明らかで、前半部が法律の第二章(六次産業化関係)、後半部が第三章(地産地消関係)を構成する。

　第二章は2011年3月に施行され、農林漁業者等は、農商工等連携法と同様、農林水産物の生産及びその加工又は販売を一体的に行う事業活動に関する計画(総合化事業計画)を農林水産省に申請し、大臣から認定してもらうしくみであった。

十勝農工房の設立

　広一さんは同じ十勝管内の佐藤農場(音更町)や大野ファーム(芽室町)などと共同で2013(平成25)年7月に十勝農工房株式会社を設立。佐藤農場の佐藤健司さんを社長に据え、自身は会長に就き、本店事務所は帯広市八千代町東1線(＊翌年、西8条南4丁目に移転)に置いた。

　早速、「十勝の菜種と亜麻を用いた加工食品及び絞り粕(かす)飼料の開発・製造・販売事業」で六次産業化事業計画を作成し、北海道農政事務所(農林水産省の北海道における地方支分部局)に提出。同年10月に認定が下りた。

　搾油工場は当座、佐藤社長宅の台所を一部改装し、そこに低温圧搾製法の搾油器械等を据え付けて翌年12月に完成。消費者に安心安全な商品として買ってもらうため、さまざまな人から助言を受け工夫を重ねる試行錯誤の日々が続くこととなる。そして、2015年の夏にようやく納得のいく製品が完成し、流通販路の準備を経て、同年10月20日から販売を開始した。

　第一弾の商品ラインナップは、菜の花オイル、ヨーロッパ品種の菜種オイル〈ラプソル〉、亜麻仁オイル、亜麻シード(種)の4品目だった。

　商品化に伴い、コタニアグリでは亜麻の栽培面積が最大で10 haにまで拡大し、十勝農工房との商品取引を希望する事業者が本州からもやってくるようになる。そこで広一さんは17年に更別の農場敷地内に第二工場を建設した。春から秋の農作業の合間に基礎工事から浄化槽から床

写真84　十勝農工房第二工場
コタニアグリの敷地内の一角に建っている。

まで自分や農場従業員らと一緒に汗をかき、屋根葺き、サッシ、電気工事は専門業者に任せたものの、年内に完成に漕ぎつけ、それから器械類をセットし、翌春には保健所の施設検査を受け、食品衛生管理者も配置し、なんとか六次産業化の認定期間内に食品製造加工の営業許可を得ることができた。

この第二工場建設に前後して大きな課題解決となったのが亜麻の除草農薬の登録である。農薬は成分や使用方法によっては人体などへ毒性を示すことがあるため、農薬取締法により登録された農薬しか使うことができない。

登録農薬には、使用できる作物や期間、分量などの〈使用基準〉が厳格に定められており、使用基準以外での使用は認められていない。

亜麻は栽培が途絶えていたため、麦、大豆、小豆、馬鈴薯、果樹等に汎用性のある除草剤ダイロン（水和剤）の適用作物に含まれていなかった。

そこで広一さんは、亜麻栽培の開始時に指導を仰いだ知己である上川管内音威子府村の三好農場と石狩管内当別町の大塚農場に声を掛け、ダイロンが亜麻にも使用できるよう登録の申請手続きを行うこととし、約200万円かかる費用を三者で分担した。また、この手続きに北海道庁の担当者として関与したのが木村洋司氏であり、今でも広一さんは木村氏と会うたびに『あの時は大変だったよ。』と言われるそうである。

"7割公務員"としての使命感

さて、こう書いてくると、小谷さんの十勝農工房を通じた亜麻栽培ビジネスは、困難を克服しながら搾油の第二工場も完成し、行く手は順風満帆かにみえたが、20年春に発生した新型コロナウイルス禍によって一般消費者の需要は激減したという。人々が外出を控えるようになり、道の駅やホテルに置いてもらっていた商品が売れなくなったばかりでなく、ネット販売でも巣ごもり需要でさまざまな商品が出回るようになった煽りを受けたのだ。

唯、十勝農工房で生産する亜麻仁油のかなりの量を化粧品販売の株式会社シロ（本社：東京都港区）が買い取ってくれているおかげで影響は少なくて済み、助かったと感謝の言葉を口にする。

それを聞いて、著者は思わず広一さんに「シロって、砂川に本店のある、あのシロですか？」と尋ねた。数年前、妻とともに一度訪れたことがあり、おしゃれな店内の雰囲気が印象に残っていたので、十勝農工房産の亜麻仁油がどのような製品となって、どのように陳列されているのか、自分の眼で確

かめてみたいと思ったのである。

　そして、やや時間が空いてしまったものの、著者はコタニアグリ訪問から一年後の今年（2024年）8月、SHIRO砂川本店を見学させていただいた。

写真85・86　㈱シロ（SHIRO）砂川本店と亜麻ネイル（2024.8.7 著者撮影）
SHIRO砂川本店は2023年4月に豊沼町の「みんなの工場」内に移転し、リニューアルオープンした。亜麻ネイルは、保湿効果で爪を健やかに保つ亜麻仁油をベースに配合し、発色も大変美しい。

　同社は、6月23日にSHIROブランド誕生から15周年を迎えたばかりで、"みんなの工場"ではSHIRO 15th ANNIVERSARY EVENTとして「未来へのおくりもの展」(7/26-9/1)をちょうど開催中で、大勢の来客で賑わっていた。この"みんなの工場"は、製品を製造する工場に、ショップ、カフェ、キッズスペースとラウンジなどを併設した、人と環境に配慮した循環型の施設であり、併設のショップに製品を購入しに来た客は、1階フロアのガラス張りの研究開発室でスタッフが製品開発している様子を間近に見ることもできるようになっている。

　ショップで特に著者の目を引いたのはカラフルな亜麻ネイル群で、案内してくれたスタッフの方は、保湿効果を特に強調していた。その説明を聞き、妻へのプレゼントに"赤"を1本購入し、店を辞した。

　さて、話をコタニアグリ訪問時に戻そう。広一さんは研究熱心で向上心の高い人である。マスタードの栽培に関し、今は食品会社に原材料を供給しているだけだが、将来は第二工場でマスタードを自社製造して販売できないか検討しているそうで、それを何とも楽しそうに話してくれた。傍らで文子さんも『以前、私たちのことを取り上げてくれた雑誌の『スロウ』が来週、バスツアーを組んでうちの亜麻畑を見学に来るんです。』と、言葉を継いだ。

　普段街に住む消費者が実際に農場へ足を運んでくれることを文子さんは、

第2節　コタニアグリ　　199

とてもありがたく思っている。"消費者の顔が見える"と言えば、耳に心地よく聞こえるのだが、農作業に支障が出たり煩わしいと感じたりしたことは一切ないのだろうか、などと著者はついつい余計な詮索(せんさく)をしてしまう。

　だが、そんな心配はインタビューの最後に著者が尋ねた質問=『小谷さんの農業に対するポリシーは何ですか？』の答えを聞いて消し飛んだ。

＊　＊　＊　＊　＊　＊

『今までは国の勧奨作物を作って、もらうものもらえばそれで終わりなんだけど、そうじゃなくて、イギリス行ったりフランス行ったりしてきたときに向こうの農家ともいろんな話をしてきてるんだけど、やっぱり農家ってのは、環境を守る仕事もあるのさ、農家自体に。それで補助金もらってる。

　だいたい7割くらいは補助金だって言うんだけど、7割の補助金というのは国のお金なんだよ。一般の人が納税したお金なんだよ。まあ、確かに外国から農産物輸入したときに高い関税をかけたやつをもらっているんだけど、結果的に考えてみたら、7割方、国家公務員みたいなもんなのさ。

　だから、環境も大事にしなきゃいけないし、千客万来で「教えてくれ」って言われれば、教えもするし見せもする。トラクターに乗せもする。そういうとこで自分の生産しているモノに自信をもって消費者につなげていかなきゃいけないし、消費者がもし「見せてください」って言ったら見せてやれるような状況にもしていかなきゃいけない。

　環境整備にしたって、「いいね。私もこんなところに住んでみたい、農業やってみたい、酪農やってみたい、馬飼ってみたい。」ってなるようにしなきゃならんのよ。それがポリシーったら変だけど、72年生きてきて、だんだんそういうような考えになってきている。』

＊　＊　＊　＊　＊　＊

　淀みなくスラスラと口をついて出る"小谷節(ぶし)"に深く首肯(しゅこう)し、有意義な取材に満足し、著者はご夫妻に見送られて農場を後にしたのだった。

＊ 2023.7.8 コタニアグリ訪問

＊ 2024.8.7 SHIRO 砂川本店訪問

第3節　OMEGAファーマーズ

　北海道内には大字小字まで含めると同音の地名がいくつもある。そのうち〈シベツ〉は、上川総合振興局管内の士別市と根室振興局管内の標津町があり、いずれも自治体であることから特に両者を区別するため、士別市のほうは"サムライシベツ"の通称で呼ばれることが多い。

▌8人のサムライ

　その士別市で令和に改元直後の2019年5月31日、7戸の農業者によってAgri Do（アグリ・ドゥー）という合同会社が設立された。

　事業内容は、農産物の生産・加工・販売、農産物を原料とする油の製造・販売、農業生産に必要な種子や肥料の製造・販売などで、要するに集団で農業の"六次産業化"を行おうということである。

　主力事業は《搾油事業》と《そば事業》の二本柱であり、搾油事業では、亜麻・荏胡麻・菜種を自社工場で搾油・瓶詰して販売するほか、搾油原料の種子を国内油脂メーカー等に納入することなども手掛ける。

　ここで合同会社とは、2006（平成18）年5月1日施行の会社法改正で登場した新形態の持分会社であるため、一般にはなじみが薄いかもしれないが、インターネット通販大手のアマゾンジャパンも、実は合同会社であると聞けば認識も変わるだろう。

　出資者は"社員"となり、原則的に全員が代表権と業務執行権を持って経営に参画する。但し、定款で定めれば特定の社員にだけこれらの権限を持たせることもできる。こうして定款によって代表権を付与されて会社を代表する社員を"代表社員"といい、業務執行権を付与されて経営に直接関与する社員を"業務執行社員"という。

　このような性質をもつ合同会社 Agri Do は、資本金35万円で発足をしている。因みに合同会社で生じる責任は有限責任なので、会社が負債を抱えて倒産しても、出資者は出資額以上の責任を負う義務はない。つまり、各農業者は、最悪の場合でも出資金が手元に戻らないという痛手のみで債務が免責されることになる。

　尚、設立に参加した7戸の農業者は次のとおり。

三好和巳、木村哲哉、㈱オレンジファーム、㈱アグリプロダクト笠井、大西福生、㈲中薮農園、西島一洋

ここにやや遅れて7月に㈱牧野農園が加わり、その数は合計8戸となる。いずれも経営面積が100 ha以上という大規模農場の集まりで、これは生産者リーダーである三好和巳さんの人脈に負うところが大きい。

士別市周辺だけでなく十勝や空知の農業者もおり、著者も含めた素人感覚では、地域的にかなり離れているため共同経営に支障がないのか気になるところだが、三好さんに言わせると、『そんなのは離れているっていう部類に入らないの、我々の感覚では。本州に比べたら近い、近い。』という距離感覚なのだそうだ。

では、三好さんを取り巻く人脈は、いったいどのようにしてつくられたのか。

写真87　三好和巳

キーワードは大型機械

100 ha以上もの畑を相手にする大規模農業を行うには、性能の良い大型の機械が必要になってくる。ところが、トラクターにしても他の機械にしても、国産メーカーは経営規模の小さい平均的な日本農業向きのものを主体に製造しているため、欲しいモノがないことが多い。

そこで三好さんは、昭和の終わり頃からヨーロッパへ頻回に出かけては現地の展示会で直接大型機械を買い付けて来るようになった。その展示会場には『福井の片岡さんであったり、埼玉の小林さんとかね、その地域ではもう断トツに規模のでかい農業者』も来ていたという。

つまり、"類は友を呼ぶ"らしい。『そういう人って、黙ってても集まってくるの。集まってくるし、繋がるわけ。行き来するようになるわけ』。

コタニアグリの小谷さんとも、これまでドイツ、フランス、イタリアの大きな農業機械の展示会場で偶然に顔を合わせ、知り合いとなった。

三好さんはこれまで何十回も渡欧し、行っていないヨーロッパの国はスウェーデンとデンマークだけとか。その海外視察に同行する大規模農家のグループができ、極端な言い方をすれば『三好さん、三好さん』と、教祖のように慕う者も少なくなかった。

唯、慕う理由は大型農業機械のことばかりではない。三好さんが栽培する

ソバは全国的に知られており、搾油作物の亜麻、菜種、荏胡麻も十数年に亘り品質を研究し続け、卓越した技術力と指導力のあるベテラン生産者であったからだ。

その全幅(ぜんぷく)の信頼を置いている三好さんから『ソバを作ろう。搾油作物も作ろう。工場を持って、一緒にやらないか？』と声が掛かる。

『原料を売って終わりでいいのか？食卓まで届く商品をつくって、人の笑顔がみたくはないか？それが自分たちの励みにならないか—。』

彼は、仲間たちにそう繰り返し語り続け、その言葉は仲間たちの心に強く響いた。かくて、令和の初年、志を同じくする8人のサムライ＝志士がサムライ士別に結集することとなったのである。

それにつけても、このカリスマ的なリーダーシップは、いったいどのようにして生み出されたのだろう。

▍苦労続きの農家経営

北海道の北部、天塩川(てしお)と頓別川(とんべつ)の下流域から北に広がる平野を天北原野(てんぽく)という。その南端基底部に位置する音威子府村(おといねっぷ)は、村のホームページでも謳っているとおり、人口600人余りの"北海道で一番小さな村"だ。

村の東部に咲来(さっくる)という字名の広い地域があり、三好さんは1953（昭和28）年1月、ここで農家の三男に生まれた。ルーツは福島県の会津で、祖父の代に旭川の神居古潭(かむいこたん)に入植。その後、北上して音威子府に移る。

父親は従軍し、終戦後シベリアで2年ほど抑留された。帰国後は農業を自分ではあまりやらずに家族や近隣農家の出面に任せていたという。代わりに、冬は道有林を払い下げてもらい、馬橇で冬山造材の仕事。夏はトラクターの出始めの時代に今で言うコントラ事業を行っていた。要するに自前でトラクターを購入したほかに何人もの所有者と業務契約を結び、農家の畑起こしや収穫等の作業を代行する"請負稼業(うけおいかぎょう)"を始めたのである。

しかし、三好さんが23歳の1976（昭和51）年、父親が交通事故により61歳で他界。その時に借金が1700万円もあると初めて知る。コントラ事業で必要な機械の購入資金を銀行から借りていたほかに、農協からの借金も残っていたのだ。

父親との折り合いが悪く、いつか家を出て就職しようと考えていた三好さんの人生プランがここで急転回する。二人の兄は既に亡くなっており、相続放棄の制度も知らなかった。とりあえず農業を続けていれば、従前どおり長期貸付資金として返済は可能。やむなく農業を継ぐ決心をする。
　当時、三好家の耕地所有面積は約27町歩。作付けはでんぷん用の馬鈴薯、甜菜(ビート)、小豆などの豆類が主であった。
　水田がなかったため転作奨励金はなく、畑作物から上がる収益だけで借金を返さなければならなかった。音威子府村の土質は大部分が粘土質だが、一部に泥炭湿地もあり、三好家の土地は湿気が多かったという。
　そこで三好さんは、生産性を上げるため明渠や暗渠排水で農地の乾燥化を図ったほか近隣の酪農家から入手した厩堆肥を毎年畑に鋤き込み、土壌改良に努めた。
　また、増収策で規模拡大にも取り組む。その際、土地を購入するだけでは借金が嵩むため、借りられる場合は借り、離農者が出たら買い受けるようにして徐々に増やしていった。買った畑に小石が混じっていてそれを取り除いたり、隣の中川町まで通い作したりと、大変な苦労を味わった。
　さらに跡を継いで5年くらい経った頃から、自分で販路を開拓して売るようにもなった。農作物は農協に出荷するのが当たり前だと思っていたが、自力で売る農家の存在を知り、触発されたのだ。
　唯、馬鈴薯がでん粉価格の下落で薄利になるなど経営は楽ではなかった。『なんかうまくいかなかったですね。』と三好さんは当時を振り返る。
　そのような低迷の節、ふと子供の頃に父親がソバを作付けしていたのを思い出し、"物好き半分"の軽い気持ちで農業改良普及所に相談したことが大きな転機となる。跡を継いで10年経った1986年のことである。
　今でこそ幌加内町(*かつては空知支庁管内に属していたが、2010年4月1日施行の支庁制度改革を機に上川総合振興局管内に管轄変更)はソバの産地として有名であるが、当時の作付面積は現在の1/3ほどでしかなく、上川支庁管内では殆ど皆無に近かった。
　とりあえず、普及所を介して手に入れた1俵45kgのソバの種子を翌年の6月、筋播きで1町歩播いてみた。北海道では6月に播種して9月に収穫する"秋ソバ"を栽培する。ソバは冷涼な気候を好み、湿気を極度に嫌う性質があるため明渠や暗渠で排水することが必須だ。それはクリアできていたも

のの、筋播きでは土から盛り上がった茎の根元が風に煽られて倒れやすいことがわかった。そこで次は、条間15cmほどのバラ播きに近い方法で播種するという具合に試験栽培を行った。

ソバづくり日本一

　三好さんは高校には進学しなかったが、勉強家で研究熱心。ソバ栽培の技術に関するさまざまな参考書を読み漁り、改良を重ねる。

　収穫したソバの実（玄ソバ）は地域の小麦乾燥調製施設にトラックで運んで乾燥させ、小石等の夾雑物を取り除いてから"山買いさん"と呼ばれる農家廻りの雑穀買い取り業者に売り渡した。その際、山買いさんに頼んで全道各地から玄ソバのサンプルを取り寄せ、他所のものと比べて自家産の劣っている点は何なのかを探究する姿勢も怠らなかった。

写真88　ソバの実（玄ソバ）
玄ソバの玄は黒という意味。ご覧のとおり黒い殻に覆われている。

　こうして品質は向上していたはずだが、"妥協しないこと"を農業者としての信条に掲げていた三好さんはまだ満足しない。"やるからには一番"をめざす、ある意味"野心的な努力家"でもあった。良質なソバを作り上げるには、乾燥に細心の注意を払わねばならないが、共同利用の乾燥調製施設では初めから立型乾燥機で40℃以上の熱風乾燥を行っていた。これではソバの粘りや風味までも吹き飛んでしまうため、三好さんは4年で施設共同利用組合を脱退し、自前で乾燥工場を建てるという方策に打って出る。

　中古の"ラジアルビーン"という自然風を使う丸型乾燥機と新品のバーナー火力を使う通常の乾燥機を備え、全部で1500万円かかったが、村から半額を補助してもらえた。三好さんが始めたソバ栽培が村の産業振興に資するという名目で、当時の宇佐美秀明村長が『他の生産者の分も引き受けるなら、団体として補助できる。』と、手を差し伸べてくれたのだ。

　玄ソバの乾燥は二段階で行う。まず風乾燥で水分を20%程度に落とし、仕上げに火力を使って15.5%に調整するのが三好流のやり方だ。

　そうして品質に絶対的な自信を持てるソバが出来るようになると、山買いさんに売り渡していた現状にも疑問符がつく。『儲からないもんだから、何

かちょっと世界が違うな。』と感じたそうである。

　せっかく良いものを作っているのだから、それを他のものとごっちゃにされるのは嫌だ。俺は俺の作った良いものを世に出したい。

　そんな思いで三好さんは、4トン車の荷台に100俵の玄ソバを積んで本州の製粉屋廻りを何年も続けたという。
　努力の甲斐あって三好さんの作ったソバの品質の高さが理解されだすと、取引をしたいと申し出る製粉業者が次々と現われた。
　果報はそれだけに止まらなかった。1997(平成9)年3月、日本蕎麦協会が実施する96年度の全国そば生産優良地区表彰で、三好さんが〈農家の部〉で最高賞の農林水産大臣賞に輝いたのだ。受賞理由は『二〇・五ヘクタールの自家栽培のほか委託栽培を合わせて約百ヘクタールの畑でソバを作付けしており、機械化を進めてコストダウンを図るとともに、適正な乾燥・調

写真89　農水大臣賞受賞を報じる新聞記事
(1997.3.25付『北海道新聞』朝刊〈ひと '97〉)

製で高品質のソバを生産していること』(1997.3.6付『北海道新聞』朝刊)。
　三好さんにとって生産者冥利に尽きる何よりの言葉であったろう。

▍お金より大切な信頼の絆

　この受賞の前後には既に"北海道に三好あり"の評判が全国の製粉業者や蕎麦店の間に轟き渡っていた。すると、かつて三好さんが本州巡りしたのとは逆に、今度は本州のほうから北辺の"ソバの聖地詣"に製粉業者や蕎麦店主らが大勢押しかけて来るという現象が起こる。

その中の一人に埼玉県のとある製粉会社(＊会社の意向で匿名)の専務がいた。やはり三好さんのソバの評判を耳にし、一度粉に挽いてその品質を自分の目で確かめてみたいと思っていたのだ。
　専務さんは、念願の初訪問で120俵の玄ソバを買い付けると、喜び勇んで会社に戻り、石臼の機械で製粉し、捏ねてみた。そして、粘り具合が他のソバ粉とは比較にならないくらい強いのに驚いたという。三好さんが自分で乾燥工場を建ててまでこだわったのも、正にこの"粘り"が高温の熱風乾燥で失われるのを避けたかったからである。
　良いものを世に出したいという点で互いの職人気質を認め合った二人の間には強い信頼の絆が生まれ、三好さんは自分の生産したソバを全てその会社に卸すようになる。それは2004(平成16)年9月8日に北海道を襲った台風18号による暴風被害の際にも揺らぐことはなかった。
　ちょうどソバの刈り入れの時期を直撃されたため、道内の産地では倒伏、落粒、抜粒の被害が出て、収穫量は平年より激減する。このとき三好さんの畑のソバは、太い丈夫な茎がしっかりと大地に根を張る育て方をしていたお蔭で被害を最小限に食い止めることができたという。
　言わずもがな、玄ソバの新物が極端な品薄状態になれば、製粉業者間で激しい争奪戦が起こる。三好農場にもこれまで全く取引のなかった業者から『ウチに売って下さい。』という電話が頻繁に掛かってきた。
　価格は跳ね上がり、最高で1俵23500円までいったが、三好さんはこれまでどおり全量を埼玉の製粉会社に渡し、価格は16000円とした。さらに自分の工場で乾燥を受け入れていた道北なよろ農協を窓口とする二十数軒分についても『18000円で買ってやって下さい。』とお願いし、製粉会社は例年並みの量を確保できたという。
　目先の利益には目もくれず、信頼の絆を大切にする。自分の工場に関わりのある栽培農家の面倒もみる。義理人情がだんだんと廃れていく時世にあって、この逸話ほど三好さんの人間性を雄弁に物語るものはない。

▍亜麻栽培の端緒

　さて、本題の亜麻について触れよう。端緒は三好さんの古い友人である前出の中薮氏が2005(平成17)年頃に種子を数kg持ち込んだことによる。
　同氏はその種子を知人の岡本大作氏(栗山町)から渡されて栽培を頼まれた

ものの、自信がなく三好さんを頼って来たのだった。

　岡本氏は1991年に北海道大学農学部農芸化学科を卒業後、デンマークの国立植物土壌科学研究所に国費留学し、帰国後の92年タキイ種苗に入社。野菜の品種改良の研究などに従事したが、安定供給が主目的の研究に飽き足らず、2000年9月、栗山町に植物育種研究所を設立し独立を果たすと、新品種の玉ねぎの研究開発に没頭。03年3月には有限会社として法人化し、北大発ベンチャー企業となり、06年にケルセチンを多く含み高い健康機能性をもつ玉ねぎ品種"サラサラレッド"の開発に成功する。

写真90　岡本大作

　亜麻については、玉ねぎを中心とした野菜の品種改良に取り組む傍ら、『当時はまだ北海道での栽培がほとんどなかったものの、健康機能や農産物として気候が適することなど可能性を感じて』いたという。そこで米国やカナダから種子を取り寄せたり、渡米の折りに購入したりしてブラウン種、ゴールデン種の亜麻仁を入手。自ら試験栽培して種子を維持した。

　そして、亜麻仁の商業流通の実現可能性を探るべく、農業の土づくりの研究を通じて知遇を得た中薮氏に播種をお願いした、という次第である。

　こうして未経験の亜麻を栽培することになった三好さん。ソバの時と同じく栽培方法に関する文献を集めて研究したうえで、最初は4反5畝くらいの面積で播種したところ、順調に生育。それをコンバインで刈り取り、ズックのシートの上に排出して毎日かき混ぜているうちに丸いボール状の殻から種子が飛び出てくるので、それを唐箕にかけて、夾雑物を飛ばして選別した。そして、その収穫できた種子をまた翌年に播種するという繰り返しを何年か続けたという。

　栽培方法が確立し栽培面積も飛躍的に増えていくと、今度は販路を確保しなくてはならなかった。たまたまアルソア化粧品という化粧品メーカーの研究室にいた方と知り合い、同社と契約して化粧品原料となる亜麻仁の供給が始まり、多い時は亜麻を二十数ha作付けするまでに至る。

　同社との取引は10年以上にも及び、亜麻だけではなく荏胡麻も加わるが、上述のとおり、原料を供給するだけの一次産業に飽き足らなくなり、仲間を誘って六次産業化をめざしたのである。

OMEGA ファーマーズの誕生

　2019(令和元)年7月18日、前述の合同会社 Agri Do は、商号を OMEGA ファーマーズ(以下「オメガ社」と略す。)に変更し、資本金を3195万円に増資した。前出の牧野農園のほか中島英利と3法人が新たな出資者に加わり、同日付で業務執行社員となったばかりの中島氏が代表社員に就任した。

　設立前夜に話を戻すと、三好さんは2016年頃、名寄市内に所有していた大きな建物を利用して搾油会社を立ち上げようと考え、旧知の仲間と話し合いを重ねたが、その中で課題となったのは開業資金の手当てである。

　工場や事務所の建物備品関係、搾油プラントなどの機械設備関係でざっと1億円にもなるため、自分たちの手持ち資金から捻出するのは難しい。やはり融資を受けようという話になって、三好さんは取引のあった銀行に相談し、取り敢えず資金面での手当てを済ませた。

工場は廃校の体育館

　次に、新会社にとって最も重要な搾油工場の建物については、ちょうど士別市で廃校を活用した事業を公募していたことから、三好さんらは銀行の勧めもあり、この事業を活用し廃校を工場に跡利用することを決定する。

写真91　OMEGA ファーマーズ工場及び事務所（2023.9.4）
左が体育館を改修した工場で、その右隣が新築した事務所。入口に立つ人物は土田工場長。

当時、士別市内には学校統合で廃校になった学校が複数あり、同市はこれを"特定遊休不動産"として利活用する道を模索していたのである。

　その中の一つ、旧武徳小学校は2015年3月末で110年以上にわたる長い歴史に幕を閉じていたが、8人のサムライのメンバーである木村哲哉さんは同校の卒業生であった。本人だけでなく木村さんのお父さんと息子さんも含め三代にわたって卒業しているので特に思い入れが強く、『俺たちの学校がなくなる。何かに活用されて残ればいいなあ。』と思っていた。

　その願いを仲間が斟酌しないわけがない。話し合いの結果、旧武徳小学校の体育館が搾油の工場として選ばれることとなった。また、会社形態に関しても銀行から『合同会社という比較的新しい形態があり、メリットも大きい』旨の説明を受け、やはり仲間内で話し合ってこれに決まる。

　そのようにして冒頭に記した合同会社Agri Doの設立に至るのだが、これは、士別市が公募していた廃校を活用した事業に応募するには団体である必要があったこととも強ち無関係ではない。

　さて、2019年7月にオメガ社が士別市から特定遊休不動産利用にかかる認定を受けると、同市は工場に不要な校舎を解体し、体育館内の不要な設備も撤去した。次いで8月には士別市と3年間の土地建物使用貸借契約を締結し、搾油工場の建設に着手する。使用貸借とは、要するに賃借料が無料で使えるということである。工場は翌20年3月に竣工し、この間に体育館の隣に事務所や製品作業室も建設した。

　開業するためにかかった経費は機械も全部入れて総額で1億円弱。うち、体育館を工場仕様に改修する工事に約3千万

写真92　工場内部の搾油プラント
奥側の大きな設備が菜種用の搾油プラント。手前にある2つの小さな器械が亜麻と荏胡麻用の搾油器械

円を要した。これは、体育館の床は木を張っているだけなので、据え付ける機械類の重量に耐えられるよう床をコンクリートで固めたり、遮蔽のため窓

をすべて塞いで外壁を鋼板張りにしたり、屋根を葺き替えたりしたことが主な出費であるが、それでも躯体があったため、新築するのに比べ半分程度で済んだという。

　機械設備関係では大きな菜種用の搾油プラントのほか亜麻と荏胡麻用の搾油器械を設置したが、菜種用の機械は中古で帯広市に本社のある株式会社エコERCから購入している。同社は10年以上前に国の補助も得た中で総額2億円弱の巨費を投じて十勝の豊頃町に菜種油のプラントを作り、食用菜種油製品の製造販売事業を始めたが、『諸般の事情により原料なたね種子の調達が困難となり』(同社ホームページ)、2019年3月28日付で得意先に同製品の製造販売の休止を告知する事態となった。

　このとき、三好さんと繋がりがあった同社の社長から三好さんに機械の売却話が持ち掛けられ、後にオメガ社が購入するに至る。

▍社名に込めたオメガ系油の機能

　ところで、OMEGAファーマーズという社名の由来は何か――。

　前述したように、この会社は三好和巳さんが志を同じくする仲間に『一緒にやらないか？』と呼び掛けて始まった。

　その志とは、"農業を通じて世の中に貢献したい"という思いであり、『持続発展的な農業の基本はカラダに美味しいものをつくること』(同社ホームページ2024.9.16視認現在)である、とメッセージを発信する。

　そこから導き出した基本的なコンセプト＝《私たちの考え》というのが、『オメガ系オイルの原料を栽培する北海道の生産者たちが自ら、生産・加工・販売を行います。北海道ならではのボリュームとクオリティで、「オメガ3・オメガ9」オイルを普及していきます。』(同上視認ホームページ)という宣言に表れている。

　もうお分かりのとおりOMEGAファーマーズのOMEGA(オメガ)とは、生産者たちが栽培して収穫した亜麻仁・荏胡麻・菜種を搾って製造した食用油に含ま

写真93　亜麻種子と亜麻仁油
(写真提供 OMEGAファーマーズ)

れる脂肪酸の種類(系列)を表わしている。

　オメガ社では、オメガ9のオレイン酸を含む菜種油、オメガ3系のα-リノレン酸を含む亜麻仁油と荏胡麻油を製造しているが、菜種油に含まれるオレイン酸は必須脂肪酸ではない(第1章第3節 P.26 参照)ため、人体にとってより重要なのは、生産量こそ少なく高上がりにつくものの、亜麻仁油と荏胡麻油ということになろう。

　α-リノレン酸は体内に摂取されると、代謝(たいしゃ)によってエイコサペンタエン酸(EPA)、ドコサヘキサエン酸(DHA)に変わり、血液をサラサラにしたり、脳の発育を促したり、動脈硬化や高血圧の予防にも効果があるため、健康づくりをサポートしてくれるからだ。

　つまり、"農業を通じて世の中に貢献したい"というサムライたちの志は、オメガ脂肪酸を含む高純度の食用油を食卓に届け、人々の『美しく、健やかな毎日の暮らしに役立つように』(同上視認ホームページ)することを通じて達せられることになる。

　ここにこそ、社名を「OMEGA ファーマーズ」とした所以(ゆえん)がある。

▌商品ブランド「Oil DO」

　サムライたちが目指した高純度高品質の食用油は、自分たちの畑で生産した原料、つまり純国産原料を使い、低温圧搾法(コールドプレス法)で時間をかけて丁寧に精製される。

　現在国内に流通している食用油の原料は、そのほとんどを輸入に頼っており、国産原料は全体のわずか6〜7%にすぎない。したがって、北海道で彼らが生産している国産原料は、極めて稀少価値が高いのである。

　加えて搾油技術では、急激な加圧による摩擦熱で栄養素や風味が損なわれるのを防ぐために低温圧搾法を取り入れている。これは円筒形のシリンダーに原料を入れてからピストンを電気モーターでゆっくり時間をかけて押していき、シリンダー内の微細な溝から油を搾り出す製法で、作業能率は極めて低い。工場長の土田善宏さんによると、搾った油は2〜3日置いて自然に澱(おり)を沈澱(ちんでん)させてから上澄み部分を濾過(ろか)する。その油を工場内の充填室で瓶に詰めた後、別棟の作業室に運んで化粧箱に入れ、シールを貼って商

写真94　土田工場長

品の完成となる。通販大手のアマゾンや一般の小売業者が主な販売先で、定期的に宅配業者が集荷に来て、商品を発送しているという。

　また、原料の重量歩留は、亜麻仁の場合で 20％台後半から 30％位。良質なものでも 1/3 が限界とのこと。著者の工場見学に立ち会ってそのようにスラスラと説明してくれた土田さん。しかし、2020 年 3 月の工場竣工時に工場長として採用された当時は、知識がゼロだったそうだ。

　折しもこの頃から日本中が新型コロナウイルス禍で大騒ぎとなり、前年 7 月にオメガ社が公表した事業目標にも狂いが生じる。新型コロナウイルス禍の終息が全く見通せない中では消費動向を様子見するのが得策と考え、生産量を抑えることにしたからである。

　工場では竣工後の 4 月から、前年秋に収穫した原料を使って商品化に向けた試験搾油を開始する。

　量産化では品質を均一に保つことが絶対条件となるため、その課題をクリアする日々がずっと続いた。そして、6 月に 3 種類の食用油を「Oil DO」（オイル・ドゥー）という自社ブランド名で販売していくことが正式に決まる。最初の社名「Agri Do」にも用いた英語の動詞"do"への強いこだわりが感じられる。その意味するものは何か。

　生産者リーダーの三好さんはヨーロッパで買い付けた小型の搾油器械で亜麻仁油を試行錯誤しながら手作りし、"このオイルならいける！"と確信した時、仲間に"自分たちの工場で油を搾って売ろう！"と呼び掛けた。

写真 95　Oil DO ブランドの亜麻仁油
箱の上部に「北のハイグレード食品 2021 受賞」と書かれた赤いロゴラベルがみえる

　大手には真似のできない低温圧搾法で作る高純度のオイルだからこそ、自分たちで作る意義がある。そして、実際に味わって品質に納得した購入者は『このオイルなら続けられる』と言ってくれるに違いない──。

　「Oil DO」というブランドメッセージには、彼らが理想として思い描いた作り手の DO（＝良い商品を作る）と使い手の DO（＝使い続ける）の調和という意味や願いが込められているのだ。

同社のホームページや商品パンフレットには触れられていないが、著者は「Oil DO」と聞いて真っ先に、かつて"道民の翼"という触れ込みで登場した「AIR DO」(エア・ドゥ)を連想した。
　道内の若手経営者らに"自分たちで航空会社をつくろう"と呼び掛けた濱田輝男さんの気概は、三好さんのそれとよく似ている。
　AIR DOの「DO」は北海道の道(どう)と英語の動詞"do"を掛け合わせたものだという。それならば、「Oil DO」も北海道産の原料を使って搾った油なので、同じく「DO」には北海道の"道"という意味が込められている、と胸を張ってもよいのではないだろうか。

高級路線と廉価路線の併存

　さて、「Oil DO」ブランドの商品販売のほうは7月25日からクラウドファンディングの支援サイト「Makuake」(マクアケ)にて1か月限定で先行注文の受付を開始する。次いで9月から百貨店、スーパーなどの店頭のほか自社サイトでも販売を開始。販売初年度の出荷目標を1万本とした。
　価格は、亜麻仁油と荏胡麻油がともに110ｇ入り3780円(税込)、菜種油が270ｇ入り1296円(同)。スーパーで売っている一般的なサラダ油に比べて格段に高い。特に必須脂肪酸を含むオメガ3系の亜麻仁油と荏胡麻油は、グラム単価が菜種油(オメガ9)の7倍以上である。
　果たして売れたのか？――オメガ社の販売担当者は次のように語る。

　『日本人って、元々あまり油を取る習慣がないんです。サラダ油として取るくらいで。最近でこそ健康のために油を摂取するという人が増えてきましたが、5年、10年前は「オメガ3って何？」って感じ。そこにお金を使える人はリッチな人で、好きな人は継続しますが、絶対量が少ないからそんなにたくさんは売れない。1日1本売れればいいかなという世界。うちのも最初は全然売れなかったんです。』

　どんな事業でもそうだが、準備万端整えたからといって、必ずしも幸先(さいさき)の良いスタートが切れるわけではない。唯、亜麻、荏胡麻とも苦戦する中にあって、荏胡麻が全国各地で栽培されて競合しているのに対し、亜麻は北海道でしか作られていない強みがあった。実際、当時道内で他に国産の亜麻仁

を使って亜麻仁油を製造販売していたのは、本書で紹介した亜麻公社と十勝農工房くらいのものであろう。

　この"北海道でしか作られていない強み"を生かし、高品質の食品づくりのために時間をかけて低温圧搾法で製造している点に高い評価が下る。

　2021年2月、「Oil DO オメガ3 北海道産亜麻仁（あまに）油」が〈北のハイグレード食品2021〉の1つに選ばれる栄に浴したのである。

　これは北海道が毎年、『一流シェフやカリスマバイヤーなど「食」分野の第一人者が集う北海道「食のサポーター」等による選考を経て、道産食品のトップランナーを選定』（北海道経済部食関連産業局食産業振興課ホームページ）するもので、いわば食の達人からの"お墨付き"である。選定後は北海道食産業振興課の認証を経て、パッケージの上部に《北のハイグレード食品》のロゴマーク入りの表示をしている（前掲写真95参照）。

　しかし、周知のとおり新型コロナウイルス禍が食産業、とりわけ外食産業に与えた影響は非常に大きかったため、この栄誉ある選定もオメガ社の売上全体を押し上げるまでの効果はなかったようだ。

　この苦境を乗り切るための方策として、2021年1月に2100万円の増資を行い、同年11月には新ブランドの「BONANZA」（ボナンザ）を商品化する。第一弾は亜麻仁油と荏胡麻油で、最大の"売り"は、廉価版にしたこと。

　従来の「Oil DO」ブランドではガラス瓶に詰めて化粧箱に入れていたが、これを「BONANZA」では"箱なし"に変え、販売方法も自社オンラインショップでは扱わず、アマゾンへの出品という形にした。

　気になる価格は、亜麻仁油、荏胡麻油ともに従来品と同重量の110g入りで1620円（税込）と、半額以下にしたため『当初の10倍くらい売れた』（同前販売担当者談）という（＊現在は税込1980円）。

写真96　BONANZA OIL
左が亜麻仁油、右が荏胡麻油

　因みに菜種油は、やや遅れて2023年4月に発売。こちらは、重量を従来品の270g入りから600g入りに倍以上増量していながら価格は逆に下げて、999円（税込）で販売している。

　もちろん原料は同じくオメガ社の生産者が作ったもので、製法も同じく低

温圧搾法で搾っている。ならば、一般の消費者は『パッケージの簡素化やネット販売元の違いだけで果たしてここまで価格を下げられるのだろうか？』と不思議に思うに違いない。

著者はその秘密を土田工場長から教えてもらったが、正しく"企業秘密"に属する事項なので、ここで開示できない点はご理解願いたい。

▍"農の哲人"の願い

さて、最後にオメガ社の亜麻栽培の現況や将来展望、三好さんの農業哲学や若い人への願いなどに触れる。

亜麻は現在、士別の木村さん（2023年から農業法人木村インダストリー）と剣淵の笠井さんが専属で栽培している。従来はブラウン種を栽培していたが、以前からゴールデン種への切替を検討していた中で、2022年から全てゴールデン種に切り替えたという。

また、新規取引先として国内製粉大手のニップン（旧・日本製粉）から業務用亜麻仁の原料供給を打診され、出荷するようになった。

同社は業務用亜麻仁の国内シェアをほぼ独占しており、『原料は

写真97　亜麻ゴールデン種の収穫風景（2022.8.19）
士別市・木村インダストリーの亜麻畑にて

全量輸入品だったが、ロシアのウクライナ侵攻など国際情勢の不安定化を踏まえ、国内調達を探っていた』（2023.8.22付『北海道新聞』）ところ、取引先からオメガ社を紹介されたのだという。オメガ側の当初の希望はオイルでの取引だったが、ニップンはシード（種）を希望。結果、23年秋にニップンから"金のアマニ"の商品名で業務用亜麻仁粒（1袋300g入り）が発売された。

一方、これまで仲間に亜麻栽培を指導してきた三好さんは2020年を最後に自分で作るのを止めた。『仲間内で皆さん作れるようになったから、ウチはもう今さら出しゃばって作る必要がないわけ。』というのが理由だ。

実際、23年の作付けはソバ53haのみ。往時には借地約100haを含めて約340haもの経営面積を有していたが、オメガ社設立時には約100haにまで規模が縮小となっていた。

それは、自身に農業後継者がいないため早くからリタイアの準備に入っていたからなのだが、新規就農者に農地を提供している側面もある。

　三好さんは北海道農業開発公社(現・北海道農業公社)の「農業担い手育成確保事業」に17年間も協力し、新規就農希望者への橋渡し役を務めることを通じて食料生産の維持にも大きく貢献してきた。

　また、『若い人たちがやれるんなら、自信を持っていろんな分野で伸ばしていけ、っていう言い方をしてんのさ。』と、エールを送る。

　その際に三好さんが願っているのは、昔ながらの有機農法に取り組んでほしいということだ。自身はつい数年前まで畑に毎年厩(きゅう)堆(たい)肥(ひ)を元肥で入れ、追肥には魚の頭、内臓、骨だけを原材料にしてペレット状に加工した有機質肥料を四国から取り寄せて施用し、化学肥料は一切使ってこなかった。

　『作物って基本的にね、土の中の根粒菌とバクテリア、それと空気中に約80％含まれる窒素で育つわけ。作物自体にも虫が付きにくい特性があるから、害虫防除の農薬も使わない。』

　"農の哲人"三好和巳は、持論をそう語る。

　近年、北海道大学大学院農学研究院などが『傷んだ土壌を再生して化学肥料や農薬に依存しない「リジェネラティブ農業」の実現に向けた研究を始めた』(2023.9.10付『北海道新聞』)。土中微生物を増やし、土壌が本来持つ力を回復させて"収量確保"と"環境保全"の両得をめざすものだ。

　原点回帰——。農業の未来は案外そんなところにあるのかもしれない。

　　　　　　　　　　　　　　＊ 2023.9.4 三好農場及びOMEGAファーマーズ訪問

参　考　文　献

関秀志ほか『新版 北海道の歴史 下』近代・現代編　北海道新聞社　2006 年
『新撰北海道史』第 6 巻史料 2　北海道庁　1936 年
『新札幌市史』第 2 巻通史 2　北海道新聞社　1991 年
『札幌百年のあゆみ』　札幌市　1970 年
『函館市史』通説編第 2 巻　函館市　1990 年
『富良野市史』第 2 巻　富良野市役所　1969 年
『富良野市制五十年史』　富良野市　2017 年
『下富良野村郷土誌』　下富良野村　1913 年
『新名寄市史』第 1 巻（1999 年）、第 2 巻（2000 年）　名寄市
『新 江別市史』　江別市　2005 年
新館長次・江別市役所編『江別屯田兵村史』　国書刊行会　1982 年
新館長次『野幌屯田兵村史』　江別市役所　1969 年
『大麻開基八十年誌』　大麻農事実行組合解散記念事業実行委員会　1971 年
『当別町史』　当別町　1972 年
『音更町史』　音更町　1980 年
『音更百年史』　音更町　2002 年
『ニセコ町百年史』上　ニセコ町　2002 年
『麻生のあゆみ』　麻生連合町内会　1989 年
『亜麻のまち麻生 亜麻工場の歴史』　札幌市北区市民部地域振興課　2019 年
高谷光雄『日本製麻史』　法貴定正（大津）　1907 年
安岡志郎『日本の製麻業』　帝国製麻　1936 年
『帝国製麻株式会社三十年史』　帝国製麻　1937 年
『北海道開拓使と亜麻』　帝国製麻札幌支店　1952 年
『北海道亜麻事業七拾周年記念史』　帝国製麻　1957 年
『五十年史』　帝国製麻　1959 年
原松次『亜麻繊維生産事業 80 年史』　帝国繊維　1969 年
原松次『北海道における亜麻事業の歴史』　噴火湾社　1980 年
牧野富太郎『牧野日本植物図鑑』　北隆館　1977 年
『白井光太郎著作集 第 2 巻 植物研究』　科学書院　1986 年
星川清親『改訂増補 栽培植物の起源と伝播』　二宮書店　1987 年
八條忠基『有職植物図鑑』　平凡社　2022 年
『乳房喪失 中城ふみ子歌集』　作品社　1954 年

『花の原型』　作品社　1955年
若月彰『乳房よ永遠なれ』　第二書房　1955年
石原道博編訳『魏志倭人伝・後漢書倭伝・宋書倭国伝・隋書倭国伝』（岩波文庫）
　　岩波書店　1967年
『日本近代文学大系 第33巻 有島武郎集』　角川書店　1970年
渡辺淳一『冬の花火』　角川書店　1975年
菱川善夫『中城ふみ子の秀歌 鑑賞』　短歌新聞社　1977年
吉田一『久保栄『火山灰地』を読む』　法政大学出版局　1997年
『火山灰地』　新宿書房　2004年
臼井隆一郎『榎本武揚から世界史が見える』　PHP研究所　2005年
佐方三千枝『中城ふみ子 そのいのちの歌』　短歌研究社　2010年
田辺安一『ブナの林が語り伝えること─プロシア人R・ガルトネル七重村開墾顛
　　末記─』（北方新書）　北海道出版企画センター　2010年
井上美香『北海道人が知らない 北海道歴史ワンダーランド』　言視社　2012年
『北海道庁第一回勧業年報』　北海道庁　1888年
『北海道開拓功労者関係資料集録』下巻　北海道　1972年
『地域と住民』第26号〈名寄市立大学・市立名寄短期大学道北地域研究所年報〉
　　2008年、第28号〈名寄市立大学道北地域研究所年報〉　2010年
『北海道博物館研究紀要』第4号　北海道博物館　2019年
『富良野市博物館報告』第1号　富良野市博物館　2019年
『角川日本地名大辞典』1 北海道 地名編上・下　角川学芸出版　2009年
『農業雑誌』第7号、第10号　学農社　1876年
『短歌研究』1953年12月号、1954年4・6・7・9・11・12月号　日本短歌社
『主婦と生活』1954年9月号　主婦と生活社
『映画芸術』第4巻第1号　共立通信社出版部　1955年
『屯田』第38号　北海道屯田倶楽部　2005年
『亜麻』第2号〈中城ふみ子没後五十年記念集〉　亜麻の会　2005年
『northern style スロウ』vol.10（2007年冬）、vol.53（2017年秋）　クナウマガジン
『開発こうほう』№540（2008年）、№549（2009年）　北海道開発協会
『農業経営者』25巻2号〜25巻10号　農業技術通信社　2017年
『広報とうべつ』2010年6月号、2011年10月号、2023年7月号　当別町

写真・図表一覧

【写 真】

No.	タイトル	所蔵者・提供者・出典等
1	アサ(野州麻)	栃木県鹿沼市秘書室広報広聴係 提供
2	カラムシ(苧麻)	福島県昭和村産業建設課からむし振興係 提供
3	開花した亜麻	OMEGA ファーマーズ 提供
4	古代エジプトの亜麻の収穫を描いた壁画	『帝国製麻株式会社三十年史』所収
5	亜麻の種子	著者 撮影(2024.9.1)
6	形声文字「線」	『白川静博士の漢字の世界へ』(福井県教育委員会) 所収
7	ジェームズ・マレー	『OED を読む』(大修館書店) 所収
8	帝国製麻広告ポスター	『帝国製麻株式会社三十年史』所収
9	亜麻仁油	㈲亜麻公社 提供
10	榎本武揚	函館市中央図書館 所蔵／提供
11	黒田清隆	北海道大学附属図書館［北方資料データベース］所蔵
12	開拓使顧問ケプロンその他の御雇アメリカ人たち	同　上
13	旧樺太アイヌ製網所の景	同　上
14	吉田健作	『帝国製麻株式会社三十年史』所収
15	吉田健作自筆の申告書面	同　上
16	開拓使札幌本庁舎	北海道大学附属図書館［北方資料データベース］所蔵
17	北海道製麻会社設立許可書	『帝国製麻株式会社三十年史』所収
18	北海道製麻会社札幌製品工場	北海道大学附属図書館［北方資料データベース］所蔵
19	オイプレヒト	『北海道亜麻事業七拾周年記念史』所収
20	横田万寿之助	『帝国製麻株式会社三十年史』所収
21	安田善三郎	『帝国製麻五十年史』所収
22	帝国製麻株式会社札幌製品工場	札幌市公文書館 所蔵
23	帝国製麻本社社屋	『帝国製麻五十年史』所収
24	帝国製麻札幌支店事務所	『帝国製麻株式会社三十年史』所収
25	サッポロテイセンボウル	北海道新聞社 提供
26	走川貴美	著者 撮影(2024.8.8)
27	AMA サポーターズ倶楽部の活動風景	走川貴美氏 提供／走川正裕氏 撮影(2019.7.6)
28	バイオリン播種器(弓歯車型)	北海道博物館 所蔵
29	亜麻抜き	『帝国製麻株式会社三十年史』所収
30	大型亜麻抜取機による収穫作業	『北海道農業機械化の歴史』第 5 巻「産業化物語」所収
31	ムーランによる製繊作業	『北海道亜麻事業七拾周年記念史』所収
32	帝国製麻株式会社音更製線所上棟式	北海道大学附属図書館［北方資料データベース］所蔵
33	帝織北海道の看板	著者 撮影(2023.7.8)
34	音更亜麻工場ミニ写真展	北海道新聞社 提供
35	帝国製麻名寄製線工場	名寄市北国博物館 所蔵／提供
36	三島徳三	本人 提供
37	帝国製麻麻似製線所の中心部	『麻生のあゆみ』(麻生連合町内会 1989 年) P.200 所収
38	帝国繊維琴似亜麻工場付近空中写真	国土地理院［空中写真］所蔵／1948 年 米軍撮影
39	亜麻工場長宅前にあったアカマツ	著者 撮影(2023.11.6)
40	永倉吉裕	本人 提供
41	麻生緑地の亜麻花壇	著者 撮影(2023.11.6)
42	帝国製麻富良野製線工場	富良野市博物館 所蔵／提供
43	富良野地域人材開発センター敷地内の亜麻	著者 撮影(2024.8.3)
44	有島武郎	ニセコ・有島記念館 所蔵／提供
45	『カインの末裔』	同　上
46	久保栄	『火山灰地』(新宿書房 2004 年) 口絵 所収
47	久保兵太郎	『札幌商工会議所百年史』(同会議所 2007 年) 所収
48	『火山灰地』	江別市情報図書館 所蔵
49	北海道農事試験場十勝支場	帯広市図書館 所蔵／提供［絵葉書］
50	丸山眞男	共同通信社［共同通信イメージズ］提供

No.	タイトル	所蔵者・提供者・出典等
51	『火山灰地』素材地標柱	著者 撮影 (2024.8.3)
52	劇団民藝上演『火山灰地』第 5 幕	㈱劇団民藝 提供
53	中城ふみ子	帯広市図書館 所蔵 / 提供
54	『短歌研究』1954 年 4 月号	北海道立図書館 所蔵
55	歌集を見るふみ子の父と子供たち	『主婦と生活』1954 年 9 月号(北海道立図書館 所蔵) 所収
56	『花の原型』	著者 所蔵
57	『乳房よ永遠なれ』映画ロケ	江別市広報広聴課広報広聴係 提供
58	田中綾	本人 提供
59	ふみ子没後 70 年献歌式①	著者 撮影 (2024.8.3)
60	ふみ子没後 70 年献歌式②	同　上
61	当別ダムのネーミングライツ看板	著者 撮影 (2024.7.30)
62	内藤大輔	本人 提供
63	大塚農場の皆さん	㈲大塚農場ホームページ 所収
64	大塚慎太郎	著者 撮影 (2024.5.5)
65	発売当初の亜麻仁油サプリメント	HiNT ホームページ「PICKUP 北海道」VOL.1 所収
66	帝国製麻株式会社当別製線工場	北海道大学附属図書館［北方資料データベース］所蔵
67	絵本『亜麻の花咲く村』第 11 画	大澤勉 作画(北海道立図書館［デジタル絵本館］所収)
68	第 15 回亜麻まつりフライヤー	著者 撮影 (2024.2.27)
69	第 16 回亜麻まつり会場風景	著者 撮影 (2023.7.9)
70	満開の花が咲く亜麻畑	同　上
71	辻野浩	辻野建設工業㈱ ホームページ 所収
72	美の里づくりコンクール特別賞受賞を報じる新聞記事	北海道新聞社 提供
73	亜麻美人サプリメント	通販サイト「亜麻の里」所収
74	橋本俊彦	著者 撮影 (2023.10.30)
75	亜麻公社社屋	同　上
76	亜麻畑の播種作業①	著者 撮影 (2024.5.5)
77	亜麻畑の播種作業②	同　上
78	当別町立とうべつ学園	著者 撮影 (2024.7.30)
79	無人トラクター実証試験	北海道更別村産業課農業振興係 提供
80	コタニアグリ入口付近	著者 撮影 (2023.7.8)
81	小谷広一・文子ご夫妻	同　上
82	コタニアグリの亜麻畑	同　上
83	亜麻の除草作業	㈲コタニアグリ 提供
84	十勝農工房第二工場	著者 撮影 (2023.7.8)
85	㈱シロ(SHIRO) 砂川本店と亜麻ネイル①	著者 撮影 (2024.8.7)
86	㈱シロ(SHIRO) 砂川本店と亜麻ネイル②	同　上
87	三好和巳	著者 撮影 (2023.9.4)
88	ソバの実（玄ソバ）	著者 撮影 (2024.9.20)
89	農水大臣賞受賞を報じる新聞記事	北海道新聞社 提供
90	岡本大作	本人 提供
91	OMEGA ファーマーズ工場及び事務所	著者 撮影 (2023.9.4)
92	工場内部の搾油プラント	同　上
93	亜麻種子と亜麻仁油	OMEGA ファーマーズ 提供
94	土田工場長	著者 撮影 (2023.9.4)
95	OIL DO ブランドの亜麻仁油	同　上
96	BONANZA OIL	OMEGA ファーマーズ 提供
97	亜麻ゴールデン種の収穫風景	同　上
EX1	『英語語源辞典』の ［line］のページ	出典：『英語語源辞典』(研究社 1997 年 江別市情報図書館 所蔵)
EX2	『OED』の ［Line］のページ	出典：The Oxford English Dictionary vol.6 (Clarendon Press 1933) 北海道立図書館 所蔵

【図　表】

No.	タイトル	所蔵者・提供者・出典等
1	中央アジア・西アジア地域図	著者作成原図及び出版社保有地図からトレス
2	脂肪酸の分類表	サントリーウエルネス健康情報《必須脂肪酸とは？》等を参考に著者作成
3	フランス北部行政区分図	ストックフォトサイト imagenavi（イメージナビ）提供
4	北海道札幌之図［部分］	北海道大学附属図書館［北方資料データベース］所蔵
5	札幌区実地明細絵図［部分］	札幌市中央図書館［デジタルライブラリー］所蔵
6	豊平河畔沙利採場之図［部分］	北海道立文書館 所蔵「諸絵図」（明治15年 北海道事業管理局炭礦鉄道事務所 簿書番外 /2）所収
7	雁来町の一部町名地番改正図	原図：札幌市役所デジタル戦略推進局スマートシティ推進部住民情報課住居表示係 提供
8	雁来製線所推定位置図	原図：陸地測量部発行 1/50000 旧版地図「札幌」(M29年)
9	雁来製線所敷地跡推定位置図	原図：国土地理院電子地形図「地理院タイル」
10	北海道における大麻と亜麻の作付面積の推移グラフ	『北海道亜麻事業七拾周年記念史』所収データから著者作成
11	日本における製麻会社の変遷図	公益財団法人渋沢栄一記念財団作成の『渋沢栄一関連会社名・団体名変遷図』（同財団 HP 所収）及び山際秀紀作成「北海道における亜麻会社・工場の推移」（『北海道博物館研究紀要』第4号 2019年 P.17 所収）を参考に著者作成
12	北海道における亜麻作付面積の推移グラフ（M40年～S2年）	『北海道亜麻事業七拾周年記念史』所収データから著者作成
13	北海道における亜麻作付面積の推移グラフ（S3年～S30年）	『北海道亜麻事業七拾周年記念史』所収データから著者作成
14	亜麻作付面積地域割合の時代別推移	『北海道における亜麻事業の歴史』所収データから著者作成
15	ムーランの構造図解	『北海道における亜麻事業の歴史』所収
16	大正5年頃の大曲・麻畑付近図	原図：国土地理院発行 1/25000 旧版地図「札幌」・「江別」
17	江別市大麻地区中心部	原図：国土地理院電子地形図「地理院タイル」
18	帝国製麻名寄製線工場敷地図	原図：1965年頃名寄市作成（名寄市北国博物館 提供）
19	帝国製麻琴似亜麻工場配置図	『亜麻のまち麻生』（札幌市北区 2019年）P.11 所収
20	帝国製麻富良野製線工場敷地図	原図：国土地理院発行 1/25000 旧版地図「富良野」(S33年)
21	富良野市麻町付近図	原図：国土地理院電子地形図「地理院タイル」
22	大正5年当時の狩太村農場図	『ニセコ町百年史』上巻 所収
23	北海道亜麻ルネサンス連携概念図	『開発こうほう』第540号（2008年7月号）「亜麻の里ふたたび」所収
EX1	コタニアグリの2023年作付状況表	コタニアグリ提供資料から著者作成

［カバー表］

Linum usitatissimum（亜麻）　　著者 所蔵 / 粂川久美子 作画

［カバー裏］

亜麻の花蕾断面　　著者 撮影（2023.7.1 ＊花蕾は自家菜園で採取したもの）

あとがき

　著者がまだ物心のついていない1961（昭和36）年頃まで生家では数反歩の亜麻を作付けしていたと、今回の著作を機に母や叔父から聞かされた。

　まだ地域内には亜麻作を行う農家がかなりあったようで、叔父の話によると小学校前の畑の一角に収穫された亜麻茎が山積みになっていたそうだ。

　調べていくと1964.8.4付『北海道新聞』札幌近郊版には江別市一原(いちげん)地区での大型抜取機による収穫作業の様子が写真入りで紹介されており、乾燥させた亜麻茎は月形の亜麻工場へ出荷されていたことがわかった。また、同年7月の記事には、江別亜麻採種組合がウイラー種の種子生産を行っていたことも報じられている。十勝地方での亜麻契約栽培が終焉を迎える僅か3年前に江別で亜麻栽培の"最後の光"を放っていたと知り、驚きを禁じ得ない。

　それから約40年。21世紀の初頭に石狩地方の当別町で亜麻栽培が復活し、地元ではそれを《亜麻ルネサンス》と呼び、近年では《亜麻のふるさと》をまちおこしのキャッチコピーに生かしており、誠に喜ばしい限りである。

　さて、過去の著書執筆の時と同様、今回も多くの方と知り合うことができ、取材や資料提供で大変お世話になったことに深く感謝申し上げたい。

　特に帝国繊維㈱元・副社長で現・特別顧問の香山学氏には著者からの無理難題に本社の資料室を渉猟のうえ、レターパックで沢山の資料を送っていただいた。さらに香山氏は、あるとき電話で『本の題名は決まっているの？』と尋ねて来られ、私が『亜麻ヒストリーか亜麻ストーリーのどちらかにしようと思います。』と答えると、『もう少し重厚なタイトルにしたほうがよいのでは？』と助言してくださり、再考熟慮の末に決めたのが『その花可憐に色青し』だった。お蔭で良い書名が付けられたと、お礼申し上げる。

　末尾ながら、㈱共同文化社の馬場康広氏には入稿から校正までの編集段階で懇切丁寧に対応していただいた。茲に深甚なる謝意を表したい。

2024年12月

齊藤俊彦

齊藤俊彦（さいとう　としひこ）

1958（昭和33）年	北海道江別市生まれ
1982（昭和57）年	北海道大学文学部史学科卒。江別市に奉職。
1992（平成 4）年	総務部市史編さん担当となり、1995年まで『えべつ昭和史』編さん事業に従事。
2014（平成26）年	教育委員会教育部長
2016（平成28）年	総務部長
2018（平成30）年	江別市を定年退職。同年、株式会社江別振興公社代表取締役社長に就任。
2023（令和 5）年	同社社長を退任。同年、江別市総務部市史・行政資料担当専門員（嘱託）に任用され、現在に至る。

著書　『馬のいた風景　ユベオツの風に吹かれて』（中西出版 2012年）
　　　『われ壇上に獅子吼する　青年弁論の世界から』（中西出版 2017年）
　　　『江別振興公社創立50周年記念誌 年輪かさねて50年』
　　　　　　　　　　　　　　　　　　（株式会社江別振興公社 2020年）
　　　『遠ざかる野辺送り　葬送の今昔事情』（中西出版 2022年）

その花可憐（かれん）に色青し　北海道亜麻物語

　発　行　日　2025（令和7）年3月21日　第2版第1刷
　編　著　者　齊藤俊彦
　発　行　者　奥山敏康
　発　行　所　株式会社共同文化社
　　　　　　　〒060-0033　札幌市中央区北3条東5丁目
　　　　　　　Tel 011-251-8078　Fax 011-232-8228
　　　　　　　E-mail info@kyodo-bunkasha.net
　　　　　　　URL https://www.kyodo-bunkasha.net/
　印刷・製本　株式会社アイワード

落丁本・乱丁本はお取り替えいたします。
無断で本書の全体又は一部複写・複製・転載を禁じます。

ISBN 978-4-87739-418-9
Ⓒ SAITO Toshihiko, 2025　Printed in JAPAN